KB176003

남유럽의
전통기록물 관리

이 저서는 2007년 정부(교육과학기술부)의 재원으로 한국연구재단의
지원을 받아 수행된 연구임(NRF-2007-362-A00021)

남유럽의
전통기록물 관리

김정하 지음

이담
Books

　이미 알려진 바와 같이, 기록물은 다음의 두 가지 관점에서 고려될 수 있다. 첫째는 문서들의 생산 및 이들의 보존과 관리이며, 둘째는 역사기록물과 이들에 대한 역사·문화적인 활용 관계이다. 기록물관리에 대한 관심은 이들이 보유한 기억의 보존과 연구목적을 위한 근본적인 가치 그리고 기록물관리전문가의 작업에 의미를 부여하는 심오한 이유들에 대한 확실한 의식의 결과이다. 또한 기록물보존소의 열람실에서 수행되는 연구는 문서들을 비평적으로 활용하는 것에 기초하는 만큼, 때로는 기록된 기억을 전형과 관습으로 왜곡하는 것을 방지하려는 노력에 해당한다.

　기록물보존소를 출입하는 많은 이용자들에게 있어 기록물은 일종의 블랙박스와 같다. 이용자들은 발전된 기술 장비와 신뢰받는 이론들을, 구성 전체를 살펴보거나 깊이 조사할 필요가 없는 블랙박스인 것처럼 신뢰하는 과학자들처럼 행동하면서, 기록물의 구조와 잠재된 활력에 대해서는 더 이상 의문을 가지지 않는다.

　이 책은 위의 두 관점과 관련하여, 기록물의 생산에 관련된 메커니즘과 그 절차보다는, 이들이 시간의 흐름에 따라 경험하게 되는 변화들 또는 이들의 활용을 계획하는 방식들, 그리고 특히 행동 전략들을 정의하는 데 필요한 복합적인 현실과 기록물 세계의 상호적인 관계, 즉 사회적이고 문화적인 지평에서 벗어나 정치적인 의미에 대해서도 살펴보려고 하였다. 우리는 이러한 유형의 전망이, 사회와 문화 영역의 변화를 주도하는 근본적인 변화들의 영향이 공동의 장소나 또는 깊은 관찰과 관심의 환경에서 한층 의미심장한 형태들로 나타나는 현실세계에서 잘 드러난다고 믿는다.

기록물보존소의 이용자는 기록물이 정리 또는 재정리된 상태일 때 비로소 이들의 가치에 접근할 수 있다. 정리된 기록물과 이용자의 전문적인 지식 또는 기록물관리전문가의 도움은 기록물에 언급된 역사적이고 문화적인 가치를 미래세대와 소통시키는 필수적인 수단들이다. 그럼 우리는 이러한 역사기록물로부터 어떤 가치들을 기대하는가? 기록물은 구체적인 동기에 따라 생산되어 업무적으로 활용된 후에 일정기간의 참고적인 단계를 거치면 선별(또는 평가 또는 폐기작업)을 거쳐 영구보존의 역사기록물로 정의된다. 그리고 생산의 목적은 최종단계에 이르러 역사적이고 문화적인 관점에서의 귀중한 가치로 거듭난다. 이러한 가치는 작게는 생산기관의, 그리고 크게는 지역이나 국가, 그리고 더 나아가 인류사회의 정체성 일부를 구성하며 다른 생산기관들의 기록물이 보유한 여러 다양한 가치들과 조화를 이루면서, 또 다른 교류의 과정들을 통해 한층 보편적이고 포괄적인 정신적 가치로 진화한다.

　역사기록물이 가지는 가치들의 보편화 과정은 궁극적으로는 이들의 사회적 환원을 의미한다. 그리고 환원된 가치의 수혜자는, 국가의 경우, 기록물보존소를 방문하여 자신들의 다양한 문화적 욕구를 충족시키려는 모든 국민이다. 이들이 자국민이라면 그 배경은 민주시민사회일 것이며, 외국인들도 참여할 수 있다면 세계시민주의의 구현을 의미한다.

　기록물의 사회적 환원은 두 가지 의미로 해석해볼 수 있다. 첫째는 국민에 의해 선출된 자들이 국민을 위해 수행한 행정의 과정에서 생산된 기록물의 미래적 가치를 국민에게 반환하는 것이다. 둘째는 기록물은 그 속에 담긴 내용의 역사·문화적 가치를 바탕으로, 궁극적으로는 문화소통과 교류 그리고 혼종의 소식들과 그 과정에 대한 귀중한 정보를 제공한다. 예를 들어 남유럽, 특히 이탈리아와 스페인의 수많은 국립 및 시립 기록물보존소와 도서관들에 소장되어 있는 역사기록물은 지중해 지역 문명권 간의 문명교류와 그 과정의 모든 역사적 흔적들을 반영하고 있다.

기록물의 가치에 대한 활용과 홍보를 적극적으로 확대하려는 노력은 생산 당시 기록물에 직·간접적으로 언급된 개인의 사생활 보호와 상대적 대칭성의 구도를 형성한다. 이러한 이유로 기록물은 양날의 칼이며 관리의 수많은 변수들에 따라 문화유산의 혜택과 인권탄압의 이중성, 즉 부메랑의 효과를 연출한다. 그래서 사람들은 역사기록물관리를 위한 제도와 법규정 그리고 현장의 실질적인 운영이 관리주체의 한계를 넘어 국가의 민주주의 수준 또는 성숙함의 정도를 가늠하는 척도라고 말한다.

이 책의 출판을 통해, 본인은 기록물관리가 생산주체의 행정적인 목적(효율성과 투명성의 유지 및 향상)에만 국한된 것이 아니라, 공공기록물의 경우, 정권의 행정적 필요성을 현재 및 미래 후손의 문화적 유산으로 이어가는, 보다 큰 차원의 국가적 과제라는 점을 지적하고 싶다. 기록물보존소의 이용자는 한 사람의 개인이지만 동시에 사회적 관계의 전체를 대표하는 국민이다. 그러므로 이러한 국가적 과제, 즉 행정을 문화로 전환하고 다시 그 문화를 미래의 행정을 위한 토양으로 순환시키는 노력은 지속되어야 한다. 행정을 위한 목표는 그 자체의 노력보다는 기록물관리가 이러한 순환의 메커니즘에서 작동할 때 얻어지는 부수적인 성과이며, 문화와의 접목이 실현되지 않는다면 그 자체도 무의미한 것으로 남게 된다. 영구 보존할 기록물을 남기는 것은 행정활동을 원활하게 유지 발전시키는 데에도 필수적이다.

작은 만족감을 위해 큰 두려움을 감수하려고 한다. 하지만 보이는 것이 그렇게 보일 뿐이듯이, 흔들리는 것도 그렇게 보일 뿐이기를 간절하게 소원한다.

2013년 4월 20일
學者誠能虛心 以體天下之物
김정하

Contents

제 **1** 장

역사기록물의 개념과 용어

1. 개념 정립의 배경

우리나라 현대기록물관리는 「공공기관의 기록물관리에 관한 법률」(이하 기록물관리법)이 제정된 지난 1999년으로 거슬러 올라간다. 그간 국가적으로는 여러 차례에 걸쳐 개정되었으며, 2007년에는 「대통령기록물관리에 관한 법률」이 제정되었다. 근·현대사의 흐름을 볼 때, 비록 여러 차례 단절의 순간들이 있었지만 이 기간은 체계적인 공공기록물관리의 부활이라는 큰 의미를 가진다. 또한 제도에 있어서도 큰 변화가 있었는데, 예를 들면 관리대상 기록물의 영역이 정부(기록보존소)에서 국가(기록원)로 확대되었고 같은 해에 대통령기록관 직제(2부 1센터 7팀)가 신설되어 오늘에 이르고 있다. 또한 이러한 흐름과 병행하여 기록물관리는 학부와 대학원 그리고 전문교육기관을 중심으로 연구 및 교수되고 있으며 이미 교육과정을 이수한 많은 전공자들이 기록물관리의 현장에 종사하고 있다.

지난 경험을 돌아보면 부족한 점도 없지는 않았다. 우선, 관리의 주체가 국가로 확대되고 생산주체와 관리의 대상 및 기간이 크게 확대되었음에도 불구하고, 제도와 기능 그리고 업무영역에 있어서는 구체적인 전문성이 반영되지 않고 있음을 지적할 수 있다. 또한 역사기록물관리Archives Management와 행정기록물관리Records Management의 제도적인 불균형이 그대로 반영된 교육제도와 커리큘럼도,[1] 관리제도의 운영을 위한 법적 근거의 취약성도, 그리고 기록물관리이론과 메커니즘에 대한 학문적인 관심이 행정기록물관리에 치중된 현실도 국가기록물관리제도의 올바른 발전을 저해하는 요인이다. 이러한 편중된 관심은 그간의 연구업적들에 대한 전체적인 평가를 통해서도 잘 드러나는데, 궁극적으로는 기록물관리정책에 대한 미래지향적인 비전을 우선적으로 고려하지 않은 결과라고 생각된다. 더구나 전자기록물의 등장과 관련하여 이미 비전자적 형태로 생산된 기록물에도 전자적 관리의 원칙을 적용한 결정은 이러한 쏠림현상을 더욱 심화시키는 요인으로 작용하고 있다.[2]

최근에는 정리Arrangement의 영역에서도 과거 십진분류의 경험과 정보학적인 원리를 배경으로 기능분류에 대한 관심이 기록물관리의 이론과 현장을 독점하고 있다. 우리나라에서는 업무 진행의 과정에서 자연스럽게 그리고 점진적으로 생산되는 문서들 사이에 형성되는 최초의 질서, 즉 원질서Original order에 근거한 정리(또는 재정리)의 원칙들(프랑스의 퐁 존중의 원칙, 독일의 출처주의 원칙,

---

1) 서유럽국가들은 기록물의 정리와 관련하여, 생산기관의 역사와 제도를 연구하고 이를 기록물관리전문가archivist의 양성을 위한 주된 영역, 즉 특별기록물관리의 영역으로 간주한다.
2) 이러한 쏠림현상과 관련하여 ISO - 15489에 대한 맹신, 즉 기록물의 순차적인 가치들을 보장하지 못함에도 불구하고 이를 근거로 기록물관리제도를 구축하는 것은 근시안적이다.

이탈리아의 역사방식Historical method)이 역사기록물관리의 현장에 적용되거나 집중적으로 연구된 사례를 찾아보기 힘들다. 세계적인 추세로 보면 우리나라의 이러한 쏠림현상은 상당히 예외적이다.

역사적으로 유럽은 지난 18세기 후반~19세기 중·후반에 자료별 및 기능별 정리방식의 도입으로 기록물 파괴의 심각한 피해를 경험하였다. 당시 기록물에 가해진 피해는 크게 두 가지로 정리된다.

첫째는 정리대상 기록물을 이들과는 무관하게 인위적으로 설정된 주제와 기능들을 중심으로 재구성하는 과정에서 생산맥락, 즉 생산주체와의 고유한 관계가 모두 상실됨으로써, 단편적인 정보에 대한 호기심을 제외한 그 어떤 연구에도 활용될 수 없게 된 것이다.

둘째는 주제 또는 기능 군에 포함되지 못한 문서들은 잡록Miscel-laneus으로 분류되어 사실상 무용지물로 전락했으며, 이들에도 포함되지 못한 문서들은 의도적으로 폐기되었다.

위의 두 가지를 종합적으로 고려할 때 피해의 궁극적인 원인은 역사학자의 연구주제들에 해당하는 자료별 분류의 원칙과 정보들을 개별적으로 고려하는 정보학의 고유한 메커니즘을 통해서는 문서들 간의 관계를 통해 기대할 수 있는 가치들이 결코 드러나지 않는다는 사실에 있었다.[3] 다시 말해 당시의 결론은 정보학의 원리를 기록물 관리의 모든 영역에서 수단의 의미 그 이상으로는 고려할 수 없다는 것이었다.

반면 미국의 기록물관리는 특히 제2차 세계대전과 그 이후의 역

---

3) 기록물은 문서들의 전체 그리고 문서들 간의 유기적인 관계의 전체로 정의될 때, 문서들의 질서가 제공하는 유기적인 관계의 정보들, 즉 순차적으로 그리고 계층적으로 생산된 문서들에 반영된 실질적인 문서생산의 구조, 즉 생산주체의 조직과 역사에 대한 정보를 제공한다.

사적 변천을 살펴볼 때 행정기록물관리의 절박한 현실을 배경으로 당시 도서관학에 '정보'의 개념을 도입하여 큰 성공을 거둔 정보학을 통해 행정의 효율성을 확보할 수 있었다. 하지만 이것은 하나의 필요성에 대한 하나의 대안이었을 뿐, 기록물의 순차적 가치들에 근거하는 제도적인 해결방안은 아니다. 더구나 한동안 우리나라에 무비판적으로 소개되었던 미주와 호주 그리고 뉴질랜드의 분류 및 가치평가에 관한 이론들은 그 대부분이 기록물관리의 현장에서 검증되지 않았으며, 또한 역사기록물의 수량과 그 관리의 차원에 있어 우리의 현실과는 확연하게 구분되는 국가들에서 성립되었다는 사실을 주목할 필요가 있다.

그럼 지난 십여 년의 경험을 돌이켜 볼 때, 이러한 쏠림현상의 원인은 무엇이며 그 해결의 실마리는 어디서 찾을 수 있을까? 궁극적인 원인 두 가지를 지적하면 다음과 같다.

첫째, 기록물이 생산된 직후부터 순차적으로 획득하는 가치들의 보존과 활용을 조직하는 데 필수적인 (기록물의) 개념에 대한 연구가 학계를 중심으로 선행되지 못했다.

둘째, 우리나라의 경우 지난 1999년 공공기록물관리는 새로운 정부의 정치적인 공약으로 시작됨으로써 권력의 상징과 심판의 잣대라는 '양날의 칼'의 정치적인 상징성을 가지게 되었다.

유럽의 경우, 해당 국가의 역사와 그 과정에 대한 연구 그리고 — 특히 현대에 있어 — 국가기록물의 공적 가치에 대한 평가가 관리제도의 구축과 운영에 기여한 요인이었다면, 기록물의 개념에 대한 연구는 학문적 연구와 더불어, 관리이론 전반과 전문가양성교육에 영향을 주었다고 할 것이다. 뿐만 아니라 많은 국가들이 기록물의 순차적인 가치들을 제도적으로 보장하면서도 그 초점을 역사-문화적인 가치에 맞추고 있다.[4] 이러한 정책은 기록물의 개념을 '문서들이 제공하는 정보들 전체'와 '문서들의 질서가 제공하는 유기적 관계들의 전체'로 정의하고 있음을 보여준다. 다시 말해 역사기록물을 문화유산으로 간주하는 유럽의 문화정책은 행정활동의 과정에서 자연스럽게 생산되는 문서들이 오직 이들에 반영된 생산주체의 제도와 역사를 기준으로 정리할 때 드러나는 정보들, 즉 문서들의 질서가 제공하는 정보들에 근거하며 이들이 영구보존의 가치로 선별되었을 때 비로소 세대를 반복하는 미래적 활용의 가능성을 획득한다는 원칙을 따르고 있다. 한편 역사가 비교적 길지 않은 국가들, 특히 미국의 경우 20세기 초반의 실용주의 노선과 정보학의 기념비적인 발전은 기록물의 개념과 가치 그리고 그 활용에 대한 정보학적인 관점을 강화시켰다. 이것은 호주, 캐나다, 뉴질랜드 등과 같은 국가들이 사실상 정보학을 바탕으로 현용기록물 중심의 관리 전통을 형성하고 있음을 설명한다(ex: ISO-15489, Dirks 등). 또한 최근에는 전자기록물의 확산을 통해 기능분류에 대한 관심이 더욱 고조되면서 기록물 생산(주체)의 내적인 구조(또는 생산과정에서 자연스럽게 형성되며 문서들 내부에 형성되는 유기적인 관계)보다는 외적인 요인들을 이용한 기술(技術)적 협력과 표준화에 집중하고 있다.

---

4) 2005년 현재 유럽연합 회원국 25개 국가들 중에 17개 국가가 국가기록물관리를 문화 또는 교육의 분야에 위임하고 있다(덴마크, 프랑스, 독일, 헝가리, 아일랜드, 이탈리아, 라트비아, 룩셈부르크, 네덜란드, 폴란드, 포르투갈, 슬로베니아, 스페인, 스웨덴, 몰타, 그리스, 핀란드). *Report in archives in the enlarged European Union, Increased archival cooperation in Europe: action plan*, European Commission, Luxembourg, 2005, p. 38.

본 연구는 두 전통의 구성요인들에 대한 분석 그 자체보다는 기록물의 개념이 어떻게 변천되었으며 이것이 각각 기록물, 정보, 그리고 사료의 관점에서 고려되었을 때 어떤 결과가 기록물의 모든 가치에 대한 접근, 즉 보존과 활용으로 대변되는 관리의 효율성을 극대화하는 데 보다 효과적인가를 살펴보려고 한다. 기록물의 개념은 이러한 맥락에서 함께 논의되고 합의되어야 하며 그 결과는 기록물의 보존과 활용을 위한 제도 구축의 주춧돌로 활용되어야 한다. 우리의 기록물관리는 개념과 가치의 관점을 달리하는 유럽과 미주의 전통들 중에서 분명 후자에 치우친다. 하지만 이러한 상황은 기록물의 개념과 가치의 활용에 대한 포괄적이고 충분한 연구가 동반되지 않았던 과거를 돌이켜 볼 때 그리고 교육의 현장에서 행정기록물관리가 지나치게 강조되고 있는 현실을 생각할 때, 기록물의 순차적인 가치들을 제도적으로 보장하고 있지 못한 우리의 현주소가 과연 미래지향적인 것인지에 의문을 가지게 한다.

2. 개념의 역사적 변천: '장소'에서 '유기적 관계의 문서들 전체'로

1) 공적 장소Locus publicus

기록물 또는 (기록물을 관리하는) 장소를 가리키는 용어의 기원은 그리스어의 아르케이온(Archeion, 또는 카르토필라키온Cartofilachion

또는 그람마토필라키온Grammatofilachion)에서 유래한다.[5] 반면 라
틴문명권에서는 아르키비움Archivium(또는 아르키붐Archivum), 아
르키움Archium(또는 아르치붐Arcivum) 이외에도 그라화리움Grapharium,
카르토테숨Cartothesum, 카르타리움 푸블리쿰Chartarium publicum,
사크라리움Sacrarium, 산투아리움Sanctuarium, 스키리니움Scrinium, 타
불라리움Tabularium과 같은 다양한 어휘들이 등장한다. 용어의 다
양성은 이전 시대에 비해 문서들을 생산하는 행정제도의 발전과 기
록물의 종류 그리고 기록재료의 다변화에 기인한다.[6]

로마시대의 울피아노 도미치오Ulpiano Domizio(AD 203~228)는
당시 기록물의 보편적인 개념을 아래와 같이 정의하였다.[7]

> 아르키비움은 외교문서들이 소장되어 있는 공적인 장소이다.
> Archivium est locus publicus in quo instrumenta deponuntur.

아르키비움은 공적인 장소Locus publicus이며 따라서 이곳의 외교
문서들, 인스트루멘타Instrumenta는 모두 공적인 가치를 획득하였
다. 특히 공적인 가치를 획득하는 메커니즘은 오늘날에도 유효한데,
탄원서나 진정서와 같이 개인이 관련양식에 따라 작성하여 수·발
한 후에 공적인 보존 장소에서 관리된 문서들의 경우 공공기록물로
간주되는 것을 의미하였다.

---

5) Antonio Romiti, *Archivistica generale*, Civita editoriale, Lucca, 2003, p. 120.
6) 당시에는 그 의미가 보존용기나 보존 장소로 구분되어 사용되기도 하였는데, 전자의 의미
   로는 archa, archarium, armarium이, 문서들 특히 공적인 성격의 기록물을 관리하는 장
   소의 의미로는 tablinum, tabulinum, tabularium이 있었다(ibid.).
7) 해석하면 "archivium은 문서들이 보관되어 있는 공공장소이다.": cfr. B. Bonifacio, *De
   Archivi liber singualris, apud Io Pinellum*, Venetiis, 1632.

하지만 기원 후 4~5세기에는 공적인 성격이 더 이상 장소가 아니라, 문서들 자체에 부여됨으로써 생산주체의 영역이 이전에 비해 크게 확대되었다.[8]

> 아르키비움은 공공기록물이 보존되어 있는 장소이다.
> Archivium est locus in quo acta publica asservantur.

이 경우 외교문서Instrumentum를 대신한 악타 푸블리카Acta publica 는 레스 제스테Res gestae, 즉 보존 장소로서의 아르키비움Archivium 에 보관된 기록물이 더 이상 낱장의 문서들로만 국한되지 않고 당시 통치행정(또는 제도)의 발전에 따라 여러 기관들에서 생산된 다양한 문서들 또는- 복수의 의미를 가지는- 기록물이라는 사실을 보여준다.[9]

> [아르키비움은] 공공기록물이 보관되어 있는 장소이며 이곳에서 이들은 신뢰성을 제공한다. [Archivium est] locus in quo acta publica asservantur, ut fidem faciant.

이처럼 고대의 기록물관리에서는 기록물에 비해 장소의 법적 기능과 성격이 더 중요하였다. 오늘날과는 달리 문서들의 가치와 신뢰성을 보장하는 제도나 수단들이 구체적이지 못했던 당시로서는 특정한 장소 또는 그 내부의 문서함들을 활용하는 것이 문서들의 법적 가치, 즉 원본성을 확보하기 위한 선택이었다.[10]

---

8) E. Forcellini, op. cit., ad vocem.
9) Antonio Romiti, *Archivistica generale*, p. 122.

2) 장소의 법적 의미와 공신력 그리고 신성성(神聖性)

중세에도 고대 로마의 아르키비움Archivium이 가진 신성한 성격 Sacralità은 테사우룸 싸크룸Thesaurum sacrum, 쌍뚬 스크리니움 Sanctum scrinium의 용어에서 보듯이, 여전히 유효하였다. 그리고 로마시대 아르키비움의 기능은 고대의 "신뢰성을 제공한다ut fidem faciant"를 계승하여 중세에도 절대적으로 필요한 '기억'을 보관하기 위한 장소로서의 '신뢰할 수 있는 장소Loca credibilia'로 발전하면서[11] 군주의 권력과 관련하여 비밀 또는 기밀의 성격을 추가로 획득하였다.[12]

11세기 로마법의 부활('법의 르네상스') 이후에는 아르키비움의 개념에도 변화가 나타났다. 문서들의 조작이 빈번하였던 당시에 고대의 유산은 문서화에 대한 신뢰성, 즉 기록물관리의 현장에서 문서들의 법적 가치를 보장하는 것에 집중되었다.[13]

---

10) G. Cencetti, "Gli archivi dell'antica Roma nell'età repubblica" *Archivi*, s. II, 1940, pp. 1437 – 47.

11) 한편 이시도로 디 시빌리아Isidoro di Siviglia에 의하면, 적어도 중세 전반기에는 이해관계가 큰 문서들의 보존을 위한 장소의 일반적인 의미보다는 (보존)용기의 구체적인 의미를 가지고 있었다고 한다. 산드리는 이시도로의 이러한 발상이 정의의 차원에서 권리를 방어하기 위한 수단과 정신적 구원을 위한 수단들을 모아 관리하려는 의도에 근거한다고 평가하였다. Antonio Romoti, *Archivistica generale*, p. 123.

12) "[Archivium est] locus ubi scripturae publicae ad perpetuam memoriam asservantur"[Cesare Baronio, Annales ecclesiastici, auctore Caesare Baronio, Sorano, e Congregatione Oratorii, E.R.E., Presbytero Cardinali Tit. SS. Nerei et Achillei et Sedis Apostolicae Bibliothecario……, tomus dicimus, Lucae, Tupis Leonardi Venturini, MDCCXLI, annali 591, n. XL(p. 520, col 2).

13) "publicum instrumenta dicitur quod de archivio publico seu armario producitur vel liber censualis in quo scribuntur census et liber annotationum, scilicet, quod confiteatur illus ex archivio publico esse productum"(Tancredi, *De ordine iudiciario*,

이처럼 장소의 개념은 아르키비움의 존재와 문서들의 공신력에 있어 필수적인 요인이었다. 고대 로마의 법학자들은 비록 기록물이 역사석으로는 사석인 영역의 기록물에서 시작되었지만[14] 단지 아르키비움의 공적인 성격만을 주목했던 것이 사실이며 이러한 전통은 유스티니아누스 법전을 통해 중세로 계승되었다.

3) 아르키비움Archivium: 장소와 기록물의 개념적 공존

16~17세기 독일과 이탈리아에서 출간된 연구서들은 아르키비움의 개념을 더 이상 장소의 의미로만 제한하지 않고, 이론과 현장 모두에서 문서들, 즉 기록물의 개념을 고려하기 시작하였다. 당시의 연구를 종합하면 이하의 세 가지로 요약해볼 수 있다.

첫째는 독일지역을 중심으로, 아르키비움을 등록물과 구분하면서, 전자를 비현용단계의 문서들로 간주하는 경향이다.

둘째는 아르키비움을 영구보존의 가치가 있으며 높은 문화적 가치를 가지는 단계의 기록물로 정의하는 경향으로, 주로 역사가이며 동시에 기록물관리전문가Archivist인 학자들의 공통된 주장이다.

셋째는 이탈리아 기록물관리전문가들의 주장으로, 위의 두 개념의 중간적인 입장에서 아르키비움을 '하나의 전체'로 간주하는 경향이다.

Ⅲ, 12; Sandri L. "Il pensiero medievale intorno agli archivi da Pier Lombardo a San Tommaso", in *Notizie degli archivi di Stato*, a. ⅩⅣ, n.1, Roma, 1954, p. 18.

14) 로마공화정 전반기에 사법기관의 기록물은 사법관의 사적인 문서로 간주되고 있었다. 다만 이후에 와서 사법관의 이·퇴임이 제도화되면서 문서는 이관의 규정과 더불어 tabulae publicae로 간주되었다. Giorgio Cencetti, "Gli archivi dell'antica Roma nell'età repubblicana"(1940), Id., Scritti, pp. 7 - 47.

아르키비움을 문서들로 간주하려는 새로운 시도는 다른 한편으로는 생산주체의 성격을 구분하려는 경향을 동반하였다.[15] 그 결과 당시에는 생산주체의 공·사를 구분하면서, 기록물보존소를 보유할 권리(Jus archivi)의 역사적인 맥락을 고려하여 사적(私的) 영역의 문서들을 관리대상에서 제외하려는 경향이 지배적이었다. 그리고 개념에 대한 이중적인 고려는 이후 16~19세기를 거쳐 심지어는 오늘날까지도 유지되고 있다는 점을 고려할 때, 현대기록물관리의 실질적인 동기에 해당한다.

4) 계몽주의시대의 역사기록물

지난 19세기의 문화흐름인 계몽주의 또는 백과사전주의는 기록물을 조직하는 방법론에도 많은 영향을 주었다. 비록 기록물의 재정리 방식으로는 효율적이지 않지만 그럼에도 백과사전주의에 근거하여 주로 - 내부의 유기적 관계가 훼손된 - 역사기록물의 영역에서 기능성을 발휘하면서 역사가들의 연구에 크게 기여하였다. 또한 같은 시기 프랑스혁명과 시민의 열람권 보장, 기록물 재정리방식의 변

---

15) 기록물의 공적인 성격에 대한 주장과 관련하여 이를 뒷받침하는 주장들은 이하의 다섯 가지로 요약해볼 수 있다:
　첫째, 기록물보존소에 "qui habeat curam et custodiam loci, Camerae et Archivi, in quo adservantur scripturae"하는 공공관리가 근무해야 한다.
　둘째, 기록물관리전문가는 이를 임명할 권력을 가진 상급자에 의해 임명되어야 한다.
　셋째, scripturae ponantur inter authenticas scripturas
　넷째, 관습에 따라 기록물보존소에는 문서들에 신뢰성을 부여하고 증명수단들을 확보할 권한이 주어져야 한다.
　다섯째, 기록물보존소에 근무하는 관리, 이곳에서 문서들이 밖으로 옮겨질 때에는 이들이 실질적으로 기록물보존소에서 유래되었다는 사실을 자신의 서명으로 입증해야 한다.

화는 소속지 원칙Principle of Pertinence을 대신한 출처주의 원칙의 등장과 더불어 기록물의 역사적 가치에 대한 관심을 고조시켰다.

백과사전식 접근에 대한 비판은 한 세기 전인 18세기 독일의 에르하르트H. A. Erhard로 거슬러 올라간다. 아돌프 브렌네커는 에르하르트의 발상을 비록 관련업무가 종결되었다고 할지라도 최근에 생산된 문서들을 기록물에서 제외하려는 것으로 해석하였다. 독일 학자의 주장을 가장 체계적으로 반박한 이탈리아 학자 엘리오 로돌리니E. Lodolini는 에르하르트가 기록물을 행정활동의 과정에서 생산되어 내부적으로 생산구조를 반영하며 역사적 상황들을 증언하는 문서들의 수집Collection으로 정의함으로써, 기록물의 문화적인 측면에만 주목한 반면 (문서들의) 법－행정적인 관점(즉, 오늘날의 현용, 준현용의 기록물)을 간과하였다고 하였다. 이것은 궁극적으로 기록물보존소를 도서관과 유사한 문화기관으로 오판하였으며16) 이로 인해 출처의 원칙을 거부하고 자료별 정리방식을 지지한 것의 이유이기도 하다. 오늘날의 시각에서도 에르하르트의 주장은 당시 프랑스 혁명과 나폴레옹의 정복을 경험했던 국가들이 공통적으로 직면해 있던－출처가 전체 또는 부분적으로 상실된 채 오직 역사－문화적인 가치만으로 평가되던－기록물의 처리문제와 결코 무관하지 않다.

한편 19세기 말 프랑스에서는 문서들의 법적인 성격을 강조하던 경향이 줄어든 반면 문서들의 원본성을 보장하면서도 기록물의 개

---

16) Heinrich August Erhard, "Ideen zür wissenschaftlichen Begründung und Gestaltung des Archvwesens" Zeitschrift für Archivkinde, Diplomatik und Geschichte, 1, 1834; 김현진 「독일 기록관리담론에서의 평가론」, 『기록학연구』, 제47회 발표문, pp. 6－7.

념을 보다 폭넓게 바라보려는 움직임이 대두되었다. 이러한 변화의 대표적인 학자인 랑글로이Carlo Langlois는 기록물을 국가, 지방, 도시, 공공기관 또는 사기관, 회사나 협회, 개인과 관련된 모든 종류의 원본문서들로 정의하였다. 오늘날 그의 정의는 생산주체를 공공분야로만 국한하지 않았다는 점에서 높게 평가될 수 있다. 하지만 기록물의 생산 방식과 더불어, 문화적 기능이 언급되지 않았는데, 특히 전자의 이유(생산방식)로 인해 기록물을 서책과 박물과 구분하는 것이 분명하지 않게 되었다는 비판을 피할 수 없었다.

같은 시기에 네덜란드의 기록물관리전문가들은 관리이론에 대한 연구에서 괄목할 만한 발전을 이룩하여 이후 유럽 전체에 상당한 영향을 주었다. 특히 사무엘 뮬러Samuel Muller, 요한 아드리안 페스Johann Adrian Feith 그리고 로버트 푸루인Robert Fruin의 연구는 프란체스코 보나이니F. Bonaini와 그의 제자들(특히 살바토레 본지 Salvatore Bongi)에 긍정적인 영향을 주었던 반면, 독일학자들의 이론과는 기록물관리의 여러 영역에서 날카롭게 대립하였다.

네덜란드 학자들의 기록물에 대한 정의는 이전시대에 비해 상당히 구체적이었다. 그 요점을 살펴보면 기록물은 모든 권력기관이나 행정 또는 이들의 관료들에 의해 공식적으로 수발된 문서들, 도면들, 그리고 출판물의 전체로 간주되었는데, 그 이유는 이러한 문서들이 자신들의 기능과 일관된 맥락에서 자체적으로 관리되어야 한다는 것이었다. 이 정의는 오늘날 기록물의 개념 형성에 큰 영향을 주었다.

5) 유기적인 관계의 '문서들 전체'

지난 20세기 기록물관리의 업적은 특히 당대의 기록물 성리방식인 출처의 원칙과 이를 지난 19세기 후반에 혁신적으로 해석한 프란체스코 보나이니와 그의 후학들에 의해 대표된다. 이탈리아 학자들의 노력은 오늘날 '역사방식'으로 불리는데, 그 이유는 단순히 역사연구를 위한 활용이 아니라 행정활동의 과정에서 기록물을 생산한 생산주체의 역사를 기록물 정리의 기준으로 선택하기 때문이다.[17)]

하지만 20세기의 진정한 변화는 *Sull'archivio come universitas rerum*[18)](1937)의 저자인 조르지오 첸체티Giorgio Cencetti와 지난 19세기 후반의 역사방식Historical Method에 반영된 기록물의 개념을

---

17) Antonio Panella, "Francesco Bonaini", *Rassegna degli Archivi di Stato*, a. XⅦ, n. 2, Roma, maggio-agosto, 1957, pp. 181 - 197. 아르날도 다다리오는 보나이니의 역사방식과 관련하여, 이것이 단순히 식자들의 이해관계에 따른 결실이 아닌데, 왜냐하면 시리즈와 그 상위계층의 유기적인 비전에 있어 각 문서들의 가치를 초월할 뿐만 아니라, 이를 근거로 공법과 사법의 기관들이 어떻게 자신들의 업무를 수행했는지를 인식하는 데 초점을 맞추고 있기 때문이라고 하였다(Arnaldo D'Addario, "Archivi ed archivistica in Toscana negli ultimi anni", *Rassegna storica toscana*, a. I, n. 1, 1955, pp. 35 - 71, 특히 pp. 38 - 39 참조).
하지만 적어도 초기 30여 년의 기간에 개념에 대한 정의는 이전 세기의 여러 이론들과 비교할 때 별로 진전되지 않았다. 이 기간의 학술적 성과에서 반드시 언급되는 에치오 세바스티아니Ezio Sebastiani, 피오 페키아이Pio Pecchiai와 에우제니오 카사노바Eugenio Casanova의 연구는 몇 가지의 사실을 제외하고는 이전과 별로 달라진 것이 없었다. 실제로 독일의 브렌네커는 기록물에 대한 카사노바의 정의를 분석하면서, 기록물을 수집의 개념으로 인식한 것, 역사-문화적 가치의 기록과 현용단계의 기록물을 구분하지 않은 것, 그리고 기록물의 목적을 정치적, 법적 그리고 문화적인 것으로 구분한 점을 비판하였다. 이것은 카사노바가 새로운 시대의 변화와 진보를 담보하기보다는 역사적이고 문화적인 가치의 기록물과 자료별 정리방식으로 상징되는 한 세기 전의 관점에 안주하였음을 말해준다.
18) Giorgio Cencetti, "Sull'archivio come ≪universitas rerum≫", *Archivi*, Ⅳ, 1937, pp. 7 - 13.

재검토한 아돌프 브렌네커로부터 시작되었다고 해도 과언이 아니다. 조르지오 첸체티는 기록물을 정의함에 있어 생산주체, 문서생산의 양태, 그리고 기록물이 존재하는 목적을 세 가지 기준으로 지목하면서 처음으로 '문서들 전체'의 개념을 도입하였는데, 이는 기록물을 바라보는 관점에 있어 과거의 전통과는 분명히 차별화된 것이었다.[19)

> 기록물은 기관이나 개인들이 자신의 목적을 추구하거나 자신들의
> 기능을 수행하기 위해 수신 또는 발신한 문서들 전체이다.

그의 정의에서 문서들 전체란 관련업무의 진행을 전체적으로 반영하는 모든 문서들의 전체를 의미하는 것 이외에도, 그 내부에-업무의 진행에 따라- 처음부터 자연스럽게 그리고 점진적으로 형성되는 최초의 '필요한 유기적인 관계들'의 전체를 가리킨다.

한편 브렌네커는 기록물에 대한 정의에서 문서들이 생산에서 영구보존에 이르는 기간 동안 크게 두 개의 가치단계('비성숙된 기록물'의 단계와 '기록물'의 단계)를 형성한다고 하였다. 독일의 기록물관리 전통을 계승하였다는 측면에서 그의 연구는 앵글로 색슨의 전통, 이탈리아의 전통과 더불어 유럽기록물관리의 흐름을 대표한다.[20)

기록물은 개인이나 법인이 자신의 실질적이고 법적인 활동에 근거하여 생산한 기록물과 그 외의 다른 문서들 전체인데, 이들은 문서자료와 과거에 대한 증거로서 특정한 장소에서 영구적으로 보존

---

19) Antonio Romiti, *Archivistica generale*, p. 139.

20) *Ibid.*, cit., p. 141.

될 대상이다.

브렌네커는 첸체티와 마찬가지로, 기록물을 문서들 전체로 간주
하였지만, 수신과 발신의 양태라는 제한된 시각에 머물렀기에 후대
의 학자들에 의해 현용, 준현용의 기록물에 국한된 정의라는 오해
를 불러일으켰던 것이 사실이다. 하지만 그는 '문서자료들과 과거
에 대한 증거'라는 영구보존의 관점을 추가함으로써 기록물을 법적
이고 행정적인 성격과 학문적인 성격의 공존(또는 흐름)으로 이해
하였고 이로써 두 단계를 분리된 시각으로 바라보았던 과거의 한계
를 완전히 극복하였다.

기록물에 대한 정의에서 분절의 개념이 극복된 것은 정리작업에
서 이들이 생산조직의 이미지에 따라 자연스럽게 재통합될 수 있다
는 발상, 즉 출처를 '자유롭게' 적용하는 원칙의 성립을 가져왔으며
기록물관리전문가에게는 등록물Registratura의 생산에 '자유롭게' 개
입할 수 있는 명분을 제공하였다.[21]

한편 20세기 중반에 영국은 여전히 로마법 전통에 머무르면서, 기
록물을 법적 가치와 공신력을 제공하는 기능에 따라 판단해야 한다
는 이론을 고집하였다. 이러한 전통은 영국의 대표적인 학자인 힐
러리 젠킨슨H. Jenkinson의 정의에서도 볼 수 있다.[22] 그에 따르면,
기록물은 공·사의 영역에 있어, 시대를 초월해 모든 업무 진행과

---

21) 아울러 브렌네커의 정의에서 언급된 '기록물과 그 외의 다른 문서들 전체'의 표현은, 역
   시 독일의 학자인 레쉬Leesch에 의하면, 출처가 다양하여 분리 또는 부분적으로 남아
   있는 문서들로 구성된 기록물도 포함하는 것으로서 궁극적으로는 이들을 정리할 때도 출
   처의 원칙이 적용될 수 있음을 시사한 것이었다(V. Giordano, *Archivistica e veni
   culturali*, Salvatore Sciascia Editore, Roma-Caltanissetta, 1978, p. 99).

22) Ibid., cit., p. 142; H. Jenkinson, *The English archivist. A new profession*, London,
   1947; E. Lodolini, *Archivistica*, pp. 119–120.

정에서 자연스런 절차에 따라 축적되었으며 문서화 작업을 위해 관리되고 그리고 이 분야에 종사하는 책임자 또는 그 후임자들에 의해 보존되는 문서들이다.

젠킨슨의 정의는, 로돌리니에 따르면, 이하의 몇 가지 관점에서 평가될 수 있다.[23]

첫째, 기록물은 항상 진실만을 이야기하며 따라서 학자는 이러한 문서들로부터 행정적 의미를 파악한다(Impartiality).

둘째, 기록물은 수집(기록물)과는 달리, 생산과정에 있어 자연스럽게 그리고 인위적이지 않게 축적되는데, '자연스럽게'의 표현은 문서들의 생산과정에는 물론 생산된 문서들 간의 관계에도 반영된다(Naturalness).

셋째, 원본성으로 이는 지속적 관리(Unbroken custody)에서 기원하며 사실상 합리적인 추론의 결과이다(Authenticity).

넷째, 상호의존(관계)성에 있어 기록물의 문서들은 다른 문서들과 이들이 속한 그룹의 내외에서 긴밀하게 연결되어 있다(Interdependence).

영국의 기록물관리전통은 기록물의 개념, 특히 '문서들 전체'의 표현에 있어서는 적어도 남유럽의 전통과 확연하게 구분되는 것처럼 보인다. 하지만 젠킨슨의 정의에서 언급된 '[……] 축적된 문서들'과 '상호의존(관계)성'은 밀접한 관계에 있는 문서들의 축적으로 이해될 수 있는 만큼, 남유럽의 전통에서 중요시하는 – 첸체티가 주장하던 – '문서들 전체' 그리고 '그 내부의 유기적 관계의 전체'와 전혀 별개가 아님을 알 수 있다.

---

23) Ibid., p. 142.

20세기 중반 미국의 기록물관리는 쉘린버그T. R. Schellenberg에 의해 대표된다. 역사적으로 그의 이론은 문서들의 조직에 있어 17세기의 이론들에 근거하였으며 아돌프 브렌네커의 영향을 받은 후에는 독일 전통의 맥락에 안주한 것이 사실이다. 하지만 이후 같은 세기에 있었던 두 차례의 세계대전을 전후한 기간에는 이론의 경직성으로 인해 큰 지지를 받지 못하던 영국의 전통과는 달리, 영어권 국가들의 기록물관리를 이끌었다.24) 기록물은 공・사기관의 문서들로서 문서화와 연구목적을 위해 영구보존의 가치가 있다고 판단되었으며 그리고 기록물관리기관에 옮겨졌거나 또는 관리(영구보존 및 활용)를 위해 선별된 문서들이다.

쉘렌버그의 주된 관심은 현용등록물도, 준현용등록물도 아닌 역사기록물에 집중되었다. 왜냐하면 그 자신도 기록물에 대한 정의에서 언급하였듯이, 두 등록물 단계에 이어 선별의 과정을 거쳐야만 진정한 의미의 기록물, 즉 영구보존의 역사기록물이 된다고 보았기 때문이다. 현대기록물관리에 있어 쉘렌버그의 주장에 무게가 실리는 부분은 영구보존의 명분이 문서화, 즉 문서생산의 목적에 해당하는 법적이고 행정적인 이유들과 그리고 이러한 이유들에 근거하는 연구목적에 있음을 분명히 지적하였기 때문이다.

첸체티가 기록물을 '유기적 관계의 문서들 전체'로 정의한 지 십여 년 후 안토니오 파넬라Antonio Panella는 기록물을 여러 단계로 구분하기보다는 하나의 '단일 이미지'로 특징지어야 한다는 점을 강조하였다. 근본적으로 파넬라의 단일 이미지는 기록물 관리의 제

---

24) T. Schelleberg, *Modern archives. Principles and techniques*, Melbourrne, 1956(1975년 시카고에서 재판됨).

도적인 틀이 순차적인 가치들에 근거하여 구분될 수는 있겠지만, 생산된 기록물을 정리하고 활용하는 원리에 있어서는 이러한 가치들이 상호 불가분의 관계로 규정되어야 한다는 것을 암시한다. 기록물의 정의에 있어 파넬라는 이들의 역사적 의미를 과거 그 어느 때보다 중요하게 평가하였는데(기록물과 생산기관의 역사적인 관계, 기록물의 구조에 기초한 본래의 목적 그리고 어느 한 기록물군Fond과 역사연구의 구체적인 목적 사이에 존재하는 관계의 척도),[25] 이 점에 있어서는 역사기록물의 가치와 활용의 비중을 강조한 쉘렌버그와 공통된다고 할 것이다. 다만 쉘렌버그는 기록물의 역사적 가치들에서 2차적 가치로서의 정보적 가치, 즉 문서들 간의 유기적인 관계와는 무관한 정보학적 가치를 수용함으로써 미주 기록물관리의 고유한 발전을 증언하였다.

20세기 후반의 개념은 기록물이 공·사영역의 구분 없이 생산되어 영구보존의 가치를 위해 선별되었고 정리된 상태의 문서들 내부에 유기적 관계가 자연스럽게 형성되어 있어 궁극적으로는 생산주체의 제도와 행정업무의 구조를 반영한다는 사실을 주목하였다. 하지만 이러한 개념들은 같은 세기 전반에 소개된 첸체티의 이론이 전제되었기에 가능한 것이었다. 또한 이러한 전·후반기의 발전적인 연계성은 이후 레오폴도 산드리Leopoldo Sandri(1958), 레오폴도 카제세Leopoldo Cassese(1959)[26]와 아우렐리오 타노디Aurelio Tanodi-(1961), 그리고 아르날도 다다리오Arnaldo d'Addario(1972)[27]를 거쳐

---

25) Antonio Panella, "Gli Archivi", *Note introduttive e sussidi bibliografici*, Marzorati, Milano, 1948, pp. 103 – 121.

26) Leopoldo Cassese, *Introduzione allo studio dell'Archivistica*, Roma, 1959.

파올라 카루치Paola Carucci(1983)[28]와 엘리오 로돌리니Elio Lodolini-(1985)[29]에 의해 현대 유럽의 기록물관리전통에서 가장 보편적인 이론으로, 그리고 관리를 위한 현장의 모범으로 집대성되었다.

오늘날 기록물 내부의 유기적 관계는 기록물관리의 모든 영역에 걸쳐 핵심 키워드로 자리 잡고 있는데, 그 이유는 이러한 관계가 정의상 중요한 관점인 생산주체와 목적에 있어 판단의 기준이기 때문이다. 카루치는 이 점에 있어 기록물이 법적이고 행정적인 성격과 역사적이고 문화적인 성격을 동시에 가진다고 주장함으로써 시대의 보편적인 기준을 제시하였다.

하지만 카루치가 주로 남유럽의 전통을 중심으로 활동하였다면, 엘리오 로돌리니는 자국의 한계를 탈피하여 영국과 독일의 전통을 관통함으로써 국제적으로 수용 가능한 이론을 형성하는 데 주력하였다. 그는 자신의 이론에서 다른 무엇보다 문서들 간의 필요하고 구체적인 최초의 유기적 관계라는 원칙을 강조하였다. 이 점에 있어 그는 첸체티와 견해를 같이하였다. 그는 문서생산의 명분에 해당하는 실제적이고 법적이며 행정적인 유용성이 종료되어야 한다는 조건을 전제하였다. 반면 이러한 오리지널적인 성격들은 결코 사라지지 않고 학문연구를 위한 가장 효율적인 원천으로 작용하며 이 때문에 기록물이 귀중한 기록문화재의 영역에 포함된다는 독자적인 논리에 있어서는 첸체티와 입장을 달리하였다.

로돌리니가 독일의 전통, 특히 브렌네커와 그리고 더 나아가 영

---

27) Arnaldo D'Addario, *Lezioni di archivistica*, Bari, 1972.

28) Paola Carucci, *Le fonti archivistiche: ordinamento e conservazione*, N.I.S., Roma, 1989.

29) Elio Lodolini, *Archivistica, Principi e problemi*, Franco Angeli Editore, Milano, 1985.

국의 전통을 계승한 쉘렌버그의 이론에 동조하는 부분은 그가 업무적이고 행정적인 가치에 해당하는 현용기록물과 준현용기록물의 용어보다는 현용등록물, 준현용등록물의 용어를 선호했다는 점, 그리고 비현용기록물로 선별(또는 평가)되기 전에 불필요한 문서들을 폐기하는 과정으로 준기록물Prearchivio의 단계를 설정하였다는 사실에서 간접적으로 엿볼 수 있다.

실질적으로 로돌리니는 이탈리아의 보편적인 흐름과는 달리, 영국과 특히 독일의 전통을 수용하여 기록물 관리의 유일한 목적으로 역사적이고 문화적인 관점을 주장하였다. 하지만 그가 유일한 명분으로 지적한 역사적이고 문화적인 관점은 그 시작이 법적이고 행정적인 관점에 있다는 사실이 분명한 만큼, 적어도 정리의 과정에 있어서는 기록물의 다양한 가치들을 유일하고 불가분의 관계로 이해하는 탄력적인 사고를 필요로 한다.

3. 현대기록물관리: 용어의 문제

정보화시대의 기록물은 관점에 따라 다양한 개념과 의미로 해석된다. 이것은 기록물관리의 영역이 과거 역사학, 고문서학Diplomatics, 그리고 고서체학Paleography 등을 배경으로 시작된 이후 행정학과 법학 그리고 정보학과의 관계를 형성하면서 현재의 독립된 학문영역으로 성장한 배경을 말해준다. 유럽의 경우, 지난 19세기는 "문서생산의 역사와 기록물이 시대의 흐름 속에서 형성한 정리의 형태들을 연구하는 것뿐만 아니라, 시간이 흐르면서 축적된 기록물 더미들을 재정리하고 이들을 다양한 분야의 학자들에게 제공하는 것을 목적으로"30) 기록물관리학이 성립된 원년에 해당한다. 그리고 이러한 변화는 18세기 말, 19세기 초 피렌체 역사기록물보존소Archivio Diplomatico Fiorentino(1778), 나폴리 기록물보존소Grande Archivio di Napoli(1808)와 같은 대규모 영구기록물관리기관들의 설립과 시기적으로 일치한다. 게다가 이 기간에는 출처의 원칙, 퐁 존중의 원칙, 그리고 이들을 근거로 이탈리아의 역사방식Metodo storico이 성립하였다. 그럼 18~19세기를 배경으로 기록물관리학의 성립, 대규모 기록물보존소의 설립, 그리고 자료별의 방식을 대체하는 새로운 정리방식들의 도입은 어떤 관계로 이해할 수 있을까? 해답은 앞서 살펴본 바와 같이 현대기록물관리학의 학문적 근거에 해당하는 (기록물의) 개념에 대한 정의에서 찾을 수 있다.

우리나라 기록물관리학의 현주소에는 다양한 관점별 개념들이 공존한다. 특히 행정기록물관리의 경우 정보학의 관점이, 역사기록물관리의 경우 역사학과 법학 그리고 행정학의 관점이 지배적이다. 그럼에도 오늘날의 기록물관리학은 주변학문들과의 관계에 있어 더 이상의 개념적 혼란에 직면하지 않는다. 기록물을 '(기록된 모든) 기록'과 구분하는 개념과 가치가 명확하다는 것이 그 주된 이유이다. 뿐만 아니라 이것은 기록물관리학과 더불어 주변학문들 모두의 학문적 발전을 장려하고 기록된 과거와 단절되지 않기 위한 최소한

---

30) 2009 International Workshop Program, The Society of Korean Historical Manuscripts, 2009. 3. 12~13, Giorgi Andrea, Discipline del libro e del ducumento: archivistica, biblioteconomia, diplomatica e paleografia, cit., p. 116.

의 노력이기 때문이다.

기록물관리학의 경우에도 학문적 성립과 전문성 확보를 위해서는 관리의 기준과 영역의 한계를 설정하고 일관된 흐름을 유지하는 가운데 그 범주 내에서 용어의 정확성과 전문성을 확보하는 것이 중요하다. 용어는 그 의미의 정확성을 담보해야 하는 만큼, 적용대상과 범위에 있어 매우 구체적이어야 한다. 용어의 개념과 정의를 결정하는 근본적인 요인은 관리대상 기록물의 생산주체와 목적인데, 이들은 기록물관리 전반에 있어 보편적인 기준이기도 하다. 왜 그리고 어떻게 문서들이 생산되었는지를 파악한다면 이들을 어떻게 정리하고 가능한 모든 가치를 활용할 것인가에 대한 합리적인 해답을 얻을 수 있기 때문이다.

1) 기록 · 문서 · 기록물

모든 기록이 문서의 성격을 가지는 것이 아니듯이, 모든 문서 역시 기록물로 간주되지 않는다. 기록된 모든 것이 넓은 의미의 문서로 정의되기 위해서는 다양한 생산주체의 자연스런 행정활동 과정에서 '인위적이지 않게' 그리고 '비의도적으로' 생산되어야 한다. 일기나 연대기의 기술(記述) 또는 문학이나 다른 학문 영역의 필사본 또는 저술이 문서 또는 기록물이 아닌 이유가 여기에 있다. 그러나 이것도 기록물관리학의 기록물이 되기 위한 필요충분조건은 아니다. 왜냐하면 실제적이고 행정적이며 법적인 활동에 의해 자연스럽게 축적되고 그 과정에서 문서들 사이에 고유하고 필요하며 구체적인 관계, 즉 유기적인 관계들이 전제되어야 하기 때문이다. 이러한 관점에서 사전(事前)에 설정된 구체적인 기준에 따라 수집된 문서들, 낱장의 문서들, 도서관의 도서들, 화랑의 그림들, 그리고 박물관의 박물은 기록물에 포함되지 않는다.[31]

그럼 이러한 유형의 기록들은 기록물보존소의 관리대상에 포함되지 않는가? 그렇지 않다. 오늘날 유럽을 비롯한 전 세계의 거의 모든 기록물보존소들에서는 이러한 기록들을 어렵지 않게 목격할 수 있다. 이들은 그 대부분이 생산시기가 오래되었으며 기록된 내용의 역사적 가치가 매우 높은 관계로 또는 오래전 기증의 형식을 통해 수집된 기록들이다. 다만 이러한 기록들은 영구보존의 역사기록물에 적용된 것과 동일한 방식으로 정리되지 않는데, 그 이유는 이러한 유형의 기록들 내부에는 역사기록물 고유의 '유기적인 관계들'이 존재하지 않기 때문이다. 게다가 이러한 기록들의 가치를 가장 잘 유지하면서 활용의 효율성을 극대화하기 위한 기술적인 노력이 역사기록물의 정리방식들과 항상 일치하지는 않는다. 지난 1999년 공공기관의 기록물관리에 관한 법률에 근거하여 설치된 자료관에서는 행정활동의 과정에서 생산된 준현용기록물과 기존 자료실의 자료들을 동일한 기준으로 분류한 결과, 적지 않은 혼란이 초래된 바 있었다.

전자기록물의 경우에도 기록물의 근본적인 개념은 동일하게 적용된다. 왜냐하면 문서들의 질서와 이 질서에 의해 형성된, 문서들 간의 관계들 전체는 기록매체의 변화에도 불구하고 수정되지 않기 때문이다. 그렇지 않다면 단순한 문서들의 합 또는 단순한 데이터

---

31) 김정하, 『기록물관리학 개론』, 대우학술총서 n. 585, 서울: 아카넷, 2007, pp. 24 - 25.

베이스Database의 수집물에 불과하다. 종이문서와 전자문서에는 단지 기록매체의 차이와 이에 따른 몇 가지 차이들만이 존재할 뿐, 이들이 정리방식의 변화를 불가피하게 만들지는 않는다.[32)]

기록과 기록물의 개념에 대한 문제는 우리나라의 경우, 학문으로서의 기록물관리를 지칭하는 용어에서도 찾아볼 수 있다. 현재 이 분야에서 가장 널리 사용되고 있는 용어인 '기록학' 또는 '기록관리학'은 본 연구의 관점, 즉 기록된 모든 기록이 기록물관리의 대상이 아니라는 사실에 근거할 때, 적절한 표현은 아니며 '기록관리'의 용어는 '기록물관리'로 바로잡아야 할 것이다. 또한 본 학문의 명칭은 연구대상이 단수의 의미에서 문서 각각의 낱장을 대상으로 하는 고문서학과는 달리, 복수의 문서들을 전제해야 하며 따라서 단수와 복수의 의미가 명확하게 드러나지 않는 '기록'보다는 '(복수의미의) 기록물을 관리하는 학문'인 기록물관리학으로 불려야 할 것이다.

이처럼 기록물관리학의 대상은 기록된 모든 기록의 일부에 해당한다. 이 점에 있어 (복수의 문서들, 즉, 기록물을 관리하는) 기록물관리학과 (정보의 관리를 위한) 정보학은 정보의 관리라는 측면에서는 공통되지만, 정보의 성격과 개념 그리고 정보들 간의 유기적인 관계에 있어서는 분명한 차이를 드러낸다. 다시 말하면 과거 도서관학과 정보학의 협력관계는 기록물관리학과 정보학의 관계에 그대로 적용되지 않는데, 왜냐하면 기록물이 어휘나 언어의 표현 이외에 문

---

32) 기록물관리의 영역에 정보학을 도입하는 것은 기록물관리의 영역에 정보학을 도입하는 것은 전통적인 매체의 기록물에 정보학 수단을 적용하는 경우, 기술적인 보조수단의 용도인 만큼 별다른 문제는 없다. 다만 문제가 된다면 그것은 직접 전자적으로 생산된 기록물에 정보학의 원리들을 적용할 때 발생한다. 기록물관리학의 영역에 대한 정보학 학자들의 독점 이외에도 기록물관리학에서는 수용할 수 없는 방법론들의 적용을 의미할 수 있다.

서들의 질서가 제공하는 정보를 추가로 가지고 있기 때문이다.

정보들의 성격적 차이는 기록물관리학과 역사학의 관계에서도 드러난다. 후자는 기록된 모든 것, 심지어 구술기록에서도 연구에 필요한 정보를 획득한다. 반면 전자는- 역사학에서 사료(史料) 또는 1차 자료로 정의하는- 역사적이고 문화적인 가치가 지배적인 기록물의 범위 내에서 생산주체의 제도와 구조에 대한 정보들을 제공한다. 같은 맥락에서 기록물보존소에는 전문도서관의 설치가 필수적이다. 이곳의 도서관은 일반 도서관이 다양한 분야의 출판물을 소장하는 것과는 달리, 역사기록물을 1차 사료로 활용하여 얻어진 연구결과물과, 기록물은 아니지만 역사적 가치가 높은 연대기나 일기 등과 같은 과거의 기록들을 소장하여 연구자들의 연구 활동을 지원한다.

2) 행정기록물관리Records Management와 역사기록물관리Archives Management

학문 성립의 요건으로는 관련용어들이 가지는 의미의 정확성과 전문성이 요구된다. 기록물관리에 대한 연구도 지난 18세기 말의 역사적인 변화들(특히 프랑스 혁명과 나폴레옹의 행정개혁)을 계기로 용어와 개념에 있어 지속적으로 진화하였다.

오늘날 기록물의 용어와 관련해서는 크게 두 가지 이론이 설득력을 얻고 있다.

첫째는 문서들이 생산부서에서 작성된 순간부터 기록물로 불린다는 것이고, 둘째는 생산주체의 목적, 즉 관련업무가 종결되고 영구보존을 위해 선별되었을 때 비로소 기록물로 정의된다는 주장이다(Archivürdigkeit). 물론 후자의 기록물은 영구보존을 위해 생산부서나 기관의 내부 또는 외부에 설치된 영구기록물관리기관으로 이관된다.

두 이론은 성격상 타협될 수 없으며 단순한 명칭의 문제임에도 불구하고 근본적인 차이를 드러낸다. 전자의 이론을 대표하는 조르지오 첸체티G. Cencetti는 이론적으로 "단순히 말해 모두 기록물이다"라고 주장한다. 하지만 에른스트 포스너Ernst Posner와 같이 두 번째 이론에 충실한 학자들은 기록물을 대신하여 등록물의 용어를 사용한다.33) 반면 독일어의 아르히브Archiv는 이탈리아와 스페인에서 보편적으로 사용하는 역사기록물보존소Archivio storico에 해당한다.

영어권 국가들, 특히 영국에서 행정기록물Records과 역사기록물 Archives은 동일한 의미로 사용되지 않는다. 두 용어에 있어 이들이 같은 의미로 사용될 수 있다는 주장(H. 젠킨슨)과 "연구목적을 위해 영구보존의 가치로 판단되었으며 전문기록물관리기관에서 관리하기 위해 선별의 과정을 거친"34) 행정기록물Records만이 역사기록물Archives이라는 주장(T. R. 쉘렌버그)이 양립한다. 그러나 영국에서 제정된 기록물관리법들을 살펴보면 이들은 최근에 들어 젠킨슨의 주장과는 다르게 상이한 의미로 사용되고 있다.

---

33) 등록물은 이탈리아어에서는 registratura, protocollo, 독일어에서는 registratur(kurrent, laufende, tägliche Registratur)를 의미한다.

34) "which are adjudges worthy of permanent preservation for reference and research purposes and which have been deposited or have been selected for deposit in an archival institution."

결론적으로 행정기록물은 생산기관(또는 부서)의 실질적이고 법적이며 행정적인 목적에 따라 생산되어 관련 업무에 활용되고 있는 현용과 준현용 단계의 기록물로 간주하는 것이 타당하다. 반면 역사기록물은 참고적인 가치나 용도마저도 충분히 소멸된 이후 선별의 과정을 거쳐 영구보존과 역사적이고 문화적인 활용을 목적으로 영구기록물관리기관에 이관된 비현용기록물을 가리키는 용어로서의 타당성을 가진다. 한편 이러한 용어들이 생산목적에 따라 구분된 것이라면, 가치에 기준할 때 현용, 준현용 단계의 기록물은 - 각각은 업무기록물과 참고기록물로 그리고 전체적으로는 - 행정기록물로, 비현용단계의 기록물은 역사적이고 문화적 가치가 지배적인 단계의 기록물, 즉 역사기록물로 정의될 수 있다.

행정기록물의 용어는 1950년 미국 연방정부의 문서관리를 위한 공식용어로 처음 등장하였다. 당시에는 부서들에서 생산된 순간부터 영구기록물관리기관으로 이관될 때까지, 즉 업무에 활용되고 있는 문서들의 운영을 조직하고 합리화하기 위한 시스템 차원에서 도입되었다.[35] 이 용어가 사용되었을 당시 유럽, 특히 프랑스와 불어권 지역들에서는 그 의미를 정확하게 반영하는 용어가 부재한 상황이었지만 얼마 후 캐나다에서 Gestion des documents로 번역되어 유럽 국가들의 기록물관리법 등에 공식적으로 도입되었다.[36]

ICA의 용어집을 보면 행정기록물Records의 용어는 "형식이나 매

---

35) 『기록물관리학개론』, pp. 40 - 41.

36) 북미에서 활동하는 이탈리아 출신의 루치아나 두란티(Luciana Duranti와 프랑스의 찰스 Charles Dollar에 의하면, 이 용어는 이미 기원전으로 거슬러 올라간다(앞의 책, p. 40 그리고 주 31 참조).

체에 상관없이, 개인이나 조직(민간 및 공공)이 법적 의무나 업무를 수행하는 과정에서 생산, 접수, 보유, 사용하여 증거를 제공하거나 증거의 일부를 구성하는 문서들"로 정의되고 있다. ISO - 15489에서도 "기관이나 개인이 법적 의무의 수행이나 업무의 처리행위 속에서 증거와 정보로서 생산하고 접수하며 유지하는 정보"로 규정하고 있다. 두 정의에서는 문서들이 생산기관과 생산목적의 두 관점에서 볼 때 모두 법적이고 행정적인 목적에 따라 생산된 것으로 관련 업무에 활용되고 있거나 참고 목적으로 생산부서(또는 기관)에 의해 운영되고 있음을 알 수 있다. 이에 반해 역사기록물Archives은 관리의 주체와 목적(그러므로 가치의 활용)에 있어 행정기록물과는 확실한 차이를 드러낸다.

3) 정리와 분류

업무과정에서 자연스럽게 생산되는 문서들에 질서를 부여하는 문제는 궁극적으로 이들을 현재와 미래를 위해 보존하고 활용하는 것에 직결된 만큼, 기록물관리의 영역에서 가장 중요한 부분들 중의 하나이다. 다시 말하면 생산단계에서 어떻게 분류할 것인가에 따라 그 가치의 효율성이 결정된다.

정리와 분류 두 용어 모두 기록물에 질서를 부여한다는 행위의 관점에서는 같은 의미로 사용될 수 있다. 하지만 기록물관리학의 관점, 즉 업무와 관련하여 문서들이 생산되고 있는 과정에서 이들에 생산기관(과 조직 구조)의 업무기능에 준하여 최초의 내적인 질서를 부여하는 작업의 관점에서는 '정리'로 정의될 수 있다. 그리고 이때의 정리방식은 기록물이 준현용의 단계로 전환되거나 또는 영구보존을 위해 선별된 이후에도 수정되지 않는 것이 보통이다. 또한 이관의 형식을 통해 확보된 역사기록물의 경우 보통 생산 당시에 부여된 최초의 질서, 즉 원질서는 그대로 유지된다.

하지만 수집의 절차를 통해 확보된 수집기록물Manuscript Collection의 경우 생산 당시의 유기적인 관계, 즉 원질서는 이미 전체적으로 또는 부분적으로 훼손되었을 가능성이 매우 높은데, 이를 재구성하거나 복원하는 작업은 재정리작업에 해당한다.

현재 우리나라에서는 '정리', '분류'의 개념들이 별다른 구분 없이 사용되고 있다. 2004년에 제정된 ISO - 15489를 참조하면, 분류Classification의 정의에서는 작업행위의 기술적인 측면이 특히 강조되고 있다. "논리적으로 구조화된 체계와 방법에 따라, 분류체계에 제시된 절차 규칙에 따라 업무활동이나 기록을 체계적으로 확인하고 이를 각 범주에 배치하는 것이다."[37] 이 정의에서 분류체계는 같은 출처의 업무분류체계를 참조할 때, 조직의 업무활동 분석에 기반하며 조직의 업무를 반영하는 것으로 서술되었다. 하지만 최초의 질서는 이미 생산된 문서들이나 생산주체의 업무활동에 대한 분석을 거친 후에 얻어진 결과로서 부여되는 것이 아니라, 이미 업무를 수행하고 있는 행정조직의 활동과 병행하여 부여되는 논리적이고 물리적인 위치Logical and fisical Position들의 구조에 해당한다. 다시 말해 기록물관리학에서는 업무수행의 과정에서 문서생산과 더불어 점

---

37) 행정자치부 국가기록원. 국가기록원 표준 시리즈 1, 기록관리 국제표준 자료집. pp. 13, 34.

진적으로 형성되는 원질서를 기준으로 문서들에 최초의 질서가 부여된다는 점에서 이 과정을 분류가 아닌, 정리의 개념으로 수용한다.

이것은 분명 도서관의 도서 분류와는 다른 맥락이며 그 중심에는 조직의 업무활동이 자리한다. 계속해서 『기록학 용어사전』을 보면 분류는 "기록을 조직화하고 내적인 질서를 부여하여 기록들 간의 유기적인 관계를 표현하는 과정을 말한다"고 기술되어 있다.[38] 하지만 이러한 정의는 기록물이 현용기록물, 즉 업무와 관련하여 점진적으로 그리고 자연스럽게 생산되고 있는 문서들일 때 가능하다. 이와 관련하여 두 가지만 더 지적한다면 첫째로 내적인 질서는 − 적어도 기록물관리학의 경우 − 외적인 분류(즉, 외적인 기준들)에 의해 생성되는 것이 아니라, 생산(과 등록) 직후에 점진적으로 형성되는 것이며 내적인 질서들의 전체, 즉 문서들 전체를 조직화하는 기록물관리학적인 골격으로 활용된다. 둘째로 『기록학 용어사전』에서는 정리를 단순히 '비현용 기록의 분류'로 전제하면서, "(기록 분류를) 실제 생산 이전의 사전적이고 선험적인 과정"으로, (정리를) "생산된 기록에 대한 사후적이고 경험적인 과정"으로 기술하였다.[39] 하지만 기록물에 있어 정리는 정보학의 분류와는 달리 결코 사전(事前)에 마련된 분류의 정형화된 틀로는 해결할 수 없는 사안이다. 이관의 과정을 거친 역사기록물의 경우, 문서들 내부에 존재하는 최초의 질서인 원질서는 생산된 문서들에 반영된 생산주체의 행정과 제도에 따라 다양한 정도의 차이를 드러낸다. 이러한 이유로 역사기

---

38) 한국기록학회, 『기록학 용어 사전』, 용어 분류 참고, pp. 130 − 131.
39) 같은 책 pp. 130 − 131.

록물에 대한 재정리작업은 대상 문서들의 내용과 형식 모두에 대한 세심한 연구를 선행하여 원질서를 어느 정도의 수준까지 복원할 수 있으며 전체적인 복원이 불가능할 경우 나머지에 대한 정리를 어떻게 할 것인가를 결정해야 하는 오랜 인내의 과정을 의미한다.

디지털 시대를 배경으로 최근에는 주로 미국과 캐나다, 호주 그리고 뉴질랜드 등을 중심으로 기능분류가 원질서의 유지 및 재구성에 근거한 정리방식들의 대안으로 실험되고 있다. 기능은 조직과는 다른 의미이며 우리나라에서도 과거 문서관리규정에서 유래한 대기능, 중기능, 소기능에 해당하는 것으로 국가기록원이나 조계종 등의 기록물관리기관에서 사용되고 있다. 하지만 이는 기록물을 조직하는 원리에 있어 궁극적으로 자료별 분류의 원칙과 흡사하다. 기능분류는 생산기관이 수행하는 모든 업무들, 즉 문서들을 내용적으로 그리고 대, 중, 소의 단계별로 구분하는 것으로서 생산기관의 조직구조와 그 조직의 기능과는 차원을 달리할 수 있다. 더구나 우리가 선택한 기능의 영역들이 현재의 관심과 관점에 근거할 뿐, 미래의 후손들과 이들이 가지게 될 새로운 관점들에 부응하지 못한다면 이것은 분명 기록물관리의 미래지향적인 목적에 부합하지 못하는 것이며 그 부정적인 결과는 우리가 아닌 미래 세대의 몫이 될 것이다.

그럼 무엇 때문에 기록물에 있어서는 정리이고 도서관의 도서들에 있어서는 분류인가? 그 해답은 이들이 우리에게 어떤 가치들로 활용되고 있으며 이들의 가치가 어떤 구조적인 특징을 가지는지를 살펴봄으로써 알 수 있다.

두 방식은 관리대상의 용이하고 효율적인 활용에 있어서는 궁극적으로 동일한 목표를 추구한다. 하지만 가치에 있어서 기록물이 주기론에 근거하여 (현용, 준현용 단계의) 법적이고 행정적인 가치와 (비현용단계의) 역사적이고 문화적인 가치를 가진다면, 도서는 출판 이후 의도된 문화적 가치만을 유지한다. 그 외에도 두 방식의 가치 활용을 위한 (정리 또는 분류의) 방법론을 고찰함에 있어 고려해야 할 또 다른 사실로는 정리가 작업이 추진된 당시는 물론, 미래의 가능한 모든 관점들에 대한 접근을 허용한다는 사실이다. 이에 반해 분류는 문화적 접근을 위한 관점들이 외적인 요인들의 범위에 국한되지만 이것으로도 가치의 충분한 활용을 보장할 수 있다. 따라서 키워드 시스템, 시소러스Thesaurus 등의 도서 관리시스템을 기록물의 정리에 적용한다면 정보 또는 단순정보들의 합은 검색될 수 있겠지만 도서들과는 달리 문서들의 질서가 제공하는 정보는 보장되지 않는다. 뿐만 아니라 이것은 기록물의 기록물관리학적인 개념과도 일치하지 않는다. 다시 말해 이들의 가치는 모두 정보이지만 속성과 본질에 있어서는 입체구조와 평면구조의 차이를 드러낸다. 기록물의 정보들이 자연스럽게 그리고 점진적으로 형성된 입체(또는 계층적)구조인 이유는 이들이 생산된 직후, 고유한 논리적 위치 Logical position를 획득하며, 이들이 관련업무의 자연스런 진행과정에서 생산주체(조직)의 계층적 구조에 근거한 유기적인 관계를 형성하기 때문이다. 기록물이 생산기관의 제도와 역사를 반영한다는 논리는 바로 이러한 설명에서 기원한다.

　결론적으로 문서들에 논리적인 체계를 부여하는 것은 최초의 질서를 부여한다는 단순한 의미에서 분류작업으로 간주할 수 있다.

하지만 기록물관리학적인 관점에서 생산 이후 영구보존의 오랜 여정을 동반하게 될 질서의 논리적 구조 또는 최초의 문서들 간 유기적이고 계층적인 관계를 형성한다는 의미에서는 기록물정리방식이라고 부른다.

반면 도서는 다른 책들과 함께 서가에 배치되었을 때 비로소 최초의 질서를 획득한다. 하지만 이러한 도서들의 질서는 서로 간의 관계에 있어 결코 내적인 관계망에 근거하지 않으며 오히려 외적인 요인, 즉 주제들의 틀에 따라 분류된 것일 뿐, 문서들이 서로의 관계에서 형성하는 유기적인 관계의 전체와는 무관하다.

4) 이관과 수집

기록물의 개념에 대한 현대적 해석은 일반적으로 그 의미의 영역에 따라 크게 두 가지로 나누어 생각해볼 수 있다. 좁은 의미에서 기록물은 생산주체의 법적이고 행정적인 목적으로 생산되어 업무에 활용되고, 유사업무를 위한 참고의 단계를 거친 후에 공식적인 이관의 절차에 앞서 선별된 후에도 내적으로 계층적 구조를 유지하고 있는 문서들을 가리킨다. 반면 넓은 의미로 본다면 기록물은 역사적이고 문화적인 가치로 인해 수집된 문서들, 즉 수집기록물도 포함한다. 이러한 문서들은 기록물관리의 측면에서 볼 때 기록물로 간주되기보다는 역사적 가치가 지배적인 사료(史料)로서의 가치를 더 크게 가진다. 유럽의 경우, 역사적 가치의 수집기록물이 영구기록물관리기관들에 현존하는 것은 과거 18~20세기 도서관, 박물관,

그리고 기록물보존소를 유사학문영역의 문화기관들로 간주하였던 결과이다.

이러한 수집기록물은 영구기록물관리기관을 찾는 많은 학자들의 연구 활동에서 매우 중요한 비중을 차지한다. 그렇다고 이들이 역사기록물(Archives)로 간주되어야 한다는 것은 아니다. 궁극적인 이유는 수집기록물이 생산 당시에 형성된 내부의 유기적 관계를 더 이상 가지고 있지 않기 때문에 이관된 기록물과 함께 정리되거나, 기록물보존소의 이들을 대상으로 작성된 '기록물목록집'Inventarium generalis'에 통합적으로 기술(記述)될 수 없기 때문이다.

한편 우리나라에서는 이관(移管)을 '물리적이고 법적인 차원의 이송'(移送)으로 정의하고 있다.[40] 이송은 구체적인 대상을 한 장소에서 다른 장소로 옮기는 물리적인 행위를 나타내는 사전적인 의미로서 기록물관리에 관련한 그 어떤 이론적 전문성도 내포하지 않는다. 반면 이관(移管)은 대상 기록물을 그 내부에 형성된 원질서들의 관계망을 훼손하지 않고 보다 전문적인 관리와 다양한 활용의 취지에 따라, 기록물 생산기관 또는 기록물관리기관에서 다른 기록물관리기관으로 정기적이고 계획적인 절차에 따라 옮겨가는 작업을 의미한다. 『기록학 사전』을 보면 후자의 의미는 유기적 컬렉션Organic collection에 해당한다. 그리고 수집의 인위적 컬렉션Artificial collection은 "어떤 의도에 따라 다양한 원천으로부터 모은 기록 컬렉션", "생산자가 설정한 원래의 질서보다는 수집자가 편성한 주제, 혹은 기타 검색이나 이용상의 편의"에 따라 정리된다.[41]

---

40) 같은 책 p. 17.

이관과 수집의 용어 문제는 그동안 정보학에서 사용하던 수집의 용어를 그 개념에 대한 별다른 여과 없이 기록물관리의 영역에 그대로 적용하여 사용한 데서 그 원인을 찾을 수 있다. 그동안 정보학에서는 분류의 경우와 마찬가지로, 수집을 – 관리 및 활용의 대상에 대한 내적인 고찰과 그 결과로 얻어진 원리에 근거하기보다는 – 외적인 기준 또는 사전에 설정된 기준에 따라 비정기적으로 대상을 확보하기 위한 이론 및 행위를 가리키는 용어로 사용하고 있었던 것이 사실이다.

그럼 기록물관리학에 있어서는 수집의 용어를 사용해서는 안 되는가? 그렇지 않다. 다만 수집물은 그 관리에 있어 이관기록물의 그것과 분명하게 구분된다는 것이다. 기증, 양도 또는 구체적인 필요성에 따라 수집된 문서들은 그 수량이 적을 경우 제본된 형태로 기록물보존소 내의 도서관에 옮겨지거나, 역사적으로 같은 지역권에 위치한 도서관에 의해 주로 수집되었다. 우리의 경우 수집된 문서들을 관리하는 전문기관의 대표적인 사례는 민주화운동 기념사업회이다. 이 문화기관은 민주화라는 역사적인 주제영역을 기준으로 관련된 모든 형태나 유형의 자료들을 수집하고 민주화 운동의 역사적 흐름을 기념하고 있다. 이 기념사업회가 수집한 문서들은 생산(주체)기관들이나 출처가 극히 다양하고 각 출처별 문서들의 거의 대부분이 그 내부의 유기적 관계를 상실한 상태이다. 이러한 문서들은 주제별 수집활동의 결과이며 제한된 역사적이고 문화적인 가

---

41) "생산자가 설정한 본래의 질서……"의 경우 질서는 생산자가 설정하는 것이 아니라 생산자의 행정활동에서 비의도적으로 형성된다. 그리고 인위적인 컬렉션의 경우 대상의 내부에서 기준을 찾은 정리의 개념보다는 그 반대의 개념인 분류가 비교적 정확한 표현이다.

치만을 가질 뿐 역사기록물로서의 다른 가치, 즉 유기적 관계들이
제공하는 정보들은 보장하지 못한다. 또한 같은 맥락에서 이러한
문서들은 활용을 전제로, 결코 생산 당시의 원질서에 근거하여 정
리될 수 없으며 - 그러므로 문서들 간의 유기적 관계가 제공하는 정
보는 배제된 채 - 수집 주체의 차선적인 판단에 의해 주제별로 분류
하는 것이 최선이다. 그럼에도 이러한 문서들에 기록물 또는 문서
의 용어를 적용한다면 적어도 '수집기록물', '수집문서들'의 표현은
가능하다.[42)

5) 맺음말

공공기록물관리법에서도 알 수 있듯이, 기록물관리학의 영역에
서는 주변학문의 전문용어들이 개념에 대한 검증 없이 혼용되고 있
다. 우리나라의 기록물관리가 정보학과 역사학의 토양에서 배양되
었다는 사실, 그리고 행정활동의 투명성을 주된 목표로 기록물 관
리정책을 추진하고 있는 현실이 그 근본적인 이유이다. 그럼 이러
한 현실에서 올바른 기록물관리, 즉 기록물만이 가지는 가치들의
관리는 어떤 개념을 바탕으로 가능할 것인가? 우선적으로는 전문용
어들의 올바른 선택이 중요하다. 이는 기록물관리학의 정립에 기여
할 뿐만 아니라 주변학문들의 발전에 있어서도 필수적이다. 또한

---

42) 유럽에서도 '주제별 기록물'에 대한 논쟁이 없었던 것은 아니며, 소련의 '문학과 예술 기
록물'과 프랑스의 '건축 기록물'이 그 대표적인 경우이다(Valerie Koba, "Les archives
de la litterature et de l'art", Actes de la seizieme conference internationale de
la Table ronde des Archives, Kiev, 1975).

해당 학문에 대한 구체적이고 정확한 접근은 차이에 대한 이해를 가능하게 해주며 이러한 차이들로 인해 구체적인 협력의 접점들이 모색될 수 있다.

전문용어의 선택을 위한 가장 핵심적인 사항은 생산주체와 생산의 목적을 이해하고 다양한 가치들에 근거하는 일관된 원칙을 수립하여 현장에 적용하는 것이다. 특히 정리의 문제는 기록물의 가능한 모든 가치들에 대한 체계적인 활용을 보장하는 것이며 동시에 미래에 대한 배려이다.

기록물관리학에 있어 기록물은 문서들의 전체이며 또한 문서들 내부에 형성된 유기적인 관계들의 전체이다. 만약 첫 번째의 조건만을 강조한다면 문서들의 내용, 즉 정보는 자료별 또는 지난 18세기에 도입된 소속지 원칙의 근거에 해당한다. 이 경우 기록물은 정보학의 정보와 동일한 것으로 전락한다. 그러나 두 번째의 조건을 함께 고려한다면 기록물은 문서들의 수집에서 벗어나 생산기관의 제도와 그 제도의 역사에 대한 유기적인 정보들을 제공한다. 기록물관리학은 바로 이러한 유기적인 정보들의 가치를 활성화하기 위한 연구이론이며 동시에 현장의 경험이다.[43]

한편 역사연구의 기록물은 기록된 모든 것으로, 과거에 대한 연구에 활용할 수 있다는 차원에서 기록과 다르지 않다. 오히려 후자, 즉 기록의 용어가 더 적절해 보인다. 이처럼 역사학과의 관계에서 기록물관리학의 기록물은 각 문서들의 내용을 통해 과거에 대한 단순 정보들을 제공할 뿐만 아니라 문서들의 유기적인 관계 전체를 통해

---

43) 이러한 관점에서 본다면 쉘렌버그의 정보적 가치는 반기록물관리학적인 가치에 해당한다.

다양한 접근경로(주제)를 보장하고 또한 이를 통해 과거의 재현을 가능하게 해준다.

그럼에도 분류, 수집, 기록의 용어에 대한 무조건적인 금지를 주장하는 것은 아니다. 다만 사용에 있어 이관과 수집을, 정리와 분류를, 그리고 기록, 문서 기록물을 학문영역에 따른 고유한 개념의 확립 및 적용에 근거하여 사용하자는 것이다. 그렇지 않다면 지금의 기록물관리는 정보학, 역사학, 행정학 그리고 법학의 다양한 관점들이 혼란스럽게 공존하는 공통의 일반영역에 불과할 뿐이며 학문성과 전문성을 담보할 수 없다.

제 2 장

역사기록물관리와 (중세의) 법적 공신력

1. 배경

법 전통의 측면에서 볼 때 유럽은 로마법의 유산을 계승하고 있다. 특히 프란체스코 칼라소의 말처럼 중세 이탈리아의 법 전통은 고대 로마법을 후대에 전승하고 이를 유럽시민사회의 법으로 정착시키는 데 결정적인 역할을 했다. 물론 그 중심에는 이탈리아 법학 연구의 대가들이 있었다.[44)]

같은 맥락에서 유럽, 특히 이탈리아의 기록물관리전통은 로마법의 유산이라 해도 과언이 아니다. 또한 중세는 근·현대의 기록물관리를 위한 담금질의 기간이었다. 중세 이탈리아의 공증인 제도는 바로 이러한 발전과정의 결실이었으며 고대 로마가 기록물보존소의 관리체제로 문서들에 대한 대내외적인 신뢰성을 확보했다면, 중세는 대체적으로-이탈리아의 경우-이를 공증인들의 문서작성행

---

44) F. Calasso, *Lezioni di Storia del diritto italiano. Le fonti del diritti(secc. V -XV)*, Milano, Giuffrè, 1948, p. 321.

위에 그리고 - 알프스 이북의 경우 - 군주의 권위에 기초하여 공신력을 확보하는 체제를 발전시켰다.

고대와 중세의 문서공증 형태는 자체적으로도 큰 차이점을 가지고 있다. 전자는 문서의 공신력을 최고권력자의 의지에 따라 기록물보존소에 보관하는 행위에 의존했다. 반면 후자는 이러한 로마전통 이외에도 문서작성 단계의 제3자, 즉 문서대리작성인Rogatorio에 대한 제1자(저자Autore)와 제2자(수신인Destinatario)의 공통된 신뢰성에 기초한 새로운 문서전통이었다.45)

그럼 중세 이탈리아의 문서전통에서 기록물보존소와 자치도시의 통치행정에 의한 문서생산 그리고 공신력은 어떤 구체적인 관계의 틀을 형성했으며, 공증인은 이러한 삼각관계의 중심에서 어떤 역할을 수행했을까? 그리고 이들의 역학관계는 자치도시의 공공기관, 대학, 교회, 그리고 상인조합의 경우 어떤 형태로 발전했을까?

시대를 초월하여 권력에 대한 통치권자들의 집착은 신뢰성Authenticity을 갖춘 기록물의 중요성에 대한 판단에 비례했다. 따라서 권력의 주체들은 이러한 성향을 소유권이나 명의 등 다양한 형태로 존재하는 권력의 요체를 가급적이면 한 장소에 집중하여 관리하는 제도를 통해 현실화시키려고 노력했다. 또한 이들은 기록물의 관리를 위한 장소, 즉 기록물보존소에 자신의 권위에 기초한 법적 구속력의 의미를 부여했다.46)

---

45) Cesare Paoli, 김정하(역), 『서양 고문서학 개론Diplomatica』, 서울: 아카넷, 2004, pp. 21 - 25.

46) 모든 권력의 주체들이 기록물보존소를 소유하고 운영할 권리(Ius archivi)를 가지고 있었던 것은 아니다. 기록물보존소에 대한 권리에 관해서는, 김정하, 『기록물관리학 개론』, 서울: 아카넷, 2007, pp. 67 - 71 참조.

문서의 법적 구속력, 즉 공적인 신뢰성Fides publica은 - 이탈리아 반도 이외의 지역들에서도 - 공·사의 영역을 막론하고 모든 문서화의 행위와 이에 따른 법적 효력의 핵심에 있었다. 뿐만 아니라 생산의 직접적인 동기가 소멸된 이후의 가치, 즉 문서의 기록된 내용과 형식의 - 오늘날 역사적이고 문화적 가치의 역사기록물관리 영역에 해당하는 - 권위적 가치에 대한 판단에 있어서도 동일한 기준으로 작용했다.

오늘날에도 이러한 문서의 공신력에 대한 관심은 과거에 대한 다양한 연구의 주체들에게 필수적이다. 멀게는 르네상스 시대인 15세기 로렌초 발라의 *De falso credita et beni emendita Constatini donatione*(1440)에서, 가깝게는 역사학과 고고학 그리고 미술사 등 다양한 분야의 연구자들에 이르기까지 문서의 정보를 이용하기에 앞서 반드시 거쳐야 하는 원본성, 신뢰성(또는 진실성)에 대한 검증의 절차이다.

2. '공신력'의 성립과 발전

로마시대에 공공기관의 기록물을 기록물보존소에 보관하는 행위는 이들의 안전을 보장하고 원본성을 확보하려는 목적을 가지고 있었다. 이러한 이중적인 기능 중에서 보존의 법적인 의미는, 이후 시대의 법적 전통에 절대적인 영향을 미친 유스티니아누스 법전*Corpus Iuris Civilis*에 의하면, 영속적인 기억의 필요성을 전제하는 것이었고 이를 위해 황제는 기록물을 교회의 신성한 장소, 특히 성구실

Sagrestia에 보관하도록 하였다.[47]

반면 후자의 기능, 즉 원본의 가치를 유지해야 할 필요성과 관련하여 로마 원로원의 법령을 살펴보면 기록물보존소에 문서들을 이관하는 행위는 '특별히 (기록물의) 신뢰성을 확보하기 위한 조치'였다. 이와 관련하여 이탈리아의 조르지오 첸체티Giorgio Cencetti는 로마제국 당시에 기록물보존소에 대한 개념이 발전하면서, "사실들에 대한 영속적인 기억과 공공기록물보존소 문서들의 공신력 개념이 도입되었다"고 하였다.[48] 더 나아가 요하네스 파프리츠Johannes Papritz는 로마시대의 대표적인 공공기록물보존소인 타불라리움Tabularium에 문서들을 보존하는 이유로 "서약을 전제한 전문관리인의 항구적인 관리를 통해 조작이나 위조의 위험을 방지하면서 문서들에 대한 신뢰성을 확보하는 것이었다"[49]는 사실을 지적하였다.[50]

정리하면 로마시대의 문서들에 부여된 공신력은 적어도 이들이 공공기록물인 경우, 필요한 모든 서식이나 특징들을 갖춘 상태로 작성된 문서가 대상지역이나 인물에게 발송되었다고 해서 획득되는 것이 아니라, 문서가 관련부서의 문서고와 기록물보존소에 보관되어 있다는 사실을 필요로 하였다.[51] 즉 기록물보존소가 문서에

---

47) "[……] gesta in ipsis sacrosanctae ecclesiae archivis deponi sancimus, ut perpetua rei memoria sit[……]". C. 1, 4, "de episcopali audientia", 30.

48) G. Cencetti, "Gli archivi dell'antica Roma in età repubblicana", *Archivi*, Ⅶ, 1942, p. 219(scritti archivistici, Roma, 1970, pp. 171–220).

49) J. Paprotz, *Archivie in Altmesopitamien. Theorie und Tatsachen*, cit., p. 38.

50) 문서조작의 문제는 모든 시대의 공통적인 현상이었으며 이 점에 있어 로마시대에는 공공기록물을 좋지 못한 의도로 파괴하거나 조작하는 행위를 엄격하게 처벌했다. Cfr. D. 48, 13, 10: "Qui tabulam aeream legis formamve agrorum aut qui aliud continentem refixerit vel quid inde immutaverit, lege Iulia peculatus tenetur. Eadem lege tenetur qui quid in tabulis publicis deleverit vel induxerit."

신뢰성을 부여했으며 이러한 원칙은 적어도 유럽의 경우, 이후 중
세를 거쳐 근대에 이르기까지 오랫동안 유지되었다.

로마제국의 몰락과 이로 인한 서유럽의 대혼란은 이후 시대의 기
록물관리에도 상당한 영향을 주었다. 가장 대표적인 현상은 로마제
국의 활발한 문서생산전통이 사라지고 기록물보존소들이 수도원,
주교구, 성당 등과 같은 종교기관들의 독점적인 제도로 자리 잡았
다는 사실이다.[52] 이 시기에 군주와 대봉건영주들이 소유하고 있던
기록물보존소의 규모는 고대세계의 그것과 비교한다면 크게 뒤떨
어지는 것이었다. 물론 소수의 개인들도 기록물보존소를 가지고 있
기도 했다. 하지만 보존대상은 주로 자신들의 소유권과 명의에 관
련된 문건들Monimina이었으며 소유권의 이전에 따른 결과로 보존
장소의 이동도 빈번했다.[53]

중세의 문서생산은 이탈리아 반도의 경우 자치도시들의 형성과 로
마법에 대한 학문적인 관심이 다시 고조된 시기에, 특히 새로운 기록
재료로 종이Charta가 사용되면서 양적으로 크게 증가하였다. 또한 기
원 후 11세기경에 시작된 법의 르네상스는 고대의 부활이라는 측면에
서 볼 때 이후 5세기 동안 지속된 르네상스의 실질적인 시작을 의미

---

51) Giovanni Nicolaj, *Documento privato e notariato: le origini, in Notariato público y
documento privado: de los origenes al siglo XIV*. Actas del VII Congresso
internacional de Diplomática(Valencia, 1986), p. 978.

52) Giovanni Nicolaj, "Frature e continuità nella documentazione fra tardo antico e
alto medioevo, Preliminari di diplomatica e questioni di metodo", in *Morfologie
sociali e culturali in Europa fra tarda antichità e alto medioevo*. 1997. 4. 3~9.
Spoleto, Centro italiano di studi sull'alto medioevo, 1998(*Settimane di studio dei
Centro italiano di studi sull'alto medioevo*, vol. XLV), pp. 953 – 986.

53) 적어도 중세 전반기에 소유권이나 명의의 이전에 따른 문서이동은 여러 교회기관들의 기
록물보존소에 사문서들을 보존하는 배경이었다.

하는 것이었고,[54] 기록물관리에 관련된 수많은 법 이론들은 기록물보존소에 보관되어 있는 문서들의 공신력 보장에 집중되었다.

기록물보존소에 대한 고대세계의 대표적인 법적 정의는 유스티니아누스 법전을 통해 알 수 있다. 이에 따르면, 공신력을 보장하는 기준은 공공기록물이 보관되어 있는 장소locus in quo acta publica asservantur, ut fidem faciat였다.[55] 이미 11세기 중반에 도시의 공증인 활동과 밀접한 관계를 형성하고 있던 볼로냐 대학(1088)은[56] 기록물보존소에 대한 고대의 정의를 대표적인 지침으로 활용하고 있었다. 또한 이후의 주석가들도 12세기 피아첸차Piacenza 자치도시의 경우처럼, 유스티니아누스 법전의 관련구절을 반복적으로 인용하였다.

> Instrumentis fides imponitur, ut faciant fidem, et per testes, et per literarum comparationem. Hij autem comparabunt literas cum literis, qui comparare noverunt, et iurabunt, quod sine malitia comparabunt. Fit autem comparatio ex quinque generibus instrumentorum. Ex his instrumentis quibus adversarius tantum utitur, rite pro te comparatio fit. Item ex charta quae profetur ex archivio publico, et haber testimonium publicum[······][57]

시칠리아왕국 법집Liber Constitutionum Regni Siciliae 또는 유럽

---

54) Giorgio Cencetti, Lo Studio di Bologna, Aspetti, momenti e problemi(1935~1970), R. Ferrara, G. Orlandelli, A. Vasina 감수, Bologna, Editrice Clueb, 1989, pp. 3-15.

55) Giustinianus, Corpus Juris Civilis(D. 48, 19, "de poenis", 9).

56) Francesco Calasso, Lezioni di storia del diritto italiano, p. 280.

57) Placentini Summae Codicis(IV, tit. 21: "De fide instrumentorum et amissione eorum"). Francesco Calasso의 저서 서문 재인용, Torino, Bottega d'Erasmo, 1962, 날짜 "Moguntiae, MDXXXVI."

차원에서 세속입법의 위대한 상속으로 평가되는 멜피법전Liber Augustalis(1231)에 의하면, 문서들은 효과적이고 명백한 법적 증거의 효력을 가질 경우probatio efficax et dilicida possit auumi, (제국의) 기록물보존소in nostrae Curiae에서 관리된다고 규정하였다.[58)

그 이외에도 기록물보존소의 문서들은 얼마나 오래되었는가에 따라 공신력을 획득하기도 하였다. 그 대표적인 사례는 교황 오노리우스 3세Onorius Ⅲ(1216~1227)의 한 문서와 추기경 엔리코 데 바르톨로메이Enrico de' Bartholomei(엔리코 다 수사Enrico da Susa의 이름으로도 불렸다)의 *Summa Aurea*에 언급된 "오래된 서적형태의 문서들은 공신력을 가진다scriptura antiquorum librorum facit fidem"[59)였다. 기록물보존소의 오래된 문서들이 공신력을 가진다는 개념은 이후 오랫동안 폭넓게 수용되었다. 예를 들어 크레모나 자치도시의 경우, 1350년에 작성된 (크레모나의) 법 목록Repertorium Iurium에 따르면, 명의가 오래되었다는 것이 해당문서의 법적인 권위를 강조하는 데 매우 중요한 기준이었다.[60) 뿐만 아니라 이러한 조건은 로마시대 원시 그리스도교 공동체의 교부들에게도 중요했는데, 그 이유는 테르툴리아누스Tertullianus의 경우처럼 성서 내·외의 여러 서한들에 확고한 가치를 부여하기 위한 전제였기 때문이다.

---

58) 이러한 사실과 관련하여 황제 프리드리히 2세는 기록물보존소를 당시의 서기국과 동등한 차원에서 조직하거나 재조직하는 조치를 단행했다.

59) *Summa Aurea*는 13세기 중반에 작성되었으며, 인쇄술의 발명 이후 여러 차례의 출판을 거듭했다. 본 인용문은 *de Henrici de Segusio Cardinali Hostiensis…… in secundum Decretalium librum commentaria……, Venitiis, apud Iuntas*, 1581[재판: "De probationibus", cap. ⅩⅢ, n. 3, Torino, Bottega d'Erasmo, 1965].

60) *Repertorium IuriumComunis Cremone*(1350), Valeria Leoni 감수, Roma, Ministero per i Beni e le attività culturali, Ufficio centrale per i Beni archivistici, 1999, p. 8.

아쿠르시오Accursio(1184~1263)도 "도시 통치자의 집무실은 도시 내의 공적인 주거지로서 기록물보존소로 불리는 이곳에는 공문서들이 보관되어 있다[defenso civitatis의] officium suum est ut habitationem publicam in civitate habeatm ubi acta publica reponantur, qui locus dicitur archivius"는 사실을 강조하였다. 그는 계속해서 법 연구서인 디제스툼Digestum에 대한 자신의 주석서에서 'archivius'의 용어를 "신성한 문서 보관용 궤가 있는데, 그 속에는 공문서들이 보관되어 있다ubi sacra vasa reponuntur……, sed hic pro loco ubi scripturae publicae reponuntur"고 하였다.

여러 주석가들 중에서 특히 피스토이아 출신의 치노Cino da Pistoia-(1270~1336/7)는 공문서와 사문서를 구분하는 차원에서 "문서들의 종류는 두 가지인데, 하나는 공문서이고 다른 하나는 사문서이다 Instrumentorum duae sunt species: nam aliud est publicum, aliud privatum"라는 사실을 강조하면서, 문서들이 공적인 성격을 가지는 여러 경우들을 비교적 자세하게 지적했는데, 그 예는 다음과 같다. "다른 (공)문서들은 법관의 증언에 따라 공공기록물로 간주된다 [aliud] publicum est, quia de archivio publico trahitur cum testimonio iudicis."[61]

알베리코 다 로사테Alberico da Rosate는 기록물보존소를 "공공기록물이 보관되어 있는 장소locus ubi acta publica reponuntur" 또는 "신성한 문서보관용 궤들이 있는 장소로 불린다vel dicitur locus ubi

---

61) *Codice*, lib. Ⅳ, tit. ⅩⅩⅠ, "De fide instrumentorum, comparationes", 9. 또한 *Digesto*, ⅩⅩⅡ, 3, "de probationibus et praesumtionibus", 10: "Census et monumenta publica potiora testibus esse Senatus censuit."

vasa sacra reponuntur" 그리고 "서적의 형태로 제본된 공공기록물의 문서들과 낱장(형태)의 문서들에 증거로서의 효력을 부여하는 곳per libros et scripturas de archivio publico producta fit probatio"으로[62] 정의하였다. 야코보 부트리가리오Jacopo Butrigario[1274(?)~1348]도 "공공기록물보존소에서 인출된 공문서나 법정문서들이라는si sunt publica instrumenta vel foresia vel ex archivio publico[……]"[63] 조건을 전제로 문서들을 연구했다.

반면 발도 델리 우발디Baldo Degli Ubaldo(1327~1400)는 기록물보존소의 권위를 "신뢰성을 가지는 것Sumptum facit fidem contra sumentem"으로 정의하면서 "기관이나 부서들이 생산한 기록물에 신뢰성을 부여한다"([……] item si sumptum est ex archivio publico ex auctoritate officialium…… facit fidem contra omnes propter auctoritatem archivi[……][64]는 사실을 지적하였다.

아바스 파노르미타누스Abbas Panormitanus로도 알려진 니콜로 테데스키Nicolò Tedeschi(1386~1445)는 법령집Decretales의 두 번째 권 『문서들의 공신력에 대해서De fide instrumentorum』에 대한 주석에서 "사문서들이 발견되면 이들은 신뢰성을 가지는 문서들을 보관하는 공공기록물보존소에 보내진다. 이들은 비교나 증명절차 없이 장소의 명분에 따라 신뢰성을 획득한다"[65]는 사실을 언급하였다.

---

62) *Albericus de Rosate, Dicitionarium Iuris tam civilis quam canonici,* Venezia, 1581, 'Archivus' 참조.

63) Codice, IV, 21, "de fide instrumentorum"(1516년 파리 출판본), fol. CXXXVII 인용.

64) *Baldus super Decretalibus,* § "De fide instrumentorum", n. 11, "Sumptum facit fidem contra sumentem", 1551년 리옹에서 출판된 판본의 c. 285v 인용.

65) *Nicolai Abbatis panormitani Commentaria super secunda parte secundi lib.*

기록물보존소의 권위Auctoritas archivi와 장소에 대한 명분Ratione loci의 개념은 기록물보존소가 내부의 문서들에 어떻게 공신력을 부여했는지를 설명해준다. 대표적인 예로 바로니오Baronio(1538~1607)는 기록물보존소를 "영속적으로 기억되어야 할 문서들이 보관되어 있는 장소locus ubi scripturae ad perpetuam memoriam asservantur"로 기술하면서 장소, 영속적 기억Perpetua memoria 그리고 지속적인 관리의 개념을 강조하였다.[66]

역사적으로 기록물보존소의 어원은 매우 다양하다. 'archivum', 'arcivum', 'archivium' 또는 'archivus', 'archivius' 또는 'archium'이 그것이며 그 의미도 'archa', 즉 숨기다, 멀리 두다, 비밀로 유지하다 등으로 다양하다. 그 외에도 이시오도로는 아르키비움Archivium에는 문서 보관용 궤Vasi들을 교회에 보존하는 기능들이 내포되어 있다고 주장하면서, 기록물보존소가 "존중받아야 할 문서보관용 궤들이 있는 장소ubi venerabilia vasa servantur"로서 신성한 성격을 가지고 있다고 하였다.[67]

Decretalium⋯⋯, *Augustae Taurinourm, apud gaeredes Nicolai Bevilaquae*, MDLXXⅦ, c. 97v: "[⋯⋯] Potes addere quintum casum, quando scriptura privata reperitur solemniter recondita in archivio publico, in loco ubi ponuntur scripturae arthenticae a communi deputato. Talis enim scriptura sine alia comparatione et approbatione fidem ratione loci facit."

66) *Annales ecclesiastici, auctore Caesare Baronio, Sorano, e Contragatione Oratorii, S. R. E presbitero Cardinali Tit. SS. Nerei et Archillei et Sedis Apostolicae Bibliotecario⋯⋯ tomus decimus*, Lucae Typis Leonardi Venturini, MDCCⅩLⅠ, p. 520, 2번째 줄.

67) Isiodoro의 *Etimologie*(ⅩⅩ, 9, 1-2) 참조.

3. 공증인과 자치도시 문서들의 공신력

중세에는 기록물에 대한 권리(또는 기록물보존소에 대한 권리: Ius archivi 또는 ius archivale)를 보유한 권력만이 기록물보존소를 소유할 수 있었다. 이것은 사실상 황제와 교황, 그리고 이들로부터 권한을 위임받은 자들의 권력과 밀접한 관계에 있었다. 이러한 개념 하에서 공증인은 제국이나 교회의 권위로부터 부여받은 권한(또는 자격)으로 자신이 작성한 문서에 공신력을 부여하는 역할을 수행하였다.

공증인이 자신이 작성한 문서에 공신력을 부여하는 행위는 유럽의 다른 지역들보다는 특히 이탈리아의 자치도시들을 배경으로 그 중요성이 강조되고 있었다. 이것은 다른 유럽지역의 경우에 군주가 직접 자신의 인장으로 공문서에 신뢰성을 부여했던 것과는 달리 이러한 행위까지도 공증인이 수행했던 만큼 매우 특징적인 것이었다.[68]

이처럼 이탈리아 자치도시의 기록물보존소는 공증인의 활동에 근거하였다. 게다가 자치도시는 실질적인 조직체, 즉 'civitates sibi principes'[69]로 등장한 이후에는 자체적으로 임명한 공증인의 문서 작성 행위로 공공기관의 문서들에 공신력을 부여하였다.

그러나 예를 들어 제노바와 같은 자치도시의 경우, 1162년 황제 프리드리히 2세의 한 외교문서에서도 알 수 있듯이, 공증인 임명에

---

68) Girolamo Arnaldi, "Francescani e società urbana: la mediazione della fides notarile", *Francesco d'Assisi: Documenti e archivi. Codici e biblioteche. Miniature*, Milano, Electa, 1982, pp. 36 - 37.

69) 본래의 의미는 (자치)도시 또는 군주국을 의미하지만 문맥상의 의미로 독립적인 권력을 행사하는 조직체, 즉 사실상의 조직체라는 표현을 사용하였다.

관한 권한을 제국으로부터 인정받기 이전까지 자체적으로 임명한 공증인과 제국의 공증인으로 임명된 자의 공존은 불가피하였다.[70]

기록물보존소의 소유에 관한 중세의 법적 전통에 있어 볼로냐 대학의 역할은 결정적이었는데, 그 중심에는 "Rex superiorem non recognoscens in regno suo est imperator"의 개념이 작용하였다. 즉, 상위의 권력을 인정하지 않는 왕은 자신의 왕국에서 – 황제가 자신의 제국에서 행사하는 것과 동일한 – 권위를 행사한다는 것을 의미하였다. 이 문장에서 권력의 '권위'는 기록물보존소에 대한 사실상의 권리를 포괄한다.[71] 바르톨로 다 싸소페라토Bartolo da Sassoferrato는 이러한 법적인 원칙을 군주권을 행사하는 자치도시들에게도 적용했는데civitas superiorem non recognoscens, 이는 실질적으로 자치도시가 자신의 법적 영향력 내에서, 황제가 자신의 제국에서 누리는 것과 동일한 권력을 행사한다는 차원에서 독자적인 기록물보존소를 소유할 권리도 함께 가지고 있다는 것을 의미한다.[72]

조르지오 첸체티에 따르면, 자치도시의 성립 초기(12세기)에 기록물보존소는 '도시의 다양한 권리에 대한 증명적인 성격의 명의들을 보관하는 저장소'의 수준에서 벗어나지 못하고 있었다. 그러나 그 이후 제도적인 발전에 편승하여 볼로냐와 같은 자치도시들은 기록물보존소를 '개인들의 시민적 권리들을 보관하는 기관'으로 승격시켰으며 계속해서 개인들 간의 다양한 관계에도 개입하면서 모든

---

70) Giorgio Costamagna, Il notario a Genova fra prestigio e potere, Roma, Consiglio nazionale del Notariato, 1970, Studi storici sul Notariato italiano, pp. 11 – 12.

71) Francesco Calasso, Lezioni di storia del diritto italiano. Gli ordinamenti giuridici del Rinascimento, Milano, Giuffré, 1948, p. 258.

72) F. Calasso, 같은 책, p. 261.

관계를 증언하는 임무도 함께 수행하였다. 그 결과 13세기 중반 '(볼로냐) 자치도시의 공식적인 제도'의 위상을 토대로, 기록물보존소는 두 가지 요인, 즉 문서들의 저장소 기능과 "자치도시 집정관인 포테스타의 문서를 작성하는ad exemplandum scripturas comunis(del podestà)" 공증기능을 동시에 행사하는 '공문서실'의 공식 명칭을 획득하였다.[73] 결과적으로 이 당시의 기록물보존소는 사실상, 공·사의 분야에서 그리고 개인이나 권력집단의 중요한 권리(문서들)의 차원에서 중세 후기 사회의 법적 신뢰성을 상징하는 기관이었다.

하지만 이와 같이 명실상부한 기록물관리기관이 성립하기 이전까지 공증인은 - 조직에 소속된 관리로서가 아니라 직접 작성한 문서들에 공신력을 부여하는 - 전문직 종사자의 사적인 차원에서 자치도시의 많은 공문서들을 자신의 문서들과 함께 관리하고 있었다. 제노바 자치도시의 경우, 12세기의 공증인 프로토콜 문서들에는 당시의 자치도시 서기국 관례에 따라 도시 행정의 다양한 분야와 법률 그리고 콘술의 선고문들도 포함되어 있었는데, 구체적인 사례로서 공증인 오베르토 스크리바Oberto Scriba의 문서들에는 1190년 2월 4일에 승인된 법령도 포함되어 있었다. 당시 자치도시의 문서들, 특히 도시의 직접적인 이해관계나 정치, 외교 분야의 주요문서들은 통치자들의 집무실에 남아 있었다. 하지만 도시의 행정과 사법의 영역에 있어 문서들은 이들을 작성한 공증인이 임기가 종료된 이후에도 자신이 시민들을 위해 작성한 문서들과 함께 관리하고 있었다. 따라서 이 시대의 공증인 문서들에 대한 연구에서는 공증인이 공적인 관리

---

73) G. Cencetti, "Camera actorum comunis Bononie", *Archivi*, s. Ⅱ, a. Ⅱ(Roma, 1935), pp. 87 - 128.

의 자격으로 작성한 문서들인 '악타Acta' 또는 '악툼Actum'과 개인 시민들을 위해 작성한 문서들인 '인스트루멘타Instrumenta' 또는 '인스트루멘툼Instrumentum'을 구분할 필요가 있다.[74]

물론 자치도시는 이러한 공증인의 관행에 의한 피해, 즉 원하는 문서의 발견(또는 열람)과 이에 따른 법적 증거로서의 활용이 불가능한 상황을 예방하는 차원에서 공증인에게 임기 종료와 더불어 임기 중에 작성한 문서들을 정리하고 이들을 대상으로 목록집을 작성하여 후임자에게 전달할 것을 규정하였다. 하지만 이러한 조치는, 이후의 지속적인 후속조치들과 근·현대의 역사기록물 정리 작업의 결과를 통해서도 알 수 있듯이[75], 사실상 별다른 효과를 거두지 못하였다.

이탈리아의 경우, 자치도시의 정부가 콘술Consul 정부에서 포데스타Podestà 정부로 전환되어가던 시기는 비록 부서들에 따라 그 형태가 조금씩 다르기는 했지만 전체적으로 문서들의 구성이 낱장문서들에서 책자 형태의 문서집Registrum 또는 시리즈 형식의 장부들로 바뀌어가던 기간이기도 하였다. 그리고 이러한 변화의 중심에 있던 종이는 새로운 기록재료로 등장한 이후 불과 얼마 지나지 않아 양피지에 비해 양적으로나 가격 면에서 확실한 우위를 차지했다.[76]

---

74) Giorgio Costamagna, *Introduzione al volume dell'Archivio di Stato di Genova, Cartolari notarii genovesi(1–49), Inventario*, vol. I, part. I (Roma: Ministero dell'Interno, 1956)(*Publicazioni degli Archivi di Stato*, vol. XXII), pp. IX – XI.

75) 교황 파우스 7세는 1822년 5월 31일 *motu propri*(조항 82: "Norme disciplinari concernenti i notaj e gli archivi")에서 로마의 여러 서기국에 근무하는 공증인들은 위의 규정을 준수해야만 했다고 규정했다(*Raccolta delle leggi e disposizioni di pubblica Amministrazione nello Stato ponteficio*, [1831~1833], vol. IV(Roma: Stamperia dela Rev. Camera Apostolica, 1834, Appendice, n. 4).

76) 새로운 기록재료에 대해서는 Istituto internazionale di Storia economica F. Datini, Prato,

이러한 일련의 변화 요인들은 한편으로는 자치도시에 제도적인 발전과 기능분화를 동반하였으며, 다른 한편으로는 당시 공증인제도의 변화에도 지대한 영향을 주었다. 그 결과는 자치도시의 기관들이 과거와는 달리 구체적인 근무조건(봉급과 권한)에 따라 일정기간 안정적으로 근무하면서 자신이 생산한 문서들에 공신력을 부여하는 형태의 변화로 나타났다.[77] 이것은 또한 그 이전시대와의 비교에서 확실한 문서생산량의 증가를 의미하는 것이기도 하였다.[78]

4. 대학의 문서들

중세 이탈리아 자치도시의 공적인 영역 전반에서 공증인이 담당하던 역할은 당시 대학들의 경우에도 예외가 아니었다. 중세의 대학들이 공증인들을 일정한 임기동안 고용하여 문서화의 역할을 위임한 것이 보편적인 현상이었는지는 분명하지 않다. 그러나 적어도 로마 자치도시의 사례를 보면 필요한 경우 공증인에게 문서화의 법

"Produzione e commercio della carta e del libro, Secc. XIII-XVIII." *Atti della Ventitresima Settimana di studi*, 1991. 4. 15~20, Simonetta Cavaciocchi 감수 (Firenze: Le Monnier, 1992), pp. 10-40.

77) 14세기 후반인, 1382년 페루지아의 자치도시가 108명의 공증인을 보유하고 있었던 사실이 이러한 주장에 근거를 제공한다. 공증인들의 명단과 이들의 소속기관에 대해서는 Archivio di Stato di Perugia, Offici, 3, cc. 19r-45v 참조. 피렌체 자치도시도 문서생산과 공신력 부여의 필요성에 따라 특별한 계약조건으로 공증인들을 고정적으로 확보하는 조치를 내려야만 했는데, 이에 대해서는 D. Marzi, *La Cancelleria della Repubblica Fiorentina*, cit., p. 389 참조.

78) 이러한 주장은 13세기 초 성 프란체스코의 시대와 이후 두 세기 사이에 확실한 차이가 있음을 의미한다. 이에 대해서는 Jean-claude Maire Vigueur, "Forme di governo e forme documentarie nella città medievale", Francesco d'Assisi, p. 59.

적인 절차를 위임했던 것은 사실이다.[79]

반도의 북부지역에 위치한 파비아Pavia 자치도시의 경우에 로마의
사례와 동일한 맥락에서 15세기 후반(1450~1499)에 작성된 600여
장의 학위는 대학의 기록물보존소가 아니라 공증인 문서들과 함께
발견되었다.[80] 시에나 국립대학교의 문서들도 대학의 기록물보존소
이외에 국립기록물보존소의 '코지모 메디치 이전 시대의 공증인 기
록물군Notarile ante – cosimiano'에 포함되어 있었다.[81] 이것은 오늘
날의 관점에서 본다면 15~16세기까지도 공증인 문서들에 대한 관
리가 기록물보존소의 관리대상으로 완전히 통합되지 않고 있었다
는 사실을 보여주는 것이기도 하다.

뿐만 아니라, 이상의 몇 가지 지적은 대학의 문서전통에서 공증
인의 역할이 지속적이라기보다는 필요한 경우에만 개입하는 불규
칙적인 것이었으며 그 결과 공증인들은 생산기관이 아니라 문서대
리작성인을 중심으로 구축된 당시의 기록물관리체제하에서 중심적
인 역할을 수행하고 있었다는 주장을 뒷받침한다. 반면 다른 학자
들은 이러한 논쟁의 정당성에 이의를 제기하면서 중세 대학의 문서

79) Immacolata Del Gallo, Valentina D'Urso, Francesca Santoni, "Per un codice
diplomatico dello Studium Urbis", *Roma e lo Studium Urbis; Spazio urbano e
cultura dal Quattro al Seicento.* Atti del Convegno, Roma, 7 – 10 giugno 1989,
Roma, Monistero per i Beni culturali e ambientali, Ufficio centrale per i Beni
archivistici, 1992, pp. 431 – 440 특히 p. 433 참조.

80) Centro per la storia dell'Università di Pavia(알렉산드라 페라레지의 발표문), "La
storia delle Università italiane. Archivi, fonti, indirizzi di ricerca," *Atti del Convegno,
Padova,* 27 – 29 ottobre 1994(Trieste: Edizioni Lint, 1996), pp. 406 – 414.

81) *L'Archivio dell'Università di Siena. Inventario della Sezione storica,* Giuliano Catoni,
Alessandro Leoncini, Francesca Vannozzi 감수(Roma: Ministero per i Beni
culturali e ambientali, Ufficio centrale per i Beni archivistici, 1990), G. Catoni의
서문, p. XXIII 참조.

전통이 어쩌면 기록물을 생산하지 않는 기관의 존재 가능성을 뒷받
침하는 것일지도 모른다는 새로운 가설을 제기하기도 하였다.[82]

반면 대부분의 학자들은 모든 기관은 문서의 생산기관이었다는
사실을 전제하였다. 이러한 경우에 문서들은 기관을 운영하고 이들
을 법적으로 신뢰할 수 있는 형태로 작성할 권리를 가지는 권력에
의해 관리되었지만 반드시 문서생산의 주체가 보존의 주체와 일치
할 필요는 없었다. 결론적으로 중세 대학의 문서들을 관리하는 기
관은 다른 기관이나 권위, 즉 예를 들면 공증인, 자치도시, 주교 또
는 대학당국이었을 것이다.[83]

이러한 대다수의 논리는 현대기록물관리의 전통에 있어서도 기록
물의 정리를 위한 최선의 방식인 (생산기관의 행정 및 그 역사에 기
초한) '원질서(의 유지 및 재구성)의 원칙'의 역사적 배경이기도 하다.

5. 교회, 가문, 그리고 상인의 문서

중세 교회의 여러 기관들은 확실한 보존을 비롯한 여러 이유들을
배경으로, 자신의 문서들 이외에 개인들의 문서들까지도 관리하는
기능을 가지고 있었다. 이는 소위 말하는 "책장이 없는 수도원은 거
의 무기고가 없는 성(城)과 다를 바 없다clastrum sine armario est

---

82) I del Gallo-V. D'Urso-F. Santoni, *Per un codice diplomatico dello "Studium Urbis"*, pp. 434-435.

83) Elio Lodolini, "La memoria delle 'Sapienze', Normativa e organizzazione degli archivi universitari", *La storia dell'Università italiane, Archivi, fonti, indirizzi di ricerca*, Contro per la storia dell'Università di Padova, pp. 3-55.

quasi castrum sine armamentario"는 원칙에 입각한 전통이었다.

개인이나 가문의 경우 오늘날 이들의 많은 기록물이 여러 종교기관에서 발견된 사실에서도 알 수 있듯이, 종교기관에 귀의할 때 자신의 문서들을 함께 가져가거나 이후 이들을 상속시키는 사례가 매우 빈번하였다. 공증인에게도 이러한 전통은 예외가 아니었으며, 이탈리아 반도의 경우, "이탈리아 교회는 공증인들의 교회이다"라는 말에서도 알 수 있듯이,[84] 수도원도 필요시에는 문서를 작성하고 공증하며 관리하는 공증인의 전문성에 도움을 요청하였다.

중세의 기록물관리전통에서는 기록물이 사실상 공공기록물의 개념으로만 국한되어 있었다. 그럼에도 이러한 정의의 외부에는 '가문들에 속한 문서관리인Chartaria의 존재가 의미하듯이 자신들의 문서를 체계적으로 관리하는 데 관심을 가지고 있던 개인과 가문들도 없지는 않았으며 이러한 예외의 대부분은 영업상의 이해관계가 사실상 문서들의 정리된 상태에 직결되어 있던 상인들의 기록물에서 찾아볼 수 있다.

1377년 알렉산드로 사쎄티Alessandro Sassetti는 자신의 금전출납부에 "이 장부는 금전상의 권리와 의무 그리고 회계 기록 등의 다른 문서들과 함께 우리의 보관함에 남아 있다[……]"[85]는 기록을 남겼다. 또한 1397년 5월 5일 프라토Prato에 머물고 있던 프란체스코 디 마르코 다티니Francesco di Marco Datini가 피렌체의 스톨도 디

---

84) R. Brentano, *Due Chese. Italia e Inghilterra nel sec. XIII*, Bologna, 1972, p. 309.

85) Elisabetta Insabato, "Le nostre chare iscritture. La trasmissione di carta di famiglia nei grandi casati toscani dal XV al XVIII secolo", *Istituzioni e società in Toscana nell'Età moderna*(Roma: Ministero per i Beni culturali e ambientali, Ufficio centrale per i Beni archivistici, 1994), vol. II, pp. 878–911, 특히 p. 878.

로렌초Stoldo di Lorenzo에게 보낸 서한에는 다음과 같은 사실이 언급되어 있다.

> 이관되었거나 이미 있는 문서들은 문서실의 테이블 위에 놓여 있다. 나는 어떤 문서를 원할 때 다른 모든 문서들을 뒤지지 않아도 될 방식으로 이들을 정리하기 원한다.[86]

상인문서들의 경우에도 이들에 공신력을 부여하기 위해서는 공증인의 개입이 필수적이었다. 하지만 이후 상인조합들이 자치정부의 통치 권력에 참여하게 된 제도적 발전의 덕분으로, 우고 투치 Ugo Tucci의 연구에서도 보듯이, 공신력 부여에 필요한 독자적인 권위를 획득하였다.

공신력 부여의 관점에서 볼 때, 상인문서가 공증인에 대한 의존 상태에서 벗어나는 데는 오랜 시간이 걸리지 않았다. 왜냐하면 이 문서가 상인들이 상거래상의 권리(즉, 문서)에 효력을 부여하고 기술상의 독자적인 영역과 초국가적인 성격을 보장하는 데 필요한 환경의 산물이기 때문이다. 1318년 피렌체의 경우 수입과 지출의 내역을 기록하는 출납장부Libro in quo scribuntur accepta et data들은 상인들의 상거래 활동에 있어 매우 독특한 수단들 중의 하나로서,

---

86) "E più e òe ripore tutte le scritture che di chostà sono venute e quelle ch'erano qui, che ssono nelle chamere su per le tavole, che lle voglio ripore per modo che quando io òe bisogno d'una iscrittura il non abia a razolare onghi scrittura[······]" Archivio di Stato di Prato, archivio di Francesco Datini, carteggio da Prato a Firenze, anni 1397~1398, 1397년 5월 5일의 서한. *L'Archivio di Francesco di Marco Datini, Fondaco di Avignone Inventario*, Elena Cecchi Aste 감수(Roma: Ministero per i Beni e le attività culturali, Direzione generale per gli Archivi, 2004) 서문의 p. 3 재인용.

공증인이 직접 작성한 공문서와 동일한 효력을 가지고 있었다.[87]

정리하면 이러한 새로운 변화는 여러 직업조합과 장인들의 조합이 자치정부 권력의 일선에 등장한 것과 무관하지 않다. 한 예로 피렌체 자치도시의 경우 각 조합들은 구성원으로 하여금 문서들을 직접 관리하도록 하였다. 아울러 조작이나 위조에 대한 엄한 처벌의 의지를 전제로 이러한 문서들에 공신력이 부여되어야 한다는 의지를 성문화하였다.

물론 이러한 경우에 피렌체의 법령에 따르면 문서 작성 시에 조합에 소속된 공증인의 입회를 의무화하였다. 하지만 공증인이 배에 승선하지 못했을 때와 같은 특수한 환경에서는 - 시민의 유언이나 사문서를 공적인 형태로 작성한 사실을 참고할 때 공증인이나 다름없던 - 기록관, 즉 스크리바노lo Scrivano들이 모든 문서를 기록하고 작성하는 것뿐만 아니라 공신력 부여에도 직접적으로 관여하였다.[88]

6. 맺음말

로마시대의 문서에 대한 대내·외적인 신뢰성은 이 문서가 작성된 후에 기록물보존소에 보관되어 있느냐에 따라 그 법적 가치의

---

87) Ugo Tucci, "Il documento del mercante", *Civiltà comunale*, p. 546.

88) 피렌체 자치도시의 경우, 1345년에 작성된 oliandoli와 pizzicagnoli 조합의 법령(rubrica CVI)는 "quod quilibet artifex huius artis babeat librum subscritptum manu notarili dicte artis[……]"(*Statuti delle arti degli oliandoli e pizzicagnoli e dei beccai di Firenze(1318~1346)*, Francesco Morandini 감수(Firenze, 1961).

명암을 달리하였다. 또한 이러한 행위는 대상기록물의 영속적인 기억을 위한 조치이기도 하였다. 이것은 중세 문서전통의 근본을 구성했으며 이후에도 변화 없이 유지되었다. 이러한 로마전통이 중세로 계승된 시기는 중세의 법적 르네상스가 시작되는 11세기 이후였으며, 법 이론의 차원에서는 기록물보존소의 문서들에 대한 공신력을 보장하려는 것이었다. 결론적으로 이것은 기록물보존소의 권위가 이곳에 보관된 문서들에 대한 공적인 신뢰성을 보장한다는 것으로 해석될 수 있다.

로마시대의 문서전통과 마찬가지로, 중세에도 기록물보존소에 대한 권리나 소유권의 개념은 최고 권력에 집중되었다. 그러나 이곳의 문서들이 사실상 군주권의 권위에 의해 보장은 받았지만 실제로 공신력을 부여한 주체는 공증인이었다. 그리고 이러한 공증인의 공신력 부여는 civitates sibi principes, 즉 자치도시가 실질적인 권력주체로서의 위상을 획득한 것과 일치하는 것이었다. 중세 이탈리아의 공증인은 적어도 12세기를 전후한 기간에는, 오늘날의 전문직에 종사하는 프리랜서와 비슷한 역할을 수행하고 있었다. 즉, 도시정부에 소속된 여러 기관의 관리로서가 아니라, 때로는 필요시에, 때로는 시민들의 법적 권리를 위해 그 경계를 자유롭게 넘나들었다. 그러나 자치도시의 정부형태가 콘술정부에서 포데스타 정부로 전환된 것을 계기로, 점차 일정한 임기 동안 봉급을 수령하는 관리의 신분으로, 그리고 계속해서 도시의 법적 기능을 독점하는 특권계층의 조합으로 발전하였다.

한편 중세 대학의 경우, 공증인의 역할은 고객의 필요에 부응하는 수준에 머물렀다. 다만 학위증이나 학위관련 문서들과 같이 복수로 작성되는 문서들의 경우에는 원본을 반환하지 않고 자신의 다른 문서들과 함께 관리했던 관행이 여전하였다. 이러한 관행, 즉 문서를 대리로 작성하는 주체인 공증인에 의한 문서관리는 교회와 가문의 경우에도 크게 다르지 않았다. 그러나 상인문서들의 경우에는 이들의 조합이 도시정부의 권력구조에 참여하여 주도적인 위치를 점유하면서 그리고 지역적인 한계를 초월해야 하는 상거상의 명분을 배경으로, 공증능력을 갖춘 인물인 기록관들을 자체적으로 활용하는 성향이 두드러지게 나타났다.

제 **3** 장

역사기록물의 활용

1. 활용의 유형

현존하는 모든 역사기록물은 작게는 생산 당시의 구체적인 의도와 내용 및 형식의 가치를 반영하며, 크게는 기록문화유산의 일부를 구성한다. 이는 비록 생산 당시의 의도가 먼 훗날에까지 동일한 가치를 유지한다고는 할 수 없지만 그럼에도 과거에 대한 귀중한 증언으로서 우리에게는 영구보존의 사명감을 부여한다. 그리고 같은 논리에서 오늘과 미래에 생산될 모든 기록물에 대한 후손의 태도 역시 기술적인 측면을 제외한다면 오늘날과 크게 달라지지 않을 것이다.

기록물은 어떤 시공의 개념을 적용하는가와 접근방향에 따라 다양한 가치를 드러낸다. 복수가치의 가능성을 전제하는 만큼, 이에 대한 접근도 다각도로 고려되어야 한다. 오늘날 기록물의 내부에 형성된 유기적인 관계를 전제하는 활용의 유형은 궁극적인 목적이 어디에 있는가에 따라 세 가지 형태의 열람으로 나누어볼 수 있다.

가장 먼저 학문적인 활용은 주로 역사가의 사료를 암시하면서 내부적으로는 언급된 사실, 생산주체, 그리고 기관의 제도발전과 그 흔적에 반영된 기록물의 유기적인 관계로 구분된다. 아울러 이러한 세분은 과거 학문발전의 여정을 보여줌과 동시에 지난 사실들에 대한 신빙성 검토의 토대 위에 구축된 작금의 문명을 반영하는 것이라고 해석할 수 있다.

활용의 두 번째 유형은 학문연구를 제외한 실질적인 목적의 문서 열람으로서 오늘날 역사기록물보존소에서 그 횟수가 가장 현격하게 증가하고 있다.

세 번째 유형은 앞선 두 가지 유형이 전문성을 가진 숙련된 전문가들에 의한 기록물 활용인 것과는 달리, 단순한 호기심 차원에서 역사기록물보존소를 출입하는 비전문가들의 열람을 가리킨다.

한편 기록물의 다각적인 활용에 대한 사회적 요구는 노동의 세분화, 전문화, 그리고 과학기술의 발전 등에 비례하여 꾸준히 증가하고 있다. 즉, 역사가의 적극적인 관심은 물론, 전문직업인의 보다 전문적이고 신속하며 핵심적인 정보에 대한 요구가 날로 커지고 있는 것이다. 그리고 이와 더불어 증거로서의 정보에 대한 비전문가의 문의도 점차 확대되고 있다.

1) 활용이 쉽지 않은 문화유산으로서의 역사기록물

오늘날에조차 "기록물이 무엇인가"에 대한 질문에 적절한 답변을 제공하는 것은 결코 쉽지 않다. 한편으로 기록물관리전문가

Archivist와 연구자들은 기록물과 이들이 보관되어 있는 기관들에 대하여 많은 것을 알고 있다. 그러나 대부분의 사람들은 기록물을 먼지 더미의 무가치한 대상으로 간주하고 있는 것도 사실이다. 뿐만 아니라 이들은 기록물을 자신의 사적인 권리나 노동관계 또는 토지나 건물의 소유권 이전 등에 관한 증명을 필요로 하는, 이른바 '우발적인 필요성'에 의해 접하게 되는 '신비한 대상' 정도로 생각하고 있다. 그렇다고 이러한 사람들이 가지고 있는 기록물에 대한 법적인 기대감이 항상 만족될 수 있다는 보장이 있는 것도 아니다.

최근 이탈리아는 전문기록물관리기관들을 중심으로 기록물에 대한 새로운 활용의 가능성을 모색하고 전문가, 행정적인 목적의 문서열람인 또는 기관으로 구성된 열람인들의 규모를 확대하려고 노력하고 있다. 기록물보존소는 박물관, 도서관과 마찬가지로 문화유산을 보존하고 그 가치를 평가하는 목표를 추구한다. 그러나 기록물은 예술작품이나 서책들과는 상이한 성격을 가지고 있으며, 이러한 차이로 인해 기록물에 대한 특별한 유형의 활용을 구체화시켜야 한다는 당위성이 설득력을 얻고 있다.

화가나 작가의 창작을 위한 내적인 동기 또는 창작인과 의뢰인의 관계를 배제할 경우, 작품은 완성된 직후부터 하나의 예술품을 대변한다. 그리고 참여와 이해의 정도는 다르지만 전문가와 일반대중에 저마다의 색다른 느낌과 사고를 제공한다. 따라서 예술작품이나 서적들은 보고, 읽고, 이해하는 사람에게는 가치 있는 활용의 대상이다. 반면 문서는 기록물에 대한 미래의 이용자를 위해 생산되는 것이 아니라, 법적이고 행정적인 목적 또는 이를 생산하고 분류하며 자신의 업무수행을 위해 스스로의 기억을 독자적인 기준에 따라 합리적으로 조직하는 부서나 기관의 고유한 기능 및 권한과 밀접한 관계에 있는 실질적인 목적에 의해 생산된다. 뿐만 아니라 그 기원부터 이미 역사적인 중요성을 내포하고 있는 기록된 증언이다. 그리고 문서의 생산주체는 자신의 활동(즉, 이를 증언하는 문서들)이 의미하는 역사적인 중요성을 그 누구보다 잘 알고 있다.

역사가들은 자신들의 연구를 통해서 사건이나 현상을 증언하는 기록물의 가치를 문화적인 사실로 해석할 수 있다. 그러나 전문연구자의 개입에 앞서 기록물관리전문가가 이들을 정리하고 목록화하는 작업은 필수적이다. 게다가 기록물은 문화의 확산을 위한 최적의 효율적인 도구가 아니기 때문에 활용 주체의 전문적인 능력에 관계없이 항상 복합적인 과정의 중계기능을 필요로 한다. 물론 도서관과 박물관의 물품도 정리하고 분류하는 작업을 필요로 한다. 그러나 이는 그 자체적으로 활용의 가능성을 가지고 있으며 서로 다른 전시 단위들간의 논리적이고 필요한 상관관계에 기초하여 다양한 전시기술에 충분한 여지를 제공한다. 각각의 문서나 기록물은 정리되지 않았거나 그 어떤 보조적인 수단들이 전제되지 않은 경우 활용의 가능성을 전혀 기대할 수 없다. 더구나 기록물이 기록물관리학적으로 정리되고 목록작업이 완료되었다고 해서 활용의 필요충분조건이 충족되었다고는 할 수 없다. 무엇보다 기록물을 열람하는 사람이 동일하거나 서로 다른 시리즈의 문서들에서 획득한 다양한 정보들을 일련의 관계망으로 걸러내고 학문적인 기준이나 조사에 기초하여 문제를 해결하거나 행정적이고 실제적인 목적을 실현하는 것이 중요하다.

기록물의 활용을 위해서는 우선적으로 자신이 무엇을 찾고 있는 가에 대한 구체적인 생각, 즉 기록물보존소의 열람실을 찾기 이전에 이미 연구대상으로서의 문제를 충분히 숙고해야 한다. 이것은 기록물관리학 분야에서 말하는 문화적 자극의 가능성으로서 예술품이나 도서들에 비해 보다 복합적이고 어려운 중재를 요구한다.

열람인이 전문가인 경우, 중재노력은 자신이 수행하게 된다. 즉, 연구를 위해 기록물을 활용하는 역사가는 문서들에 대한 열람을 통해서 해석할 뿐만 아니라, 자신의 조사에 기초하여 그 결과를 연구서나 전문잡지 등에 소개하여 많은 사람들에게 소개함으로써 문화홍보의 역할을 수행한다. 박물관의 경우, 별다른 지식이 없다고 해서 예술역사가를 반드시 동반할 필요는 없다. 그러나 기록물보존소의 경우는 기록물관리전문가나 이에 준하는 전문가의 안내가 필수적이며 아울러 이곳에서 전개되는 모든 실험적 경험(원본문서들이 사례로 제시되는 수업이나 젊은 학생들에게 기록물의 형성과정 그리고 기록물 연구의 방법론에 대한 설명 등)에도 기록물관리전문가의 중재가 필요하다.

중세의 문서들을 강독하고 판독하는 데는 고서체학과 라틴어에 대한 지식이 요구된다. 또한 근대의 문서들에서도 기록물관리전문가나 전문연구가는 종종 강독과정에서 적지 않은 어려움에 직면하기도 한다. 그리고 현대의 서한이나 문서초안의 필사 문서를 판독하는 작업이 반드시 쉽다고만은 할 수 없다. 문서에 담긴 정보를 자신의 것으로 만드는 과정에서 직면하는 어려움은 비전문 열람인을 기록물보존소의 열람실에서 멀어지게 만드는 등, 궁극적으로 가장 극복하기 힘든 문제점을 구성한다. 기록물보존소의 열람실을 관리하는 사람이라면 누구든지 평범한 능력으로 연구수단이나 방법론 등에 익숙하지 못한 연구자를 도와주는 것이 얼마나 힘든 일인지에 대해 잘 알고 있다.

현존하는 역사기록물의 수량은 이들의 정리수준과 목록화된 상태에 따라 연구의 어려움과 비례하는 것이 일반적이다. 대개의 경우, 기록물의 관리 상태는 작업자의 전문성 여부나 적절한 수단의 유무에 따른 결과지만, 다른 한편으로 이에 대한 판단이 알게 모르게 문화정책의 선택에 의해 적지 않은 영향을 받고 있는 것이 사실이다. 그러나 이 모든 것에도 불구하고, 기록물관리학의 측면에서 가장 중요한 사실은 이들의 대부분이 유일한 원본의 성격을 가지고 있으며 따라서 무차별적이고 부주의한 사용에 따라 회복불능의 상태로 전락할 수 있다는 점이다. 따라서 열람인이 전문적인 능력을 갖추고 있다면 열람에 의한 문서의 보존과 구조에 대한 불가피한 피해의 정도는 최소화될 수 있을 것이다. 이러한 의미에서 열람실의 관리자는 비록 이용자가 전문연구가라고 할지라도 열람한 기록물 파일의 내부에서 문서들의 질서를 바꾸지 말 것은 물론, 연필이나 펜으로 문서의 표면에 자국을 남기지 말 것 등에 대한 당부를 게을리 해서는 안 된다.

또한 기록물관리기관도 기록물에 대한 보다 확대된 지식을 확보하기 위한 노력을 기울이는 자세가 바람직하며 이를 통해서 새로운 활용의 형태가 모색될 수 있다는 사실, 즉 기록물관리전문가의 새로운 임무가 구체화될 수 있음을 주지해야 한다. 기록물의 가치를 평가하는 주된 행위가 이들에 대한 홍보활동에 있다고 믿는 것은 잘못된 믿음이다. 가치평가는 개념적으로 보존의 영역 내에서 암시되어야 하며 기록물의 정리와 연구, 연구수단으로 목록집을 작성하는 절차를 동반해야 한다. 그리고 그 결과는 해당 공동체를 배경으로 문서들에 대한 접근과 활용의 실질적인 기회가 증가하는 것으로 나타날 것이다. 기록물관리전문가의 올바른 자세는 학문연구를 수행하면서 역할의 초점을 단순한 문화적 활용에 맞추기보다는 문화재에 대한 활용의 기회를 보다 많은 사람에게 보장하는 데 주력하는 것이라고 할 것이다.

기록물에 대한 홍보 활동(전시, 다큐멘터리 제작 등)과 교육 활동은 기록물관리전문가가 기록물과 같이 활용이 결코 쉽지 않은 대상에 사람들이 보다 가까이 갈 수 있도록 유도하기 위한 수단이다. 그러나 이러한 기능들이 기록물보존소의 다른 기능들과의 균형을 깨뜨리면서 결과적으로 열람실의 기능을 효율적으로 발전시키고 기록물의 보존을 개선하기 위한 기록물관리전문가의 전통적인 임무(또는 조치들: 기록물 단위들의 정리작업, 각종 목록집들과 같은 적절한 연구수단들의 마련, 새로운 기록물의 확보, 마이크로필름 제작, 사본제작, 복사본 발급 서비스, 열람 시간의 연장 등)에 우선시되어서는 안 된다. 오히려 열람실의 서비스 환경을 보다 효율적으로 개선한다면 문화적 요구를 확대시켜 줄 가능성이 그만큼 더 증가할 것이 확실하다. 결론적으로 기록물의 문화적 기능은 활용을 희망하는 사람들의 수를 늘리거나 홍보와 교육을 위한 활동에 주력하는 것으로 강화되지 않는다. 오히려 이보다는 보존을 위한 적절한 조치들을 마련하고 학문적이고 실질적인 목적의 연구를 우선적으로 고려하는 자세를 통해 개선될 수 있다고 할 것이다.

아울러 보다 많은 수의 대중이 기록물에 접근할 수 있도록 유도하기 위한 홍보 활동의 내용들에서는 지금까지 우리 사회의 여러 제도들과 공공기관의 기록물을 적절하게 보존해야 한다는 필요성을 대중에게 확신시키는 노력의 흔적을 거의 찾아볼 수 없었던 것이 사실이다. 기록물을 보존하고 이들을 후손에게 물려주기 위해서는 문서들이 그 기원부터 정리된 상태로 유지되고 있어야 한다는 전제가 필요하다.[89] 별다른 논리나 의미도 없이 종종 문서들에 많은 피해를 입히는 전시회를 준비하는 것보다는 좀 더 오랜 세월의 보존을 목적으로 오늘날의 기록물에 대한 집단적인 관심을 불러일으키면서, 시민들에게 제도들의 올바른 기능에 대한 알권리(업무기록물과 행정기록물의 효율적인 조직화를 포함한다)를 충분히 인식시키는 것이 보다 현명한 조치라고 생각된다. 그리고 이러한 확신은 실질적인 목적을 위해 기록물보존소의 문서를 열람하거나 사본 발급을 필요로 하는 사람에 의해 숨김없이 증명될 것이다.

2) 실질적인 목적의 활용

1980년 런던에서 국제기록물관리위원회International Council on Archives가 주최한 학술회의에서는 전 세계의 기록물관리전문가들

---

89) L. Sandri, "L'archivistica", *Rassegna degli Archivi di Stato*, XXⅧ, 1967, p. 412.

이 실질적인 목적에 따른 연구와 관련하여 매우 흥미로운 일련의 주제들을 집중적으로 토론하였다. 당시에 발표된 논문들은 새로운 유형의 기록물에 대한 연구와 활용의 새로운 가능성을 집중적으로 토론하였는데, 이들 중에는 기록물을 교육용 자료로 활용하는 문제와 문서의 실질적인 활용, 홍보 활동의 다양한 형태 그리고 비전문가의 열람실 이용에 관한 주제들이 포함되어 있었다.

아르헨티나의 기록물관리전문가인 가르시아C. A. Garcia Belsunce 는 기록물의 실질적인 활용에 관한 주제발표에서 이용자의 유형을 집중적으로 분석하였다.[90] 그가 지적한 새로운 유형의 이용자는 전문가, 공사기관의 관리들, 그 이외의 다른 직업에 종사하는 사람들을 의미한다. 즉, 이들은 행정 분야, 전문 분야 또는 생산 분야에 종사하기 때문에 사회과학이나 역사연구와는 무관한 관계의 이용자들이다. 반면 이들은 자신들의 임무를 수행하는 과정에서 불가피한 결정이나 선택을 내리는 데 필요한 정보를 얻으려는 매우 구체적인 목적을 가지고 기록물보존소에 출입하였다. 예를 들어 정치수사의 임무를 맡은 경찰이 내부의 재무팀에게 조사대상 기관의 기록물보존소에서 계약서의 등록에 관한 감독이나 재정을 조사하도록 지시하는 것이나 또는 한 산업가가 관련규정에 대한 자신의 해석이 정확한지에 대한 확인을 위해 관련기관에서 이전의 사례들을 조사하는 것이 바로 그것이다. 한 지방기관의 새로운 도시계획을 마련하려고 한다면 무엇보다 과거 해당지역에서의 다양한 변화들에 대한 철저한 조사를 우선적으로 실시할 것이 분명하다. 의사들도 때에

---

90) C. A. Garcia Belsunce, "Uso pratico de los archivos", *Archivium*, XXIX, 1982, pp. 77 - 86.

따라서는 환자의 치료를 위해 이전의 유사한 진료기록을 참고한다.

　그러나 본 장에서 의도하는 것은 학자나 이와 같은 사람들의 사고체계에 익숙하지 않은 사람들에 의한 열람의 유형이다. 사실 학자들은 기록물과의 빈번한 접촉을 통해서 열람의 메커니즘을 신속하게 파악하고 있으며 많은 시간을 투자할 준비가 되어 있다. 오직 실질적인 목적으로 열람을 요청하는 사람들은 일반적으로 학자들과는 다른 시간대의 업무에 종사하는 데 익숙한 사람들로서 근대의 기술력에 매우 친숙하기 때문에 신속하고 효율적인 서비스에 크게 의존하는 경향을 가지고 있다. 통상 이러한 유형의 열람인들은 이같은 목적의 열람신청에 별로 익숙하지 않은 기록물관리전문가를 당혹스럽게 만든다. 이러한 사실과 관련하여 가르시아는 자신의 연구에서 새로운 요구가 새로운 유형의 기록물 보존과 발견을 자극하고 있다는 사실을 지적하였다. 사실 이러한 변화는 국립기록물보존소와 기록물 보존에 노력하는 다른 기관들을 혼란에 빠뜨리고 정부기관과 공공기관 그리고 사기관의 업무 및 행정기록물보존소에 시급한 대책마련을 요구하고 있다. 다시 말해 오늘날의 기록물을 최선의 방식으로 보존하는 것이 정리된 상태의 행정체계를 유지하는 것과 관련하여 매우 중요하다는 사실을 암시하고 있는 것이다. 물론 이를 위해서는 적지 않은 경제적 부담이 불가피하다. 오히려 은행이나 사기업이 근대기술의 모든 이기를 동원하여 독립적인 기록물보존소를 조직하는 것이 오히려 쉬울 것으로 보이기도 한다. 지방기관과 공공행정은 스스로의 조직을 근대화하는 데 앞장서지는 않는다. 특히 국가 행정의 경우, 이러한 문제는 기술진보와 보조를 같이하지 못하는 법과 규정으로 인해 신속한 대응이 사실상 불가능한 상태에 있는 것이 사실이다.

3) 비전문가의 문서열람

1980년, 이탈리아의 기록물관리전문가인 살바토리 프린치페Salvatori Principe는 국립기록물보존소에서 문서를 열람하는 비전문열람자에 대한 연구논문을 발표하였다.[91] 그는 1978년 한 해에 서유럽, 미국, 아시아, 그리고 아프리카에서 학문연구를 위해 역사기록물보존소의 열람실을 출입한 사람들이 캐나다의 65%와 서유럽의 76% 사이에 해당하며 그 대부분이 학생이라는 사실을 지적하였다. 그리고 나머지는 법적인 동기나 퇴직에 관련된 행정적인 성격의 열람이었다고 하였다. 동유럽의 경우 행정적인 목적의 문서열람은 최고 49%에 달하였으며 열람의 동기는 그 대부분이 퇴직(연금)에 관련된 것이었다. 그리고 같은 지역에서 학문연구나 행정적인 목적의 열람을 위해 역사기록물보존소의 열람실을 출입하는 비전문열람인은 전체의 51%인 반면, 서유럽의 경우에는 34.5%이었다.

일반적으로 비전문열람인의 수는 동유럽과 서유럽 그리고 다른 모든 지역들에서 최근 10년 동안에 매우 빠른 속도로 증가하고 있다. 그리고 특히 캐나다와 미국과 같이 서비스 체계가 비교적 잘 정비된 국가의 역사기록물보존소를 중심으로 증가의 폭은 더욱 크게

---

91) L. Salvatori Principe, "Everyman and archives", *Archivium*, XXIX, 1982, pp. 134 - 141.

나타나고 있다. 이러한 통계자료는 여러 측면에서 주목할 가치를 가지고 있다. 보존되어 있는 역사기록물의 양과 질은 지역에 따라 매우 다르다. 즉, 유럽은 북아메리카에 비해 오래되었으며 활용이 쉽지 않은 많은 양의 기록물을 보유하고 있다. 아프리카 또는 남아 메리카의 역사기록물 대부분은 유럽의 여러 기록물관리기관들에 분산되어 있다. 반면 아프리카 국가들은 구전자료들과 유럽에 비해 그 양이 풍부한 민중전통에 많은 관심을 기울이고 있다. 또한 국립기록 물보존소에 기록물을 이관하는 기간이 다양하며 그만큼 동시대의 문서들에 대한 열람의 기한과 조건도 다르다. 국가들에 따라 기록물 보존소의 내부조직도 매우 다른데, 그 이유는 법규정, 내부구조, 조직, 그리고 경제수단들이 천편일률적으로 다르기 때문이다. 그럼에 도 비전문열람인의 수는 꾸준하게 증가하고 있는 것이 사실이다.

2. 역사기록물: 역사연구를 위한 자료

1) 문서Documentum: 사실에 대한 증언과 해석

기록물이 작성된 방식과 이들이 시간의 흐름에 따라 겪은 변화를 통해 드러나는 기록물의 구조는, 서로 다른 기간에 활동하던 기관 들의 기록물 사이에 존재하는 다양한 관계들과 더불어, 기록물관리 학의 연구대상을 구성한다.[92] 그리고 이 학문은 여러 역사연구의 경향들이 사료를 비평적으로 정의하는 과정에서 독자적인 학문영역으로 성장하였다.

유럽의 경우 나폴레옹의 개혁은 19세기 전반을 통해 기록물을 일반대중에 공개하는 원칙을 동반하였다. 그리고 이탈리아에서는 프랑스 혁명에 의해 확립된 기록물의 공개원칙이 확대되었는데, 이러한 원칙은 이후 왕정복고시대의 정부들 하에서 더욱 강화되었다.[93] 그러나 역사기록물보존소의 기록물에 대한 관심이 본격화된 것은 인문주의 역사연구와 이후 근대 역사학자들의 공로였다. 정치적이고 행정적인 목적에 따라 기록물을 관리하기 위한 법규정의 역사가 기록물 그 자체의 기원으로 거슬러 올라간다면, 식자들의 관심은 주로 자료별로 요약될 수 있는 재정리 방식과 목록집의 작성에 집중되었다. 이는 한결같이 문서들을 가능한 쉽게 발견하려는 의도를 반영하고 있었다. 이러한 새로운 형태의 관심은 이미 생산된 문서들의 보존을 자극하였으며 생산과정에 있는 기록물을 조직하기 위한 기준에도 영향을 주었다. 그럼에도 당시의 기록물관리전문가들은 고문서학자들에 예속된 상태에서 벗어나지 못하고 있었다. 이로써 역사연구는 17~18세기에 마우리니Maurini와 그의 제자들 그리고 장 마빌롱Jean Mabillon의 놀라운 업적, 특히 자료에 대한 조사와 자료편찬을 통해 사실들의 진위를 확인하는 역사연구의 새로운 장을 개척하였던 루도비코 안토니오 무라토리Ludovico Antonio

---

92) 기록물관리를 위한 이론의 기원과 발전에 대해서는 A. D. Addario, *Lezioni di archivistica*, Bari, Adriatica editrice, 1972 pp. 6-48.

93) 프랑스 국민의회(Convenzione nazionale della Repubblica francese: 1794. 6. 25.)에서 기록물에 대한 학자들의 자유로운 열람을 결정하였다.

Muratori를 통해 당시의 지적 전통을 지배할 수 있었다. 그러나 19세기 전반, 즉 이탈리아에서 독일학자들의 엄격한 문헌학 체계가 높게 평가되고 있던 당시에 다른 한편에서는 기록물관리학의 자료들에 대한 관심이 급부상하였다. 그 대표적인 사례로는 '이탈리아 역사기록물보존소Archivio Storico Staliano'가 있었으며 조국사위원회 Deputazioni di storia patria는 문서연구에 기초한 지역사 연구를 활성화하고 그 성과들을 출판하기 위한 새로운 학술지들을 창간하였다. 1883년에는 '이탈리아 역사연구Istituto Storico Italiano'가 설립되었고 사료들의 이서와 편찬을 위한 규칙들이 마련되었다. 계속해서 비토리오 휘오리니Vittorio Fiorini와 조수아 카르두치Giosué Carducci는 재판된 무라토리의 '이탈리아고문서집성Rerum Italicarum scriptores'을 감수하였다. 그 이외에도 이 시대의 또 다른 성과로는 외교문서들과 법령집 그리고 법전의 편찬이 있었다. 자료와 문서들의 편찬을 위한 기준들도 더욱 발전하였다. 르네상스 초기에는 문헌에 대한 비평이 특히 진위성을 확인하려는 목적에 집중되었다. 그러나 문헌학적인 방법론이 정착하면서, 사실들에 대한 확인과 역사연구의 성과들이 일치한다는 사실에 대한 믿음이 지나치게 확산되는 경향이 나타났으며 이에 이상주의적인 비평과 역사의 물질주의적인 개념이 대치되는 상황이 발생하였다. 사실들의 재구성에서 현실에 대한 객관적인 해석이 유래한다는 믿음은 문헌들에서 얻어지는 정보의 신빙성에 모든 해석의 차원을 뛰어넘는 절대적인 가치를 부여하려는 성향을 유발하였다. 더구나 19세기 후반부터 프란체스코 보나이니Francesco Bonaini(1806~1874)와 같은 일련의 기록물관리전문가들은 생산기관과 기록물의 관계를 구체적으로 주목하면서 이를 통해 기록물의 가치를 극대화하기 위한 해석의 논리를 모색해야 한다는 주장을 전개하였다.[94]

역사가들의 관점은 역사기록물에 대한 접근을 둘러싼 이들의 이론적인 전제들에 따라 다양할 수 있다. 뿐만 아니라 역사가들의 관점은 자신이 확보한 다른 자료들과의 관계에서 역사기록물에 어떤 의미와 활용의 기준을 적용하는가에 따라서도 다를 수 있다. 베네데토 크로체Benedetto Croce에 따르면 "기록물은 문자, 음악기호, 회화, 조각, 건축, 변화된 모든 사실들, 마음속에서 일어난 일들, 또는 정치, 도덕, 종교의 모든 기관들과 시대의 변화와 감성들을 통해 드러날 수 있는 과거의 모든 사실들이다,[95] 또한 역사기록물과 관련하여 크로체는 "지식경제의 차원에서 증명된 정보들의 중요성은 이

---

94) 프란체스코 보나이니는 생산주체와 기록물의 관계에서 출발하여 원질서를 재구성하는 (기록물)정리원칙을 확립하였다. 그의 주장은 체사레 구아스티, 살바토레 본지, 루치아노 방키 등과 같은 제자들을 통해 피렌체 국립기록물보존소의 기록물정리와 더불어 토스카나 공국의 기록물관리위원회 설립에 원인을 제공하였다. 한편 보나이니의 생각은 1869년 3월 23일 당시 문교부에 보낸 편지를 통해 잘 드러난다: "어떻게 기록물이 생산되었고 시간의 흐름에 따라 그 수가 증가하였는지를 살펴보면 이들을 정리하는 데 필요한 가장 확실한 기준들을 알 수 있다. 모든 제도는 만들어지고 변화하며 결국에는 폐지되기 마련이다. 다시 말하면 모든 제도는 사회변화, 필요, 구체적인 환경을 배경으로 다른 제도로 변화한다. 사실들에 대한 증언, 연속의 변화들은 문서들에 그 흔적을 남긴다. 그리고 이 문서들은 질서와 명칭을 가진다. 결론적으로 첫 번째 규칙은 사실을 존중하는 것이고, 두 번째 규칙은 그 속에서 변화의 흔적들을 통해 알게 되는 사실들을 재설정하는 것이다. 물론 모든 편견은 제외되며, 아울러 이 경우에는 형식적인 이론들보다는 역사에 대한 확장된 인식이 더 필요하다. 이러한 인식을 통해 기록물을 정리하는 전문가는 자신에게 필요한 요인들을 발견한다. 규모가 큰 기록물보존소에 가면 이곳에 있는 모든 것에 대하여 이미 알고 있는 것이 아니라 어떨 것이란 짐작을 할 뿐이다. 따라서 마치 도서관에서처럼 자료를 찾기보다는 (기록물을 생산한 기관의) 제도를 먼저 연구하기 시작한다"(Antonio Panella, "L'ordinamento storico e l'informazione di un Archivio generale in una relazione inedita di Francesco Bonaini", Archivi, s. II, a III, fasc. 1, Roma, 1936, pp. 37 - 39).

95) B. Croce, *La storia come pensiero e come azione*, Bari, Laterza, 1966, p. 104.

들을 잘 수집하고 보호하여 변질과 혼란 그리고 분실을 방지하려는 노력에 올바른 명분을 제공한다. 그러나 이들의 중요성이 가지는 한계, 즉 결코 진실이라고만은 할 수 없는 정확성은 정보들이 부족하고 완전하지 못할 때에도 진정한 역사는 우리의 역사가 영혼의 역사이며 인간 영혼의 역사는 세계의 역사라는 의미로 남는다는 사실을 더욱 확고히 해줄 뿐이다"라고 하였다.[96] 반면 루치앙 페브르 L. Febvre는 사물들을 통해서 이들에 얽혀 살았던 인간들을 재발견하려는 의도에서 "역사는 인간의 학문이며 인류과거의 학문이다. 사물들과 개념들의 학문이 아니다"[97]라고 하였다.

사실 크로체와 페브르의 신념은 실증주의 역사연구에 반동적일 뿐만 아니라 역사에 대한 관점과 역사기록물과의 관계를 정의하는 방식에 있어서도 큰 차이를 드러낸다. 그럼에도 사실들에 대한 신빙성을 확인해야 할 필요성은 크로체, 마크 블러크M. Bloch 또는 카 E. H. Carr와 같이 학파를 달리하는 역사가들의 공통된 도덕적 의무로 간주될 수 있는 부분이었다.

역사가들은 사실들의 재구성을 위해 역사기록물을 활용하며 이것이 항상 현실에 대한 하나의 해석에 불과하다는 사실을 주목한다. 이것은 역사기록물이 자체의 특별한 가치를 초월하여, 생산된 시대의 문서들인 다른 기록 자료들에 비해 반드시 특권화된 것은 아니라는 것을 의미한다. 하지만 역사가에게 있어 역사기록물의 독특한 특성들을 주목하는 것은 매우 중요하다. 현실에 대한 어느 정도의 위장된

---

96) *Ibid.*, p. 107.

97) L. Febvre, *Problemi di metodo storico*, Torino: Einaudi, 1976, pp. 78-79.

해석이 사회에 그 결과를 남긴다는 사실은 이념가, 사회학자 그리고 대중매체의 이론가들에 의해 심도 있게 논의된 문제이다. 역사기록물과 관련하여 역사비평은 역사기록물이 그 자체로 현실에 대한 해석일 뿐 절대적으로 객관적인 가치를 가지고 있지는 않으며 설사 이러한 가치가 존재한다고 할지라도 역사기록물에 대한 판독은 그 자체만으로는 역사적 지식이라고 할 수 없다. 이후 시대에 생산된 역사기록물의 활용 방식에 폭넓게 영향을 주었던 중세 사료들에 대한 비평은 문서의 진위성이나 조작 또는 문서들에서 얻어진 정보들의 진위성이나 조작가능성을 판단하는 방식들의 발전을 동반하였다. 실제적인 목적에 활용된 역사기록물이 현실에 대한 부분적인 제시나 조작을 의미할 때에도 사회에 영향을 미친다. 즉, 소득신고는 때로는 당사자의 재산 상태를 나타내지 못하기도 한다. 그러나 국가의 세입은 매우 사실적이라고 할 수 있다. 다시 말해 만약 문서에 실제 상황에 준하지 않는 자료가 언급되기는 하였으나 행정상의 가치에 준하여 새로운 선택을 위한 근거로 활용된다면 이 문서는 조작되었다는 사실에도 불구하고, 연구목적에 따라 다양하게 해석될 수 있다.

이 주제는 여러 측면에서 법적 형식주의, 합법성 여부와 무관한 내적인 동기와 의지의 표현 간의 차이와 밀접한 관계를 가진다. 내적인 동기란 실질적인 것이지만 의지의 표현은 법적인 효력을 발생시키는 유일한 것이다. 하지만 역사가의 관심은 이것이 자신의 연구를 위한 대상이라는 형식적인 측면으로 제한된다. 다른 모든 경우에 있어 의문을 품고 해석할 줄 아는 사람은 근본적으로 법적이고 실질적인 활동을 증언하는 역사기록물에서도 드러나지 않는 동기들, 완료된 행위의 의도성 여부, 고의적이든 그렇지 않든 간에 구체적인 상황들의 전개에 관한 정보를 수집할 수 있다.

2) 기록물: 생산기관에 대한 증언

기록물관리학의 관점에서, 정리된 기록물은 생산기관이나 제도의 역사를 반영한다. 즉, 역사기록물은 전승된 정보들의 경우에만 역사자료를 의미하는 것이 아니라, - 역사기록물의 한 단위 내부에서 또는 계층적 단위들의 문서들 간에 형성될 수 있는 유기적인 관계를 통해서 - 사회의 기관들, 다양한 정황들, 그리고 실질적인 운영방식들에 대해서도 많은 사실을 알려준다.[98] 역사기록물은, 문서와 기록물을 구분하는 기술적인 의미에서, 고고학의 유적 등과 동등한 차원에서 과거의 작품이며 유적이다. 뿐만 아니라 자체적으로 구조와 기능상의 특징들로 인해 학문연구의 대상이다. 그 이외에도 제도를 알게 되면 문서들을 해석하는 데 필요한 구성요인들을 확보하게 된다. 사려 깊은 역사학자라면 문서의 저자를 밝혀내는 문제를 제기하기 마련이다. 그럼에도 역사분야의 여러 저서들은 사료들에 대한 비평적 분석의 전제인 기록물 정리에 대해서는 별다른 언급을 하지 않는다.[99]

---

98) 역사기록물에 대한 기록물관리학적인 정의와 관련하여, 아르날도 다다리오(Arnaldo d'-Addario)는 보나이니의 기록물정리방식을 "단순한 식자의 관심에 의한 결실이 아니다. 왜냐하면 시리즈의 유기적인 관계에서 드러난 각 문서의 가치를 초월하여 공법과 사법의 제도들(의 행위에 문서들이 기원한다)의 흔적들을 간파하고 생생한 증언을 복원하기 때문이다"라고 정의하였다(Arnaldo d'Addario, "Archivi ed archivistica in Toscana negli ultimi cento anni", *Rasegna storica Toscana*, a. I, n. 1, 1955, pp. 35 - 71, 특히 pp. 38 - 39 참조).

99) F. Chabod, *Lezioni di metodo storico*, Bari: Laterza, 1969, pp. 106 - 124.

3) 공·사기관의 제도적 발전과 기록물의 생산

　기록물에 대한 열람은 제도들과 이들이 생산한 기록물에 반영된 내용들에 대한 역사를 이해하는 데 중요하다. 정치, 제도적인 상황에 대한 언급은 다음의 두 가지 방법론에 부합한다.

　(1) 사료의 확보: 사료의 필요성은 정치사 연구자나 분야별 혹은 수량적인 연구를 원하는 사람, 이념적인 성격이 짙은 역사를 연구하는 학자 또는 논리적이고 경험적인 기준에 따라 연구를 원하는 사람에게 제기될 수 있다.

　(2) 사료의 질: 역사기록물보존소의 기록물을 열람하는 경우, 자료나 정보의 신뢰성, 수집 목적, 시리즈별 자료가 얼마나 충분히 확보되었는가, 기관의 결정들에 관련된 사무, 다른 기록물에서 발견된 유사한 자료들과의 상충정도를 평가하기 위해서는 이들을 생산한 기관에 대한 지식이 필요하다.

　(역사기록물보존소의) 기록물을 열람하기 위해서는 조사대상기간에 활동하던 정부기관들의 역사를 아는 것 이외에도 어떤 공·사기관들이 조사대상지역에서 동일한 시기에 활동하고 있었는가에 대한 지식도 필요하다. 구체적인 조사가 요구되는 특정한 주제와 관련해서는 공·사의 어떤 기관들이 본 주제와 관련된 기능 혹은 권한들을 행사하고 있었는가에 대한 정보도 관찰의 대상이다. 한 부서가 한 가지 사안을 취급하면서 모든 변화를 기록하였다는 사실은 그 사안의 고유한 목적들이 해당부서의 고유한 권한들에 속하고 있었다는 사실을 의미한다. 보통 하나의 문제나 업무는 여러 다른

부서들의 권한에 공통적으로 관련될 수 있으며 그 대상도 사기관이나 특정 인물의 이해관계와 직결될 수 있다.

중세 이후 정부조직의 발전은 교구, 주교구, 그리고 재판소를 통해서 동일한 지역에서 고유한 법체제로 활동하던 교회조직의 발전과 평행선의 관계에 있었다. 주민들과 세속권력 또는 교회의 관계 이외에도 신도회, 재속사제들과는 구분되는 교단들, 그리고 종교적인 목적과 세속의 목적들을 추구하면서도 일상에서 구체적인 역할을 담당하고 있던 종교단체들이 존재하고 있었다. 권력과 종교적 동기의 상호 복합적인 관계는 수도원, 신도회의 재산을 증가시키는 결과를 초래함은 물론, 세속 및 종교권과 더불어 지방권력이 형성되는 계기를 제공하였다. 또한 제도들이 형성되는 과정에서 동일한 영토를 대상으로 지배력을 행사하던 독자적인 사법권과 경쟁관계를 형성하는 권력들이 성립되기도 하였다. 점차 강력한 권력을 소유한 시뇨리아Signoria 또는 군주국이 성립하였고 이들은 상대적으로 우월한 권력으로 봉건체제를 유지하면서 자치도시들의 성격과 권한을 변화시키고 있었다. 당시 이탈리아에서는 어디에서든지 중앙권력의 주변부에 해당하는 지방의 행정 및 사법구조가 상주하고 있었다.

이탈리아에서는 통일 이전과 마찬가지로 이후에도 중앙권력에 직·간접적으로 의존하는 지방의 권력기구들과 중앙의 권력기구들을 통해서 권력을 행사하던 국가권력이 존재하고 있었다. 그리고 지역적으로는 자치도시의 조직들이 존속하고 있었다. 오히려 어떤 경우에는 이들이 국가의 지방기구들(보다 제한된 사법권을 행사하던 기구들)을 모델로 한 조직들을 형성하였다. 한편 지방 차원에서는 국가의 전 지역에 공통적인 국가 조직들과 각 지역의 고유한 발전 정도에 따라 그 차이가 다양한 지방조직기구들이 혼재되어 있었다. 즉, 자치도시들의 사법기구 그리고 세속단체, 대학 등은 자신의 구성원들을 위해 규정을 재정하고 특권을 부여하는 권한을 행사하였다. 이러한 사실을 통해 알 수 있는 것은 한 지역의 주민은 중앙권력이 부과한 법규정과 지방권력이 재정한 보다 특수한 규정들을 준수하고 있었으며 국가에뿐만 아니라 지방단체들에도 세금을 납부하고 있었다는 점이다. 또한 범죄를 저지른 경우에는 전국의 여러 지역에 위치하면서 점차 사법권의 대상영역을 확대하고 있었던 국가의 사법기구로부터 처벌을 받을 수 있었다. 그 이외에도 경우에 따라서는 가벼운 경범죄나 지방기구 차원에서 종료되지 않은 사건들의 경우, 프랑스 혁명 이전에는 행정 권력과 사법 권력의 명백한 구분이 없었다. 많은 사례들에서 행정 분야의 조직이 해당 규정들을 위반한 것을 사법적으로 해결하는 역할을 수행하였다. 종종 지방의 사법권은 공공질서와 그 유지와 관련된 기능까지도 수행하고 있었으며 종치 조직들은 범죄수사 및 처벌의 기능을 떠맡기도 하였다. 오직 프랑스 혁명의 개혁을 통해 모든 국가들에서 봉건제도가 철폐되었으며 이를 대신하여 영토를 분할하는 체제가 도입되고 이로부터 국가의 지방기구(행정과 사법기구)를 명확하게 구분하는 오늘날의 체제가 유래하였다.

그러나 일정한 지역에 거주하는 사람들은 세금을 납부하는 것(납세제도, 특히 직접세의 분할은 토지대장Catasto의 형성과 관계가 있다),

일련의 다양한 의무(군대통과 허용, 거처 제공 등) 이외에도 토지를 경작하고 수공업과 어업분야의 관직을 수행하거나 무역활동에 종사하였다. 즉, 이들은 매매행위를 하며 이웃과 분쟁에 휘말리거나, 결혼하거나, 자식을 낳거나, 병들고 살인하며 적대행위를 저지르는 등 일련의 합법, 비합법적인 활동을 하였다. 이러한 행위들은 공동체로서는 주목할 대상이었으며 어떤 방식으로든 법이나 정부기구 혹은 지방자치단체, 교회기구로부터 제한을 받았다(교구는 세례, 결혼, 사망 등 각 교구에서 출생한 사람들에 관련된 모든 정보들을 기록하였다).

개인들 간의 협상관계에서는 이미 언급하였듯이 공증인의 존재를 찾아볼 수 있는데, 이들의 전문활동은 자신의 공증기능을 통해서 거래된 관계 그 자체에 명백한 사실성을 제공하고 자신의 권한이 미치는 지역에서 작성된 모든 문서를 보존하는 기능을 대변하였다. 법의 영향권에 해당하는 지역이 넓을수록 그만큼 사회변동과 정치권력의 전개방식들에 대한 기록들이 발견될 가능성은 높다. 즉, 통일국가의 정부조직이 생산한 기록물에서는 사회생활에 관한 언급을 발견하고 이를 통해 권력의 여러 구심점들을 구분하는 것이 별로 어렵지 않다. 반면에 현재의 민주주의 체제에서는 정부의 여러 권력중심들을 확인하는 과정이 매우 복잡하다. 법규정에 입각한 활동에 대해서는 정부, 국방부 직할부대 및 기관들의 기록물과 공공기관 및 사기관의 기록물에서 직접적인 증인들을 찾아볼 수 있다. 이처럼 교회와 종교 조직들의 활동의 경우에는 해당조직들의 기록물에서 관련증언을 발견할 수 있다. 사회활동에 있어서는 법적으로는 중요하지 않은 여러 다양한 형태들에 대한 직접적인 기록증거는 이러한 활동들이 적어도 최소한의 조직을 갖추고 있는 구조들 속에 위치하고 있을 때 찾아볼 수 있다. 가장 오래된 사례들은 일찍부터 법적, 정치적으로 두각을 나타내던 조합과 단체들에서 찾을 수 있다. 그러나 이러한 현상은 18세기에 매우 정확하게 드러나는데, 이 당시에 사적이고 자유로운 관계들의 체제는 과학, 문학단체, 클럽과 살롱, 주식과 신문, 학술기관과 연극의 분야에서 보편화되어 있었다.

전통이나 관습의 차원에서 수행된 활동들은 직접적인 기록 증거를 거의 남기지 않는 것이 일반적이다 그러나 이러한 사실은 간접적으로 이러한 유형의 활동이 다양한 목적에 따라 작성된 문서들에 그 흔적을 남길 수 없다는 것을 의미하지는 않는다. 그 어떤 활동에 있어서도 민사와 형사의 책임에 관한 사법기관의 확인이 필요하였던 경우에는 사법기관들과 경찰조직들의 기록물에서 그 흔적을 발견할 수 있다.

하층 계급들의 생활여건에 관련된 소식들은 공공기관, 사기관, 혹은 종교기관, 즉 지배계급의 승인을 통해 그 흔적이 남는 경우에는 가능한 상세하게 기록된다. 이것은 문화 분야의 증인, 민중전통, 구전자료와 같은 다양한 성격의 기록물을 구성한다. 현대에 근접할수록 노동조합, 사회구호단체, 노동부 그리고 조합은 자신들의 기록물에 직속의 국방부 직할부대 및 기관들이 생산한 문서들을 포함한다. 굳이 문맹주의에 관한 주제를 언급하지 않더라도, 분명하게 알 수 있는 사실은 고립된 상태에 있으면서 자신들의 요구를 반영하는 대표기구를 형성할 능력이 없는 사회계층이 직접 생산한 기록물이 거의 존재하지 않는다는 사실이다.

3. 역사기록물에 대한 다양한 학술적 관점

1) 고문서학의 문서

유럽의 경우, 고문서학은 법적 사실이 다양한 서식을 통해 기록된 증언문을 연구하는 학문인데, 특히 중세와 인문주의 시대의 다양한 문서서식들이 그 대상이다.[100] 문서에 대한 연구에서는 법적인 상황을 발생시키거나 수정하거나 소멸시키는 법적 행위와 법적 효력을 발생시키는 행위에 대한 기억을 유지할 목적으로 작성된 기록문을 개념적으로 구분할 필요가 있다(역사적으로 행위를 증명하는 가치는 행위의 구성요소로 간주되는 문서에 우선한다).

문서들은, 전반적인 이해관계의 틀에서 작용하는 군주의 의지에 의해 규정된 관계증언이나 표현, 또는 각 개인의 이해관계를 통해 작성되는데, 이는 중요한 사회적 관계, 즉 법규정들에 의한 관계를 포함한다. 위의 두 경우에 있어서 울피아노Ulpiano의 개념에 따르면, 군주에 의한 관계증언은 공법(公法)에 해당하는 반면, 개인들의 관계는 사법(私法)의 대상이다. "공법이 로마법에 속한다면 사법은 각 개인들의 이해관계에 관한 것이다." 그러나 중세에 공법과 사법을 명확하게 구분하던 경향은 약화되고 있었던 것이 사실이며 행위의 법적인 성격도 비록 문서가 공법의 관계증언이라고 할지라도 문

---

100) 외교문서에 대해서는, 특히 F. Valenti, *Il documento medievale*, Modena, STEM— Mucchi, 1961; C. Paoli, *Diplomatica*, Firenze, Sansoni, 1969(1943년 재판); A. Pratiesi, *Genesi e forma del documento medievale*, Roma, Jouvence, 1979.

서 작성에 사용된 형식의 문제와는 다른 것이다.

문서를 그 형태에 따라 공문서와 사문서로 규정하는 것과 관련하여, 공권력이 문서 저자의 입장에서 발행한 것을 공문서, 개인들 간에 작성된 것을 사문서로 지칭하는 것에는 문제가 있다. 무엇보다 중세에는 최고 권력의 교황과 황제 그리고 왕들을 제외한다면, 사실상 공적인 기능을 수행하던 주체를 찾는 것은 쉽지 않다. 그 이외에도 공권력은 사법(私法)의 행위를 수행할 수 있었으며 현존하는 문서들 중에서 사문서의 형태들로 작성되었으나 공법에 관련된 사례도 적지 않다.

군주의 의지가 기록된 문서가 고문서학적으로 공문서이기 위해서는 공권력이 서기국을 통해 문서를 작성하고 발송하는 절차가 전제되어야 한다. 비타니G. Vittani는 이들을 자신의 저서인 『고문서학 개요Elementi di Diplomatica』에서 공증인 문서로 정의한 바 있다. 반면에 개인들의 의지나 공권력의 표현일 수 있는 사문서는 완료된 법적 행위에 대한 기억을 '공문서의 서식(또는 형태: in publicam formam)'으로 전환시키는 능력을 가지고 있었으며, 작성은 공공관리의 직책을 수행할 수 있었던 전문직업의 필경사들Amanuensi이 담당하였다.

또한 문서가 증명수단의 가치를 가지는 것에 있어, 법적 가치가 없는 기록을 공사를 막론한 합법적인 문서와 구분하기 위해 '공적'이라는 의미의 형용사가 도입되었다. 서기국 문서나 공문서(구체적인 형식에 따라 작성된 후에 군주가 공포한 문서의 의미)의 경우, 문서를 공포한 권력은 서기국을 매개로 그 합법성을 보장하였다.

사문서의 경우, 합법성은 '공문서 서식'으로 작성되었다는 사실에서 기원하였다. 사실 이러한 의미에서 사법(私法)과의 관계에서 확실한 우위에 있던 공증인 문서는 공문서이다[공증인은 공공관리로서 '공문서 서식'으로 (문서를) 작성할 능력을 가지고 있다].

그럼에도 기록된 증언이 처음부터 증명적 가치를 가지는 것은 아니다. 오히려 이러한 가치는 증인들과 확인을 위해 동원된 인물들의 서명 또는 법원의 청원에 의해 부여되었다. 공권력이 자신을 행위의 저자이며 동시에 문서화작업의 저자로 드러낼 필요성은 구체적인 법질서 하에서 법적인 효력을 발생시키는 요인이었으며, 다른한편으로는 11세기 이후 서기국이 제도화되는 데 있어서도 일정부분 역할을 하였다. 서기국은 공문서의 경우, 문서작성방식과 서명자들 그리고 인장의 전통을 도입하였다. 반면에 사문서의 경우, 공증인에 의해 작성되었다는 사실은 문서의 법적 효력을 보장하였다. 즉, 12세기와 13세기 사이에 공증인제도는 이탈리아의 모든 지역에서 절대적인 영향력을 확보하였으며 이전의 문서형태들이 공신력, 즉 공증인에 의해 작성되었다는 사실만으로 확실한 증거적 가치를 가진 공문서Instrumentum publicum로 대체되는 결과를 동반하였다.[101] 또한 형용사 '공적인'의 이중적인 의미와 관련해서도 발렌티 F. Valenti가 고문서학의 입장에서 문서를 구분한 것은 그 의미가 매

---

101) 'charta'는 무엇보다 행위의 주체인 문서저자의 서명으로부터 핵심적인 의미가 유래하는 문서를 가리키며 'notitia'는 일반적으로 단순히 계약체결에 대한 소식을 제공하는 서술의 형태라는 의미의 문서를 가리킨다. 실제로 발렌티에 따르면 'charta'와 'notitia'(또는 notitia brevis, breve, breve recordationis, memoratorium)의 구분은 로마시대 말기와 랑고바르드족의 시대 초기에 명확하였던 반면, 중세에는 그 경계가 많이 희석되었다. 그럼에도 불구하고 이러한 두 유형의 문서화 과정이 혼합되어지는 경향이 등장하면서 두 용어 모두 사법의 문서를 지칭하는 일반적인 용어로 사용되었다.

우 분명한 것이었다. "공적인 문서 또는 '서기국의' 문서로 불리는 문서는 문서작성 행위를 담당한 공권력 스스로가 공증수단들을 제공하는 형태로 작성된 것을 의미하였던 반면, 우리가 '사적인' 문서, 즉 서기국이 작성하지 않은 문서는 행위나 문서화의 저자가 누구이든 관계없이 개인 시민의 자격으로 행동하는, 즉 공증에 필요한 수단들을 자신과 권력의 밖에서 모색하였다는 사실을 보여준다."[102]

기록된 법적 행위의 저자와 문서화의 저자를 일치시켜야 할 필요성은 정치적으로나 제도적으로 매우 중요하였다.[103] 자치도시들과 이들의 문서들을 작성한 공증인의 관계발전에 관한 주제의 핵심은 자치도시가 자치적인 권력을 가진 기관으로서 법적인 차원의 합법화에 의존하기보다는 공증인을 매개로 주변의 모든 권력들에 대하여 스스로를 합법화시켜야 할 필요성에 있었다. 그럼에도 이 문제는 매우 복합적인 성격을 가지고 있었으며 오늘날까지도 구체적인 역사, 제도적인 배경들에 대한 구체적인 연구가 진행되고 있다.

---

102) 중세에 작성된 문서들에서는 documenta, diplomi와 instrumenti notaii 그리고 Acta et scripturae를 구분하였던 흔적을 찾아볼 수 있다. 즉, documentum을 독일학자들은 Urkunden으로, 프랑스 학자들은 actes로 불렀으며 공문서와 사문서의 형태에서 주체의 의지에 대한 공식적인 표현을 나타내고 있었다. 프랑스 학자들의 actes와 관련하여 atti를 documento가 아닌 다른 모든 기록들을 나타내는 어휘로 사용하려는 경향이 있었으나 고문서학자들은 이러한 정의에 동의하지 않고 있다. 즉, 어떤 학자들은 atti가 문서의 작성에 동원되는 준비문서 또는 도구 문서들을 나타낸다고 주장하고 있으며 다른 학자들은 documentum도, 단순한 서한들도 아닌 다른 기록들을 나타낸다고 하였다. 또한 그 이외의 학자들은 atti가 서한들도 포함한다는 가설을 제시하고 있다(Valenti, op, cit., p. 16 참조).

103) 이탈리아 학자 프라테지Pratesi는 공문서와 사문서의 구분에 제3의 부류, 즉 서기국을 독자적으로 가지고 있지 않았기 때문에 "사문서의 기록관들을 공직에 임명하거나 관련 법규정을 동원하여 문서작성을 의뢰한다"는 방식으로 군소권력이 발행한 준공문서를 첨가하였다. 다시 말해 이러한 문서들은 서기국에서 작성된 것이 아니며, 문서대리작성인은 저자와 신하의 관계에 있다고 할 것이다(A. Pratesi, op. cit., p. 30).

문서에 대한 이론적인 연구는 중세 이탈리아 법학자들 덕분에 높은 수준으로 발전하였다. 그리고 그 사례는 문서생산 중심지의 서기국 문서들과 문서 작성에 필요한 기록재료들, 기능과 사용을 정의하는 데 크게 기여한 자치도시의 법령들에서 찾아볼 수 있다. 문서작성의 규칙은 중요한 문서들의 보존을 위한 기준들의 발전과도 관계가 있었다. 중세 전반기에는 공증인과 기록관들이 작성한 문서들이 보존을 위한 공적인 공간이 부족하였던 관계로 주로 주교구와 다른 종교기관들에 보관되었다. 가장 중요한 문서들의 보존을 위해서는 문서사본집에 문서들을 이서하는 전통이 발전하였다. 자치도시 이외에 종교기관들, 다른 권력 기관들과 가문들도 법이나 특권 등을 입증하는 매우 중요한 문서들의 보존에 문서집의 전통을 활용하였다. 그리고 같은 맥락에서 개인들 간의 권리, 법, 의무를 증명하는 문서들을 보존해야 할 필요도 함께 제기되었다. 어떤 자치도시는 공증인들에게 이들이 작성한 문서초안들의 보존을 요구하였다. 그리고 공증인들은 작성이 완료된 문서들을 문서장부Quaderni에 약어문의 형태로 이서하였다. 초기에는 최종문서에 앞서 작성되는 문서 초안들이 공증인, 상속인, 그리고 후임자에 의해 보존되었으나 이후에는 자치도시의 기록물보존소나 공증인 교육기관 또는 공증인 협회로 이관되었다.

기록물 보존의 필요성은 총체적인 이론에 따른 것이지만, 그럼에도 실제적인 목적과 그 성격이 다양한 동기들에 의해 제기되기도 하였다. 예를 들어 시에나에서는 이미 13세기 초에 공증인들의 문서초안과 프로토콜Protocolli의 보존에 관한 규정이 마련되었다. 그러나 법관과 공증인 조합의 조합장들이 사망한 공증인의 문서들을 수령하여 정리하고 보존을 위해 다른 공증인에게 전달해야 한다는 법규정들이 마련된 것은 1351년이었다. 이러한 조치는 1348년 흑사병이 확산되면서 다수의 공증인이 사망한데 따른 불가피한 조치였다. 당시 사망한 공증인의 문서들은 분실되거나 "후추나 향료상인들에게 물품봉투로 팔리기도" 하였다.[104]

2) 기록물관리학의 문서

기록물관리전문가는 문서라는 용어의 의미를 법이나 고문서학의 영역에서보다 더 방대한 개념으로 이해한다. 특히 법적 구속력을 갖추거나 수정하거나 소멸시키는 (업무)행위의 근본적이고 형태적인 요인들은 법률적인 차원에서 정의된다. 또한 오늘날 행정 문서들, 특히 행정조치(또는 규정)의 경우, 형태는 중요한 요인이다.

기록물관리전문가는 정부기관의 기록물, 즉 (업무)진행절차의 최종순간을 대변하며, 외적인 형태의 중요성이 고려된 문서들과 업무가 진행되는 과정에서 작성된 모든 중간단계의 문서들(중앙부서와 지방부서들의 의견교환, 내부용도로 작성된 보고서, 요약문, 통신문 초안, 첨부문서 등)을 모두 관리한다. 그리고 기록물은 정부기관과 비정부기관의 두 경우 모두에 있어 부서들에서 생산된 문서는 물

---

104) Ministero per il Beni e Ambientali, *Archivio di Stato di Siena, L'Archivio notarile(1221~1862)*, Inventario(G. Catoni, S. Fineschi 감수), PAS(Pubblicazioni degli Archivi di Stato, LXXXⅦ), Roma 1975, p. 14.

론, 이러한 최종문서들이 작성되기 이전의 중간과정에서 생산된 중간문서들을 모두 포함한다. 따라서 연구자는 경우에 따라 공식문서보다 부서나 기관들의 내부용도로 작성된 문서들에서 더 중요한 정보를 발견하기도 한다.

한편 모든 문서가 법률 활동을 증명하는 가치나 정보적 가치를 가지는 것은 아니다. 어떤 문서들은 법률적으로 중요하지 않은 실제적인 목적을 위해 작성되기도 한다. 그러나 법률적으로 중요하다고 판단되는 문서들에서는 문서의 합법성이 이미 존재하거나 또는 작성된 이후의 시기에 그 가치가 드러난다는 사실을 주목할 필요가 있다. 만약 한 시민이 친구에게 편지를 보내 함께 보냈던 시간이 매우 유익했다는 사실을 언급했다면 이 서한은 혹시나 발생할지 모르는 재판에서 결정적인 증거가 될 수 있다. 따라서 문서는 작성된 순간에 구체적인 법적 중요성을 획득할 뿐만 아니라, 이러한 사실을 배경으로 이후의 시기에 다른 성격의 가치를 획득할 수 있다고 할 것이다.[105]

법률적 중요성은 공적 기능을 수행하는 기관이나 부서들이 생산한 기록물만의 고유한 것이 아니라 가문의 부동산 관련 문서들, 기업이 체결한 계약서, 주식회사 문서, 한 공장의 근로자를 위해 조합이 발행한 문서 등과 같은 개인기록물에도 마찬가지로 적용된다.

결론적으로 법률적인 중요성의 여부와 관계없이, 국가나 공공기관, 사기관, 가문이나 개인에 의해 작성된 문서들은 항상 특별한 효

---

105) 예를 들어 이탈리아 파시스트 정권하에서 반파시스트 운동가를 심판한 국가수호특별법정의 선언문은 파시스트 정권이 몰락한 이후에 정치범들이 법에 따른 보상을 받을 수 있는 권리의 증거로 사용될 수 있었다.

력을 가지고 있으며 이는 역사사료로서나 다른 여러 실용적인 목적을 위한 연구대상이라고 할 수 있다. 그러나 이러한 기록물의 역사적 가치를 구체적으로 드러내는 문제는, 비록 연구자들의 바람이 기록물의 보존 상태와 방식 그리고 문서들의 공개 여부에 관련된 규정들에 의해 제한을 받는 것이 사실이지만, 그럼에도 누군가가 이들이 작성된 날짜와 성격 그리고 보관되어 있는 장소에 관계없이 기록물을 활용하고 연구하려는 의도를 표출해야 한다는 사실에서 그 해답을 찾을 수 있다.

3) 문서와 정보 그리고 정보학

문서에 대한 관심은 문서의 작성을 규정하고 성격을 부여하는 근본적이고 형식적인 요인들 이외에도, 기관이 수·발한 문서들의 상호연결고리들을 찾아낼 경우, 기록물에 반영된 행정조직을 재구성할 수 있다는 사실에서도 그 의의를 찾아볼 수 있다. 문서의 근본적이고 형식적인 요인들과 기록물의 내부구조라는 두 가지 측면은 고문서학자와 고서체학자에게 중요한 의미를 제공한다. 왜냐하면 이들이 외부자료들에 대한 연구와 기록물의 구조 및 기관이 수행하는 기능의 관계에 대한 연구를 통해서 역사, 제도상의 과정과 현상들을 이해할 수 있도록 해주는 독특한 유형의 역사연구에 몰두하기 때문이다. 뿐만 아니라 문서는 (업무)행위의 법률적인 성격이나 내용을 구성하는 특별한 대상의 측면은 물론, 문서가 명확하게 제공하거나 간접적으로 추정할 수 있는 다른 대상들까지도 언급하고 있다는 측면에서 역시 관심의 대상이라고 할 수 있다.

한편으로 서책, 필름, 노래, 도시계획도면, 도구나 장비는 외적인 분석의 대상으로서 많은 사람들에게 호기심을 자극하거나 감동을 줄 수 있다면, 이들이 생산된 문화적 배경이 추가로 고려될 경우 문명, 풍속, 사회상황에 대한 증언으로도 채택될 수 있다. 이와 마찬가지로 문서들은 귀중한 역사사료라는 사실 이외에도 다른 학문들을 비롯하여 여러 유형의 자료들에 대한 비평적 분석을 지원하는 자료로도 간주할 수 있다. 다시 말해 기록물의 문서들을 통해서 건물이 설립된 시기, 한 사업의 수주와 발주관계, 새로운 관계시설의 도입, 필사본에 대한 저자의 수정작업, 신종어휘나 법조항들이 적용된 시기와 지역 등을 시기적으로 정확하게 지적할 수 있는 것이다. 이와 같이 연구자들은 문서들을 자신의 목적에 따라 다양하게 활용할 수 있다. 또한 문서들은 비록 조사나 연구의 차원에서 개별적으로는 중요한 역할을 수행하지 못한다고 할지라도, 함께 고려될 경우 방대한 영역의 정보들을 제공할 수 있다. 그리고 문서에서 얻어진 정보들은 동시대의 다른 자료들과 비교하거나 그 내력을 알 수 있다면 연구자에게 매우 중요한 의미를 줄 수 있다. 따라서 문서에 대한 평가는 각 문서의 형식과 내용에 의해서만 가능한 것이 아니라, 다른 문서들과의 관계를 통해서도 가능하다. 이러한 사실은 문서를 평가하는 데 있어서 문서의 저자, 작성목적, 관련된 권한의 범위, 분류와 문서화의 기준들을 아는 것이 중요하다는 것을 말해준다. 때때로 업무추진에 따른 문서화 작업은 본래의 질서와는 다르게 진행될 수 있다. 이와 관련하여 기록물관리전문가의 임무는 가능한 한도 내에서 최초의 질서를 재구성하고 문서화 과정의 수정, 해체 그리고 새로운 구성의 동기들을 연구하는 것이라고 할 것이다.

원하는 정보들을 찾아낼 가능성은 재정리된 기록물을 대상으로 여러 용도의 목록집이 작성될 때 비로소 크게 증가한다. 물론 컴퓨터를 이용하는 것도 효율적이라고 할 수 있다. 실제로 일련의 키워드와 유사어들의 궁극적인 관계들로 대변되는 다양한 해법을 통해 자료들을 해체하고 재취합한다면 연구자에게 필요한 문서들을 구별해낼 가능성을 증가시켜 주는 것은 물론, 각 정보들의 의미를 증폭시킬 수 있는 것이 사실이다. 게다가 연구자에게 있어서 연구의 첫 단계는 목록상의 작업이다.

그럼에도 전산화의 고비용과 역사기록물의 고유한 특성을 함께 고려할 때 수많은 자료들과 정보학센터의 설립에 대한 무차별적인 열정보다는 좀 더 신중한 개입정책이 바람직하다.

무엇보다 먼저 역사기록물에 정보학 기술을 적용하는 것을 업무기록물에 전자장치를 적용하는 것과 구분해야 한다.[106] 전자의 경우, 그 적용대상이 한 장소 이상의 여러 보존기관에 분산, 관리되어 있는 기록물의 보조수단들로 국한된다면 매우 유익하다. 왜냐하면 이들이 동질(또는 동종)의 자료들을 코드화하는 데 필요한 목록집의 작성을 지원하기 때문이다.

요약공문이나 문서의 내용에 관한 경우에는 적어도 두 가지 사실을 생각해볼 수 있다. 첫째는 대상기록물이 재정리된 것이어야 하는데, 이 조건이 충족되지 않는다면 자료들을 비평적으로 분석할

---

106) 다시 말하면 기관이 자체의 필요에 따라 채택한 시스템에 입력할 자료들을 수집하기 위해서 사전에 마련된 전자장치로 업무기록물을 작성하는 것을 말한다.

수 있는 가능성은 거의 희박해진다. 즉, 만약 기록물 전체에 부족한 부분이 있는지의 여부를 확인하지 않고 그리고 평가 기준들을 알지 못한 상태에서 토지대장의 중간 자료와 최종자료들을 한 시스템에 함께 입력한다면 연구결과는 기대하기 힘들어진다. 둘째로 보고서, 요약문, 서한, 증언문의 경우 문서의 저자가 사건을 주관적으로 언급하거나 문서의 수신인에 대한 강조나 언급이 주관적인 것이라면 문서에 대한 직접적인 연구가 선행되지 않는 한 객관적인 자료에 대한 연구자의 기대감은 충족되지 않을 것이다. 이러한 경우들에 있어서 전자장치는 문서를 발견하는 데는 유익할지 모르지만 원본 판독을 대체하지는 못한다. 더구나 분명한 연관성을 가지고 있지 않기 때문에 키워드로는 찾을 수 없다. 또한 단지 연구자가 채택한 방식에 의해서만 연역이나 추정의 논리적인 절차로 찾을 수 있는 다른 문서들에 대한 판독을 통해서 중요한 의미를 가지는 문서인 경우, 연구의 행복한 귀결을 기대하기는 더욱 힘들어진다.

대부분의 기록물관리전문가들은 전자장치의 사용이 전통적인 수단들로 열람이 가능한 기록물과 자료들을 선별하기 위한 것으로 이해되어서는 안 된다고 주장한다. 반면에 전통적인 수단들로는 열람이 쉽지 않은 기록물을 위한 연구수단을 모색하는 데는 전자장치의 사용이 바람직하다고 한다. 예를 들면 최종문서들이나 공식적인 성격의 등록물과 같이, 형태상으로는 동질적이나 내용적으로는 이질적이며 연속성이 보장된 기록물 시리즈 또는 구체적인 자료들을 체계적으로 찾아낼 수 있으며 이러한 이유로 질적으로나 양적으로 조직력이 뛰어난 문서들로 구성된 시리즈가 전자장치의 적용으로 효율적인 열람과 연구 성과를 보장할 수 있는 사례에 해당한다.

역사기록물에 적용된 정보학은 전문성을 갖추지 못한 채 실제적인 목적을 가지고 기록물에 접근하거나 원하는 문서를 열람하기 위해 관련기록물 전체나 유사 업무에 관련된 모든 문서들을 열람해야만 하는 초심자들의 연구를 더욱 용이하게 해준다. 그러나 기록물 보존소의 열람실을 정기적으로 출입하는 숙련된 연구자의 경우에 사정은 보다 복잡해진다. 문서의 유형과 각 기록물의 구조를 이해하는 데 있어서 색인목록에 비해 더욱 신속한 작업을 가능하게 해주는 문서요약 목록 및 가이드와 같은 보조 수단들을 이용하는 것이 학자에게는 상대적으로 많은 도움이 되는 것이 사실이다. 연구자의 문제는 원하는 문서를 발견하거나 가능한 많은 정보들을 확보할 필요성을 만족시키는 것으로 국한되지 않는다. 오히려 더 중요한 것은 연구주제와 관련하여 의미 있는 정보들을 확보하는 데 있다. 이상적인 연구자는 사회학 연구나 수량적 연구와 같이 그 성격상 불가피한 경우가 아니라면 모든 기록물을 열람하지 않는다. 이러한 인해전술식의 열람보다는 기록물가이드와 기록물목록집을 세심하게 살펴본 후에 필수적인 기록물만을 신속하게 찾아내고 계속해서 가정과 증명에 기초한 논리적인 사고에 따라 관심을 점차 다른 문서들로 확대하여 새로운 정황과 증거들을 추가로 수집하는 것이 바람직하다. 연구자는 전통적인 방식들로 모든 기록물을 자유롭게 열람할 수 있다. 그러나 역사기록물에 적용된 전자시스템은 기록물관리전문가의 개입 정도에 따라 많은 제약을 받을 수 있다. 왜냐하면 이 경우에 기록물관리전문가는 전자장치에 수록될 정보들을 선택하고 프로그램을 구성하는 과정에서 결정적인 역할을 하기 때문이다. 다시 말해서 외교문서들과 같이 동질적인 시리즈의 기록물이라면 기록물관리전문가의 선택에는 변화의 여지가 별로 없지만, 예를 들어 한 기업의 수발문서들과 같이 중요한 정보자료들에 대한 우발적인 선택은 기록물관리전문가의 주관성에 많은 여지를 제공한다. 전자시스템이 전통적인 연구 수단들에 비해 보다 효율적으로 제공하는 정보들을 최대로 이용하기 위해서는 연구자의 전문화된 자질이 필요하다. 목적을 정확하게 관통하는 합리적인 질문들을 제시하고, 수많은 정보 자료들로 인해 혼란에 빠지지 않으면서 선별과 선택의 현명함을 잃지 않는 것이 중요하다.

업무기록물에 적용된 전자시스템의 경우, 분석방식은 달라지겠지만 자료들에 대한 비평적 평가의 문제는 여전히 해결해야 할 문제로 남는다. 공사기관들이 여러 행정 분야에서 수많은 정보자료들의 관리를 위해 이미 보편적으로 채택하고 있는 정보학 기술은 문서작성과 전문용어 그리고 도표와 같은 성격들에 있어 진정한 혁명을 의미한다. 마그네틱 기록재료에 작성된 기록물의 기본단위는 정보자료이다.[107] 이들은 목록카드의 형태, 설문지의 형태 혹은 많은 양의 정보자료를 포함하는 서식의 형태, 'yes', 'no', 또는 이미 설정된 가정의 숫자로 표시되는 다양한 답의 형태를 가지는 매개문서들

---

107) 물론 정보의 micro‒level이 분석적인 만큼 "the rule is that while you can never disaggregate summarizes data(down from group data to individual data), you can always aggregate micro‒level data to the disires summary level. Thus, unaggregates micro‒level data has the greatest potential for further computer processing"한 이후 복합적인 재처리작업의 가능성은 그만큼 커진다. cfr. C. M. Dollar, "Appraising Machine‒Readable Records", *The American Archivist*, vol. 41, n. 4, October 1978, pp. 424‒425.

을 통해서 삽입될 수 있다. 그리고 문장들, 주관적인 생각, 하나의 시스템에 자료들의 삽입을 불확실하고 어렵게 만드는 어휘들은 제거된다. 다른 한편으로는 전자장치들에 저장된 정보자료에 대한 강독은 전자도표Tabulato, 보존되어 있는 종이문서 또는 비디오 장치 Video-terminali로 가능하다. 마이크로필름에 수록된 기록물도 있는데, 이들은 파일별로 수집된다. 기록물의 형태 변화는 정보 자료들이 곧바로 전자문서로 작성된 후에 미리 설정된 질서에 따라 오직 전자시스템에서만 알 수 있는 위치에 배치되었을 때 보다 급진적으로 나타난다. 이와 같이 직접 전자형태로 생산된 문서들의 경우 전통기록물의 시리즈라는 연속의 개념은 그 의미를 상실한다. 그리고 이를 대신하여, 요구에 따라 다양하게 재배치된 상황에서 활용되는 정보자료들이 성립하는데, 그럼에도 이 모든 것이 정보자료들을 수집하고 열람수단을 미리 설정한 사람의 의도에 의존한다는 사실에는 변함이 없다.

정보기술의 변화, 정보자료에 대한 다양한 강독방식, 그리고 정보자료들이 각각의 독립적인 위치를 가지고 있다는 사실은 기록물 관리전문가에게 자료의 활용이나 비평적 분석과 관련하여 새로운 문제들을 야기한다. 각 정보자료는, 구체적인 질서의 연속선상에 있지 않기 때문에, 오직 다른 정보 자료들과의 관계망이 설정된 순간에만 의미를 가질 수 있다. 즉, 정보시스템은 정보자료들을 파괴하거나 수정하는 작업이 얼마나 신속하게 이루어지는가, 그리고 정보자료들을 해체하고 재취합하는 작업이 얼마나 동시에 진행되는가에 의해서 그 효율성이 결정되는 일종의 유동적인 관계시스템이다.

보존분야에 있어서 준비문서들과 전자도표들은 전통적으로 한 업무와 관련하여 생산된 모든 문서들의 그것과 매우 유사한 성격을 가지고 있다. 반면, 비디오 장치를 이용해서 전자장치에 정보를 직접 전달하는 정보시스템의 경우, 보존의 개념, 즉 정보 자료들의 선택은 유동적인 상황에 의해 판단되는 기록물의 유형과는 대립되는 것처럼 보인다. 만약 보존이 결정된 상황이라면 이는 최종적으로 수정된 정보 자료들의 궁극적인 보존을 의미한다.[108] 그리고 만약 모든 프로그램의 수정내용이 기록되었거나 보존되지 않았다면 과거에 수록되었던 정보 자료들을 재사용할 가능성은 시간차로 인해 사라지게 된다. 또한 만약 경제성이 고려되는 현실에서 동일한 전자 장치들을 이용한다면 이전 정보자료들의 모든 흔적은 사라지게 될 것이다. 기술적 진보와 새로운 시스템의 도입은 오랜 시간에 걸쳐 전자장치와 이를 사용하기 위한 장비들, 그리고 정보 자료들을 해독하기 위한 코드들을 모두 보존하는 것은 물론, 새로운 장치에 과거의 정보 자료들을 체계적으로 이전시켜야 한다는 것을 의미한다.

오늘날 이러한 준비 문서들의 유형에 대한 법률적 정의와 보존되어야 하는 역사정보자료를 위한 법규정은 아직도 연구 중에 있다. 또한 이러한 이론적인 문제들에는 아직도 답보상태에 있는 기록물 관리전문가의 양성과 예산의 문제, 그리고 여러 성격의 기술적인

---

108) 컴퓨터를 이용한 다양한 유형분석에서 모든 도구 자료들Temporary data은 궁극적인 목표와 관련하여 분석이 완료된 후에는 모두 삭제되어지며, 아울러 "furthermore, the problems of provenance could become insoluble, since there would be no record of data transactions to reveal the sources of data". cfr. C. M. Dollar, "Appraising Machine-Readable Records", *The American Archivist*, vol. 41, n. 4, October 1978, p. 429.

문제들이 추가된다. 투자의 문제는 역사연구를 목적으로 자료들을 활용하는 연구자들에게도 마찬가지다. 그럼에도 분명한 것은 이러한 유형의 자료들을 위해서도 기록물의 조직, 목적, 실질적인 행위의 양식들, 그리고 역사기억의 조직을 위한 기준들에 대한 지속적인 연구가 필요하다는 사실이다.

4. 서양의 고문서관리와 연구의 전통

1) 배경

유럽의 고문서 전통, 즉 역사기록물의 보존과 활용은 그 기원에 있어 기록관행의 출현과 때를 같이한다는 것이 정설이다. 그러나 공권력의 기록물이 학자들의 연구대상으로 등장한 것은 르네상스 기간이었으며 시기적으로는 15세기 중반이었다. 그리고 이러한 지적활동의 주역은 그 대부분이 문서의 작성과 공증에 관한 전문성을 배경으로 권력자들에 봉사하면서 자신들의 활동영역을 기록물관리로까지 확대하였던 중세 공증인들의 후손이었다.[109] 이들은 권력자들과의 친분을 이용하여, 기록물을 권력의 상징으로 그리고 자신의 소유로 간주하던 군주들과 그들 가문의 명예를 위해 가계도 연구나 도시의 역사 또는 인물에 대한 구체적인 관심에 몰두할 수 있었다.

---

109) 예를 들어 중세 이탈리아 시에나 자치도시의 문서작성과 공증인의 관계에 대해서는 김정하, 「시에나의 9인정부와 문서정책」, 『서양중세사 연구』, 제3호, 1998, pp. 149 - 166 참조.

그러나 같은 세기 중반 이후에는 가톨릭의 세속권력에 저항하는 수단으로 역사기록물을 연구하려는 움직임이 포착되었고 그 중심에는 당대의 인문주의자인 로렌초 발라Lorenzo Valla(1406~1457)가 있었다. 고문서에 대한 그의 접근은 이전 시대의 전통과는 확연하게 구분되는 것이었다. 다시 말해 이전시대의 식자들이 통치자들의 과거를 알기 위해 고문서를 연구하였다면 그는 기록된 내용의 진위에 대한 판단을 위해 고문서의 내·외적인 특징들을 연구하였다. 현대적인 관점에서 볼 때, 고문서에 대한 그의 실증적인 연구는 고문서의 서식(또는 양식)과 서체(또는 필사체)를 이해하고 그 속에 담긴 내용의 진위를 검증하였던 만큼, 결과적으로는 유럽의 교권과 속권의 대결구도에 있어 그간 수세기 동안 의도적으로 조작되었던 일부 역사를 바로잡는 데 결정적인 역할을 하였다.[110]

서양의 인문주의 전통에서 로렌초 발라에 대한 평가가 각별한 것은 그의 연구방법론이 현대의 고문서 연구에 있어 역사적이고 문화적인 가치가 지배적인 역사기록물(또는 고문서들) 각각의 내·외적인 특징들에 대한 독자적인 연구영역을 구축한 고문서학과, 서체와 문자 판독을 위한 고서체학 연구에 기원이 되었기 때문이다. 뿐만 아니라 그는 기록물의 보존과 활용의 메커니즘을 보장하는 기록물관리학의 성립에 단초를 제공하였다.[111] 정리하면, 서양의 문서전통에 있어 고문서 자체에 대한 학문적 관심은 역사연구를 위한 필수

---

110) Valla Lorenzo, *De falso credita et emendita constantini donatione*(1440) 참조; Maffei D., *La donazione di Constantino nei giuristi medievali*, Milano: Giuffrè, 1964, pp. Ⅹ, p. 336.

111) 김정하, 「이탈리아 르네상스 시대의 기록관리전통에 대한 연구」, 『서양중세사연구』 제6호, 2000, pp. 71-86, 특히 제3장 참조.

적인 전제이며 동시에 고문서의 원본성과 신뢰성의 가치를 확인하기 위한 최선의 방편이었는데, 이 모든 것의 중심에는 "문서는 작성 당시의 기록관행을 필연적으로 반영한다"는 그의 신념이 깔려 있었다.

뿐만 아니라 그의 새로운 사고는 이탈리아의 경우, 역사기록물을 대규모의 역사기록물보존소들에 집중하는 정책에도 영향을 끼쳤다. 예를 들어 1525년 시에나 자치도시에 판돌퍼 페트루치Pandolfo Petrucci 의 시뇨리아 정권이 성립하였을 당시 이 도시의 기록물관리정책은 이미 한 곳에 집중되어 있었으나 무질서와 혼란에 빠져있던 역사기록물의 재정리작업에 대해 언급하고 있었다.112) 역사연구에 있어서도 15~16세기의 카를로 시고니오Carlo Sigonio와 카밀리오 프로치오Camillio Prozio에 이어 17세기에는 파트리시Patrissi가 『역사의 모든 것을 이해하기 위한 10가지 대화Dieci dialoghi nei quali si ragiona di tutte le cose appartenenti all'historia』에서 기록된 역사 그대로의 진실을 전제로 역사기록물보존소의 모든 기록물에 대한 열람의 자유를 요구하는 학자적 당당함을 드러냈다.

고문서의 진위를 전제하는 비평적 연구는 17세기 후반에 접어들면서 성 마우로 수도원의 장 마빌롱에 의해 학문적인 체계를 갖추었다. 그의 연구는 프랑스의 장 볼랑Jean Bolland과 같은 교단 소속 신부들이 메로빙거 시대에 생산된 고문서들의 진위성에 대해 벌인 논쟁을 계기로,113) 과학적인 접근의 필요성을 학문적인 틀을 통해

---

112) ASS., *Consiglio Generale* 242, cc. 55v-57r, 11월 30일; 김정하, 「중세의 문서관리에 관한 사례연구, -13~16세기 이탈리아 시에나 국립문서보관소를 중심으로-」, 『서양사론』 제59호, 1998, pp. 1-30, 특히 pp. 25-26 참조.

113) 당대의 대표적인 학자인 다니엘 반 페펜브로에크Daniel van Papenbroeck는 당시 유럽 최초의 고문서학 비평서로 평가받고 있던 자신의 저서인 *Acta Sanctorum*에서 메

입증함으로써(『고문서 집성De re diplomatica libri six』, 1681), 명실상부한 근대고문서연구의 장을 열었다.[114]

한편 프랑스 혁명은 역사기록물의 현대적 전통을 위한 결정적인 계기였다. 1789년의 상징성은 이를 계기로 19세기 초반에 국립기록물보존소들이 설립되고, 이곳에 이관 또는 수집된 수많은 고문서들을 '문서들 전체'로서의 역사기록물로 관리하기 위한 기록물관리학이 성립한 것에서 찾을 수 있다. 이 시대는 자국의 민족적 자긍심을 위한 학문적 민족주의의 기간이었기에 역사기록물의 개념은 역사연구자들의 사료적 활용에 집중되었다. 따라서 당시 역사기록물의 관리, 특히 활용은 주로 당대의 역사적 관심에 따른 주제별 정리방식에 근거하였는데, 불행히도 이로 인해 활용의 개념은 시대와 관심분야(또는 관심주제)에 있어 극히 제한될 수밖에 없었다.

오늘날의 역사기록물관리는 이러한 이전시대의 실패한 실험을 토대로 시작되었다. 그리고 그 대안은 19세기의 역사기록물에 대한 새로운 개념과 원질서(유지 또는 재구성)의 원칙이었다. 역사기록물관리의 현대적 특징은 문화적 활용의 개념이 새로이 추가되고 역사기록물의 보존과 활용을 위한 전문성이 확보되었다는 것이다. 전자가 지역문화의 활성화를 위한 또 하나의 가능성이라면, 후자는 이들의 보존현장을 교육과 지역문화 확산의 장으로 활용하는 것을 의미한다.[115]

로빙거 시대의 고문서들이 대부분 조작되었다는 주장을 전개함으로써 고문서 연구와 역사연구를 위한 재도약의 발판을 마련하였다.

114) 이후 그의 과학적 방법론은 이탈리아 무라토리 성 마우로 수도원의 타신Tassin과 투스타인Toustain, 그리고 19세기 푸마갈리Fumagalli와 글로리아Gloria에 의해 한층 발전적으로 계승되었다.

115) 역사기록물의 문화적 활용이라는 신개념과 이들의 보존과 활용을 위한 전문성의 대표적인 사례는 역사분야의 미시사 연구이다. 이 책의 5-3. 역사기록물과 미시사연구(pp.145 -

역사기록물에 대한 서구의 전통을 근본적으로 이해하기 위해서
는 우선적으로 이들이 어떤 개념적 토대 위에서 관리되고 있는지를
살펴보아야 한다. 왜냐하면 개념은 이들에 대한 관리의 설계도이며
무엇보다 미래적 발전을 위한 가능성이기 때문이다. 그 외에도 역
사기록물에 대한 개념은 문서 낱장에 대한 연구, 역사코드로서의
문자와 서체에 대한 연구 그리고 문서들 전체에 대한 연구에 있어
서도 중요한 기준으로 활용된다.

2) 역사기록물의 개념

법적인 측면에서 볼 때, 문서Documentum는 "사실의 정확성과 양
식을 증명하면서 이에 대한 기억을 전승하는 모든 수단(특히 기원
적으로는 기록된 문서를 나타낸다)으로서, 문자를 통해 구체적으로
표현된 법적인 행위"이다. 미래전승의 차원에서는 "모든 종류의 증
언들(다양한 기록, 작품, 물건, 유물 등)로서 자신이 속한 환경이나
기간 또는 문명의 표현이며 동시에 이를 대표하고 (다른 사람들이)
알 수 있도록" 해준다. 뿐만 아니라 기록재료의 측면에서 본다면 문
서는 "연구나 열람의 수단으로 그리고 구체적인 열람의 도구로서
(원본이나 사본의 형태로) 사용될 수 있는 모든 물리적 대상(그래픽
문서, 도상(학)문서, 사진문서, 시청각 문서 등)"이다.[116] 이상의 정
의를 종합하면 문서는 어쨌든 사실을 대표하거나 증언하거나 또는

---

167)참조.
116) Battaglia, S., *Grande dizionario della lingua italiana*, Torino: UTET, 1971, Cap. Ⅳ.

이의 기억을 전달할 수 있는 모든 수단이라 할 것이다. 이러한 문서들 중에서 오래된 역사적 가치의 문서들, 즉 관련 업무가 종결된 이후 역사적이고 문화적인 가치로 평가되어 영구보존이 결정된 문서들은 역사기록물로 정의된다.

기록물관리학의 기록물주기론에 따르면 문서는 생산에서 폐기 또는 영구보존에 이르는 과정에서 가치의 세 단계로 구분되는데, 이들은 각각 현용적 가치, 준현용적 가치, 그리고 비현용적 가치의 문서들로 정의된다.[117]

[표 1] 기록물의 단계별 가치(기록물 주기론)

현용단계의 문서들 current	준현용단계의 문서들 semi-current	비현용단계의 문서들 not current

현용단계의 문서들은 업무의 진행과 관련하여 자연스럽게 그리고 점진적으로 생산되어 현재 활용의 가치를 가지며 업무진행 중에는 업무담당자에 의해 관리된다. 준현용단계의 문서들은 관련 업무는 종료되었지만 다른 유사업무와 관련한 참고적 가치를 가지기 때문에 기록관으로 이관된다. 반면 비현용단계의 문서들은 법적이고 행정적인 가치를 상실한 후에 선별작업을 거쳐 역사적이고 문화적인 가치의 영구보존이 결정된 역사기록물이다.

역사기록물은 위의 [표 1]에서 보듯이 비현용단계의 문서들이다. 지난 20세기 초반까지도 유럽은 오직 비현용단계의 문서들을 기록

---

117) Antonio Romiti, *Archivistica generale, primi elementi*, Lcca: Civita Editoriale, 2003, Capp. Ⅵ, Ⅶ, Ⅸ, Ⅹ.

물Archives로 정의하고 이에 근거하여 국가기록물관리를 위한 제도를 구축하였다. 이러한 이론은 오랜 역사를 통해 상당한 양의 역사기록물이 현존하는 유럽을 중심으로 발전하였다. 반면 미국, 캐나다, 호주 등 비교적 역사가 짧은 국가들에서는 현용 및 준현용 단계의 문서들에 대한 관리, 즉 행정기록물관리Records management의 중요성이 더 큰 비중을 차지하였다. 행정기록물관리의 이론은 특히 제2차 세계대전 이후 미국에서 업무처리의 자동화를 위한 노력과 맞물려 매우 빠르게 발전하였다.

그러나 역사기록물에는 현용, 준현용의 활용단계를 거친 후에 선별과 이관을 통해 영구기록물관리기관으로 이관되어 다양한 역사·문화적 목적에 활용되는 기록물 이외에도 오래 시간이 지난 후에 수집된 공공기록물과 역사·문화적 가치가 매우 높은 것으로 평가된 민간기록물도 포함된다.

오늘날에는 모든 단계의 문서들이 기록물관리의 대상을 구성한다는 이론적 토대를 바탕으로, 위의 세 단계 모두를 기록물(Archives)로 간주한다. 이 이론에 따르면 문서는 생산될 때 업무 차원에서 다른 문서들과 관계를 가지며 그래서 궁극적으로는 이러한 문서들간의 상호관계, 즉 유기적인 관계Organic relation가 형성된다.

상당량의 역사기록물을 보유하고 있는 서유럽국가들은 관리의 효율성을 고려하여 이들을 크게 두 부류로 구분하고 그 기준이 되는 시점을 역사적인 맥락에서 모색하였다. 예를 들어 이탈리아는 반도 통일의 1861년, 영국은 1660년, 프랑스는 1800년과 1830년을 각각 역사기록물의 시대구분을 위한 기준연도로 결정하였다.[118] 그럼 이러한 구분의 이유, 즉 관리의 효율성 그 이면에 존재하는 보다 근본적인 동기는 무엇일까? 그 대답은 역사기록물의 내·외적인 특징과 서체 및 문자들의 차이에서 찾을 수 있다. 또한 두 부류의 역사기록물은 활용에 있어서도 적지 않은 차이를 드러내는데, 기준연도 이후의 역사기록물이 현대정부의 정통성에 보다 밀착된 개념이라면 그 이전 시대의 역사기록물은 생산 당시의 권력주체 또는 지역단위들이 형성한 역사적이고 문화적인 정체성을 담보한다.

기준연도 이전의 역사기록물에 대한 기준은 오늘날 고문서 연구의 관점에서 볼 때, 학자들의 전문연구를 위한 좀 더 특별한 분류체계의 필요성에도 불구하고, 로마와 중세시대의 입법제도와 해당시대의 정치적이고 사회적인 현실에서 모색되고 있다. 이것은 한 시대의 관행을 다른 시대의 엄격한 잣대로 재단하는 것을 피하기 위한 현명한 선택이기도 하다. 오늘날 기준연도 이전 시대의 역사기록물은 크게 공문서와 사문서로 구분된다.[119]

공문서는 공권력이 공식적인 양식으로 생산한 - 권리나 특별한 장소 또는 인물에 관련된 - 모든 문서들로 법과 법령, 특권문서, 양

---

118) 프랑스의 경우, 부처별 기록물보존소들은 1800년을, 자치도시들의 기록물보존소는 1830년을 각각 역사기록물의 가치를 구분하는 연도로 채택하고 있다(김정하, 『기록물관리학 개론』, 대우학술총서 585, 서울: 아카넷, 2007, pp. 58 - 59). 이러한 기준연도는 대부분의 경우 역사의 시대구분과 일치하지만 때로는 이와는 별도로 책정되기도 하는데, 그 대표적인 사례는 이탈리아의 경우로서 통일된 1861년을 기준할 때 문서형태 및 서식들은 통일 이전의 각 정치권력에 따라 약간의 차이를 나타내지만 이미 통일 이전부터 상당히 오랜 기간 동안 삶의 모든 분야에서 활발한 교류를 하고 있었던 관계로 별다른 어려움을 야기할 정도는 아니었으며 또한 문자 및 서체에 있어서도 마찬가지였다. 이탈리아의 1861년은 로마제국 이후 처음으로 통일국가가 성립했고 이것이 현대 이탈리아 정부의 기원이라는 점에서 고문서 전통과 관리보다는 역사적인 의미를 더 크게 가진다고 할 것이다.

119) 기준연도 이전에 생산된 역사기록물의 이분법적인 분류는 브레스라우 교수의 연구에서 기원한다(Bresslau, *Handb. d. Urkundenlehre*, Ⅰ, 3); 위의 책 p. 59.

도문서, 칙령, 판결문서, 재판문서 등이 이에 속한다. 그러므로 이들에 대한 연구에서도 역사적으로 교황,[120] 황제(와 왕으)로 대변되는 최고 권력에서 그 이하의 자치도시와 군주국 그리고 그 이전 봉건시대의 다양한 계층의 크고 작은 권력들에 이르는 상호관계의 기록된 흔적이라는 메커니즘이 중요하다고 판단된다.[121]

반면 사문서는 개인의 권리와 관련되었거나 개인의 요청에 의해 또는 공공관리나 공공기관이 (문서의) 저자나 수신인의 자격으로 등장하며 공증인에 의해 작성된 문서에 해당한다. 중세의 문서분류법에 근거하여 살펴보면 다음의 몇 가지로 정리된다.

(1) 예비문서: 기억문서Scritta
(2) 규정문서: 카르타Charta,[122] 리테라Littera, 리벨루스Libellus, 키로그라품Chirographum
(3) 증명문서: 노티치아Notitia, 브레베Breve

---

120) 오늘날 교황문서는 (납, 실크 실, 대마 실 또는 황금) 인장교서Bulla[등급에 따라 특권문서(Privilegium, 서한Litterae: 통례서한Communes, Simpleces, 명기서한Legendae, Litterae curuales, 비밀서한Litterae secretae과 봉인서한Litterae clausae 등으로 세분됨. 대인장교서Bullae maiores와 소인장교서Bullae minores로 구분된다), 법령서 Brevis, 자필서명문서Motuproprium 등으로 구분된다. 파올리 체사레(Paoli C.), 김정하 (역), 『서양 고문서학 개론』, 서울: 아카넷, 2004, pp. 41 - 52.

121) 같은 책 pp. 30 - 31.

122) 이탈리아의 경우 카르타Charta는 근대고문서학에서 아토Atto라는 예비문서 또는 보조문서의 부류를 가리키는 용어로 개인들 간의 신뢰에 근거하는 사적인 형태로 작성되었다. 같은 책 p. 54.

3) 고문서 전통의 역사적 맥락

(1) 고문서의 서식들에 대한 연구

고문서 연구는 "역사증거의 가치를 비평적 방법으로 평가하고 실제의 사실에 접근하려는 목적을 추구"한다.[123] 하지만 고문서 연구의 대상은 구체적인 형식에 기초하여 법적인 성격의 사실들로 기록된 증언문들이다. 이와 더불어 오늘날 고문서의 성립조건은 신뢰성과 공신력을 부여하는 정형(定型)에 입각하여 작성된 문서들로 발전하였는데,[124] 이는 고문서연구에 있어 그 대상영역이 무엇인지를 암시한다.

고문서학의 연구대상은, 사실상 고문서학 연구의 시작으로 평가받는 17세기 후반의 개념에 의하면, 공권력에 의해 공적인 형태로 작성된 공공기록물과, 민법에 기초하여 작성되고 공증인에 의해 공증된 증명문서들로 구성된 사문서이다.

그럼 지금부터 고문서, 즉 공·사영역의 역사기록물이 가지는 내·외적인 특징들에 대해 간략하게 살펴보자.[125]

① 고문서의 내적인 특징

지금까지의 연구에 의하면 역사기록물의 내적인 특징은, 공·사를 막론하고 문서서식의 도입부분에 해당하는 조서Protocollo와 문

---

123) 김정하, 『서양 고문서학 개론』, 대우학술총서 n. 570, 서울: 아카넷, cit., p. 443.

124) 위의 책 p. 444.

125) 이하 고문서, 특히 공문서와 사문서의 내적인 특징들에 대한 본인의 이전 연구에 대해서는 「역사기록물에 대한 고문서학, 고서체학 연구 및 그 보존과 활용에 대한 기록관리연구」, 『고문서연구』, 16, 17호, 2006. 06, pp. 31 - 64 참조.

서작성의 실질적인 배경 및 내용이 기록되는 본문Testo, 그리고 문서의 작성을 마감하면서 문서작성의 시기와 장소 그리고 저자의 서명이 추가되는 결문Escatocolo으로 구성된다.

[표 2] 공문서의 내적인 특징

서식 요인	내적 요인	비고
조문126) Protocollo	소명서식Invocatio127)	중세 문서들에 공통적으로 드러나는 서식
	저자명의서식Intitulatio128)	
	수신인명서식Inscriptio129)	
	인사서식Salutatio130)	윗사람이 아랫사람에게 또는 아랫사람이 윗사람에게 표현하는 서식
	영속(을 위한) 서식 Formula perpetuitatis,131)	특권문서들에 자주 등장하는 서식
	간청서식Apprecatio132)	Protocollo의 마지막 부분에서 언급됨.

126) 문서의 도입부분에 해당하는 조문은 어원학적으로 양피지 두루마리 문서의 시작부분을 가리키며 고문서학적으로는 기록될 법적내용의 본문에 앞서 언급되는 요인들 전체를 가리킨다.

127) 서양 중세에서 8세기 이전에는 소명이 상징적인 표시의 소명. 즉 신성을 가리키는 표시인 크리스몽(Crismon)이나 알파벳 대문자 I와 C 또는 I나 C 중의 하나로만 표시되었다. 하지만 9세기에 접어들면서 구체적인 의미의 신성소명으로 대체되기 시작하였는데, 그 사례는 다음과 같다(예: "In nomine", "In nomine sanctae et individuae Trinitatis", "In nomine Domini", "In nomine Patris et Filii et Spiritus Sancti").

128) 문서 도입부의 명의는 문서의 저자에 해당하는 인물의 이름, 지위, 신분 등을 나타내며 적지 않은 경우에 있어 pietatis 또는 humanitatis와 같은 어휘들을 동반하였다((예: "N. divina favente clementia Romanorum rex", "N. Dei gratia episcopus", "N. humilis abbas").

129) 수신인 명의는 수신인의 이름, 지위, 신분 등을 가리킨다.

130) 공문서의 인사서식은, 서한의 형태에서, 윗사람이 아랫사람에게 하는 경우에는("salutem et amorem sincerum") 축복과 기원의 의미들을 가지며, 반대의 경우에는("Salutem et debitam reverentiam", "salutem et paratum in omnibus obsequium") 복종과 존경의 의미 등을 가진다.

131) 공문서, 그중에서 특히 특권문서들의 경우에 볼 수 있는 서식을 통해 언급된(부여 또는 수여 또는 제공된) 특권이 시간적으로 제한이 없음을 나타낸다(예: "in perpetuum", "ad perpetuam rei memoriam").

	전제서식 Arenga 또는 Preambolo (Arenga, Exordium, Proëmium)134)	
	통보서식(Notificatio135)	모든 사람이 문서의 내용을 알아야 함을 강조
본문133) Testo	서술서식(Narratio136)	
	지시서식(Dispositio137)	
	상벌서식(Sanctio(또는 minatio)138)	Dispositio에 연관된 내용에 대한 준수를 보장하는 외적 요인(sanctio negativa, sanctio positiva)
	강화서식 Roboratio(Corroboratio)139)	공문서에 종종 등장하는 요인
결문 Escatocollo	인준서식(Subscriptiones140)	교황과 제국의 문서들에서는 찾아볼 수 없다. 문서의 유형에 따라 동일한 형태나 동일한 가치를 가지지 않는다. 저자의 서명(모노그램)
	날짜서식(Datatio141)	문서작성시기, 장소: 문서의 마지막 부분

---

132) 이 서식은 프로토콜, 즉 조문의 마지막 부분에서 기원과 축복의 의미로 등장하는 짧은 서식이다. Apprecatio 서식은 종종 공문서와 사문서에서도 발견되며, 교황청 서기국의 문서들에서는 특권의 엄숙함을 드러내기 위한 목적에서 예를 들어 Amen을 세 번 반복적으로 사용하였다.

133) 본문은 문서의 중심부분에 해당한다.

134) 본문의 서언은 법적행위의 이상적인 동기 또는 저자가 법적인 행위를 수행하는 데 따른 이상적인 동기나 도덕적인 원칙을 가리키는 것으로 서언에 이어 등장하는 Narratio의 구체적인 동기에 앞서 등장한다. 따라서 문서의 서언에 대한 고문서학적인 연구에서는 문법적인 구조에 주의할 경우 작성 시대의 전형적인 수사학적 표현들을 찾아내는 데 결정적인 역할을 한다(예: "Si circa divinos cultus collicitudinem gerimus et stipendia servorum Dei ad laudem divini nominis ampliare studemus, aeternam procul dubio remunerationem a Domino conditore nos recepturos esse non dubitamus"). 서언은 지시문서 형태의 공문서들이나 서기국에서 작성된 문서들에서는 사용되지 않는다. 고문서학 연구의 관점에서 서언은 문서에 반영된 작성 당시의 사고방식이나 정치적인 개념들을 엿보는 데 많은 정보를 제공한다.

135) 본문에서 공표는 문서로 작성된 법적행위에 대해 관련된 모든 사람들이 알기를 원하는 목적을 반영한다. 예: "notum sit omnibus", "pateat omnibus tam praesentibus quam futuris", "notum facio". 문서판독의 과정에서는 종종 공표의 내용이 이에 앞서 등장하는 서언(Arenga)과 연결되기도 하는데, 이때에는 접속사 'igitur', 'itaque', 'quapropter'가 사용된다.

136) 본문의 Narratio에는 문서로 작성된 보다 직접적인 동기가 기술된다. 그리고 공문서에서

[표 3] 사문서의 내적인 특징

서식 요인	내적 요인	비고
조문 Protocollo	날짜서식(Datatio)	* 보통은 Protocollo에서 invocation 다음에 위치한다. * Data cronica(작성시기): 때로는 proto-collo에 온다. * Data topica(작성장소): Escatocollo의 시작부분에 온다.
	소명서식(Invocatio)	
		* 종종 본문(Testo)부분에 숨겨짐.
	수신인 명의서식(Inscriptio[142])	* 수신인의 이름, 직위: * 증명문서나 공증인 문서에서는 보기 힘든 외적 요인이다.

는 청원(petitio)이나 소청(interessio)에 대한 언급이 포함된다.

137) 본문의 규정에 해당하는 것으로, 문서에 따라서는 반복적으로 사용되기도 함으로써 사실상 관습적인 표현으로 전락하였는데, 그 대표적인 사례는 "mandamus et praecipimus tibi quatenus" 또는 "per apistolica scripta praecipiendo mandamus quatenus" 또는 "sub Petri et nostra protectione suscipimus et praesentis scripti privilegio communimus, in primis siquidem statuentes ut" 등 이다.

138) 본문의 Sanctio는 문서에 포함된 내용에 대한 준수를 보장하는 서식으로 위반하는 자에 대한 sanctio negativa와 준수하는 자에 대한 보상을 약속하는 sanctio positiva의 두 서식으로 나누어진다. 전자의 경우 축복은 영혼의 구원과 같은 정신적인 것이었지만 사문서에서는 계약쌍방의 성격으로 인해 찾아보기 힘들다.

139) 본문의 Roboratio는 기록된 내용이 진실된 것을 보장하는 형식에 해당한다. 이 서식은 저자의 서명과 압인("ut autem gaec nostra cessionis praeceptio rata ac stabilis per futura tempora maneat, manu nostra subter firmari iussimus et anulo nostro iussimus sigillari")을 동반한다.

140) 문서를 종결하는 결문은 subscriptiones와 datatio로 구성된다. 전자의 경우, 공문서에는 저자의 사인(Signum)이 등장하지만 때로는 서기국 관리의 사인이 이를 대신하거나 모노그램으로 대체되기도 한다. 공문서에서 증인들의 사인은 이들의 높은 권위를 가리키는 반면, 사문서에서는 언급된 법적 기능을 대변한다. 아울러 subscriptione에는 문서대리작성인의 사인이 들어가는데, 공문서에서는 서기국 관리의 사인을 사문서에서는 문서대리작성인의 서명을 가리킨다. 전자의 경우는 문서의 법적인 가치보다는 정상적인 발송의 의미를 가지며 후자의 경우에는 문서에 공신력을 부여하는 증거적 가치가 부과되었다는 사실을 암시한다.

141) 결문의 마지막 부분에 등장하는 날짜서식은 문서가 작성된 시기와 장소를 나타낸다. 공문서의 경우에는 문서의 마지막 부분에 등장하는 반면, 사문서에서는 보통 문서의 시작부분인 조문(protocollo)에 등장한다. 때로는 작성 시기(data crinoca)가 조문에 그리고

본문 Testo	저자명의서식(Intitulatio[143])	* 사문서에서 명의는 본문에서 발견되 기도 한다.
		* 본문의 전체서식은 사문서에 존재하지 않는다.
	통보서식(Notificatio[144])	
	서술서식(Narratio)	
	지시서식(Dispositio)	
	상벌서식(Sanctio(또는 minatio)	* 계약당사자 * Sanctio positiva; Sanctio negativa
	강화서식(Roboratio(Corroboratio)[145])	* 증인의 개입, 계약자들이나 공증인의 서명 또는 압인
결문 Escatocollo	인준서식(Subscriptiones[146])	* 계약자의 서명, 시기 및 장소에 따라 다양한 가치를 가진다.
	완결서식(Completio Actum)	

② 고문서의 외적인 특징

고문서 연구를 위해서는 문서의 내적인 요인들 못지않게 외적인
요인들에 대한 연구도 필요하다. 이러한 관점에서 가장 먼저 지적
해야 할 대상은 파피루스, 양피지와 같은 기록재료들인데, 고문서
연구에서는 이들의 생산방식에 대해서도 철저한 분석이 요구된

작성장소(data topica)가 결문의 시작부분에 언급되는 경우도 있다..

142) 사문서, 특히 증명문서나 공증인 문서의 경우, 수신인 명의는 거의 등장하지 않는데, 왜
    냐하면 문서의 수신인에 대한 언급을 찾아보기 힘들기 때문이며 아울러 문서에 기록된
    법적행위의 수신인이 문서의 수신인과 일치하기 때문이다(규정문서의 경우).

143) 사문서의 경우, 명의는 본문에서 발견되기도 한다.

144) 사문서의 경우, 공표는 문법적인 오류에도 불구하고 종종 본문의 시작부분에 등장하기도
    하는데, 이때에는 서언과 공표의 외적 요인들이 생략되면서 문서의 본문이 다음과 같이
    시작되기도 한다(예: "ideoque nos qui sumus").

145) 사문서의 경우 강화서식(Roboratio)은 증인들의 개입이나 계약 쌍방 또는 공증인의 서명
    또는 압인에 대해 언급한다.

146) 사문서의 경우 인준서식(subscriptiones)은 계약 쌍방의 시인을 포함하는데, 이는 시간과
    장소에 따라 다른 가치를 가진다.

다.[147) 고서체학의 고유영역에 속하는 서체 연구는 고문서학 전문
가들에게도 필수적인 전문성에 해당한다. 그 이유는 서체에 대한
정확한 판독이 전제될 때 비로소 문서가 작성된 시대, 장소, 그리고
더 나아가 약어체계와 구두점체계, 그리고 한 문서에 여러 필경사
의 흔적이 있는가에 대한 조사, 사용된 잉크 등에 대한 의문을 해결
하는 데 필수적이기 때문이다.[148)

그 이외에도 고문서의 외적인 특징들에는 문서의 적법한 완성에
있어 중요한 부분을 차지하는 저자와 문서대리작성인 그리고 서기
국의 고유한 기호 또는 사인이(Signum) 있다. 인장 역시 특히 중세
에 작성된 문서들의 경우 중요한 기능을 가지는데, 이탈리아의 경
우 이들은 주로 공문서와 거의 공문서에 가까운 문서들에서 그리고
알프스 이북에서는 사문서들에서 주로 목격된다. 문서들에 압인을
위해 사용되는 인장들은 주로 납과 밀납 이외에 교황청과 제국의
경우에는 금이나 은과 같은 귀금속으로도 제작되었다.[149)

③ 기원(紀元)과 날짜방식

고문서에 있어 기원과 날짜를 측정하는 방식은 기록된 내용에 대
한 신빙성은 물론, 적용된 문서서식의 진위성을 확인하는 중요한

---

147) 고문서 연구의 영역은 크게 일반고문서학과 특수고문서학으로 구분되는데, 기록재료들
   의 생산방식에 대한 학문적 관심은 후자의 영역에 속한다. 그 외에 고문서 학자들이 문
   서의 외적인 특징들 중에서 가장 중요하게 고려하는 대상은 비록 자신들의 고유영역에
   는 해당하지 않지만, 그럼에도 자신들의 연구와 불가분의 관계에 있는 서체이다.

148) 서체에 대해서는 "P.136의 (2). '역사적 코드Historical Code'에 대한 학문적 접근: 문
   자와 서체" 참조.

149) 이러한 인장들은 오늘날 인장학의 영역에서 다루고 있는데, 내부적으로는 인장의 형태,
   크기, 유형, 관련전설 등이 연구 분야를 구성한다.

요인이다. 로렌초 발라가 콘스탄티누스 황제의 동로마 기증설을 조작된 것으로 주장한 이유에는 비현실적인 내용의 황당함도 있지만 이보다는 내용상의 연도와 (문서의) 내적인 특징들이 시기적으로 일치하지 않는다는 사실이 크게 작용하였다.

역사적으로 볼 때, 유럽에는 기원(紀元)의 사용에 있어 상당한 다양성이 존재하였다. 중세로만 국한하더라도 각종 문서들에는 로마시대의 콘술기원, 유스티니아누스 황제의 제국기원, 게르만족의 침입 이후 비지고트족이 도입한 스페인 기원, 예수가 십자가에서 처형된 기원후 33년을 원년으로 산출하는 기원으로 주로 프랑스지역에서 사용된 순교기원, 그리고 로마의 성립으로부터 753번째의 해를 예수가 탄생한 날로 삼아 연도를 산출하던 기독교 기원 등이 적용되었다. 이들은 순차적으로 사용된 것이 아니기에 오늘날 각 지역에 따라 그리고 시기에 따라 여러 가지의 기원이 이웃한 지역들에서조차 함께 사용되고 있었다. 따라서 이러한 기원 적용의 지리적이고 시대적인 메커니즘을 파악하는 것은 해당시대에 생산된 문서들의 정체성을 파악하는 데 매우 중요하다.

오늘날의 양력이 1월 1일을 새로운 한 해의 시작으로 간주하는 것을 당연하게 생각하듯이 과거의 사람들도 자신들의 날짜산출방식에 대한 믿음을 가지고 있었다. 오늘날 이들, 특히 중세인들이 사용하던 날짜산출방식은 '스틸루스Stilus'로 정의되는데, 그동안 사용된 종류는 상당히 다양하다. 이러한 스틸루스의 명칭을 살펴보면 - 물론 후대의 학자들이 명명한 것이기는 하지만 - 그 원리나 기준에 해당하는 대상들이 주로 종교적이거나 지역적 한계를 가지고 있었던 것이 사실이며 아울러 오늘날의 과학적인 산출방식과는 거리가 있는 것이었다.

이러한 방식들과 더불어 중세에는 1부터 15까지의 숫자를 순차적으로 그리고 순환적으로 적용하여 각각의 연도에 고유한 숫자를 부여하는 방식, 즉-그럼에도 기원을 알 수 없는-[150) 인디치오 Indizio가 사용되었다. 그러나 이 방식에서도 인덕치오가 적용된 해가 구체적으로 언제인가에 따라 1년이 더해지거나 감해지는 결과를 가져온다. 다시 말해 그리스 또는 비잔틴 인덕치오의 경우 한 해의 시작은 9월 1일로서 1월 1일에 한 해가 시작되는 것으로 간주하는 인덕치오와 비교할 때 네 달을 앞선다. 반면 베다Beda 또는 카이사르의 인덕치오에서는 한 해가 9월 24일, 즉 1월 1일에 비해 대략 3달을 앞서는 방식으로, 제노바를 중심으로 사용되던 제노바 인덕치오에서는 9월 24일 즉 베다 인덕치오와 1월 1일의 방식에 비해 8달 23일 늦은 것으로 날짜가 산출되었다.[151)

한편, 월과 일은 중세의 문서들에서 때로는 칼렌데kalendae(매월의 첫 번째 날), 노네nonae(3월, 5월, 7월, 그리고 10월을 제외한 나머지 여덟 달의 5번째 날) 그리고 이두스idus(위에서 예외로 지적된 달들의 13번째 날 또는 15번째 날)의 고전적인 방식에 따라 산출되기도 하였다.

위에서 지적한 세 개의 기준은 역순으로 계산되었다. 또한 각 달에서 마지막 날의 하루 전날은 프리디에pridie라는 용어로 표기되었는데, 예를 들어 프리디에 칼렌데 율리우스pridie kal. jul는 7월의 하

---

150) 인덕치오네의 기원은 오늘날까지도 정확하게 밝혀지지 않고 있다. 다만 이집트의 재정문서들에서 사용된 방식과 흡사하다는 사실에 근거하여 이 지역에서 유래한 것으로 추정되고 있을 뿐이다(A. Pratesi, *Genesi e forme del documento medievale*, Roma, Jouvence, 1987, p. 117).

151) 그 외에도 로마 또는 교황청 인덕치오의 경우 한 해의 시작은 12월 25일이었으며 1월 1일의 방식에 비해 7일 앞선다.

루 전날인 6월 30일을 가리켰으며, 7월 칼렌다스kalendas의 3번째 날은 6월 29일이었다.[152)]

(2) '역사 코드Historical Code': 문자와 서체

고서체 연구는 역사연구에는 물론 고문서 자체의 진위에 대한 판단에 있어서도 필수적인 만큼, 과거사 이해를 위한 역사 코드에 해당한다. 그러므로 고서체에 대한 전문지식은 역사학자에게나 고문서학자에게 있어 필수적인 능력을 의미한다. 고서체에 대한 접근이 남달리 어려운 것은 이것이 필사체의 형태를 가지고 있기 때문이지만 판독이 불가능하지 않은 것은 시대의 변천과 그 과정에서 형성된 각 유형의 서체들이 나름의 ─ 비교적 일정한 ─ 규칙을 가지고 있기 때문이다. 그러나 이러한 규칙성의 내부를 자세히 들여다보면 필경사들에 따른 개성의 흔적들이 남아 있기에 이러한 다양성을 알지 못하는 사람에게는 거의 이해가 불가능해 보이는 것도 사실이다.

지난 19세기 초반까지만 해도 필사체에 대한 교육은 고서체들의 유형을 파악하고 분류하는 초보적인 수준에 머물고 있었다. 하지만 같은 세기 말의 역사비평과 문헌학에 대한 연구가 활발해지면서 고서체들에 대한 연구는 판독의 수준을 넘어 이들을 통해 문서들이 작성된 시대의 정치, 사회, 그리고 문화적인 상황에 대한 연구로 확대되었다.[153)] 그 결과 고서체 연구를 위한 대상으로서의 필사본은 필사된 문

---

152) 또 한 가지 사례로 7월의 idus의 4번째 날은 7월 12일로 추정되며 7월 nonae의 7번째 날은 7월 5일을 가리켰다.

자들의 다양한 흔적들이라는
사실 이외에도, 필경사들이 살
던 시대의 역사·문화적 배
경에 대한 단서들을 제공할
수 있다는 새로운 관점에서
고찰되었다. 고서체에 대한
이러한 논지는 로마 바티칸
의 고서체학자인 줄리오 바텔

| DS = Deus | IHS = Jesus |
| XPS = Christus | SPS = Spiritus |

[그림 1] 기원 후 4세기

| DMS = Dominus | SCS = Sanctus |

[그림 2] 기원 후 5세기

리(Giulio Battelli)와 이탈리아의 고서체학자인 스키아파렐리(L. Schiaparelli)
를 통해서도 확인된다. 전자는 체계적으로 반복된 필경사의 실수가
인물의 특성 이외에도 필사원본과 작성된 시대에 대한 많은 유익한
정보들을 제공하며, 수정의 흔적과 주석은 필사본과 시대의 다양한
이해관계를 반영한다고 하였다. 또한 스키아파렐리는 장식과 장식문
자(Miniatura)가 당대의 사고방식이나 예술적인 취향, 더 나아가 과거와
의 커뮤니케이션을 반영한다고 하였다.[154]

고서체에 대한 연구도 과거를 알기 위한 하나의 수단이며 동시에
목적이다. 특히 목적의 차원에서는 다른 학문들과 마찬가지로 나름
의 규정과 방법론을 가지고 있는데, 그 예로 약어에 대해 살펴보면
다음과 같다.[155]

---

153) Giulio Battelli, *Lezioni di Paleografia*, Libreria Editrice Vaticana, Roma, 1998,
   pp. 13 – 15.(한국어 번역본: 김정하(역), 서양 고서체학개론, 대우학술 총서 N⁰596,
   아카넷(출), 2010)
154) L. Schiaparelli, *Influenze straniere nella scrittura italiana dei secoli VIII e IX*
   (Roma, 1927), p. 64.
155) 처음으로 약어들의 역사에 대해 기술한 학자는 독일의 고서체학자인 트라우베(L. Traube)
   였으며, 그 대표적인 저서는 *Lehre und Geschichte der Abkürzungen*(1899)이다.

옆의 [그림 3]에서 약어는 이 탈리아 북부지역의 세미코르시바 소문자 서체(Minuscula semicursiva Italiae septentrionalis의 사례이다.[156)]

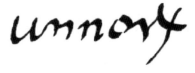

[그림 3] ≪-rum≫ (분절 약어)

[그림 4]와 [그림 5]는 기원 후 12세기경에 새로이 등장한 약어들의 대표적인 사례이다.[157)] 그리고 [그림 6]은 14세기 고딕서체의 대표적인 약어이다.[158)]

[그림 4] per 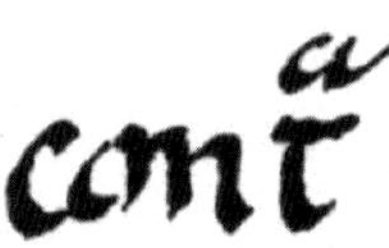   [그림 5] contra    [그림 6] Ceterorum

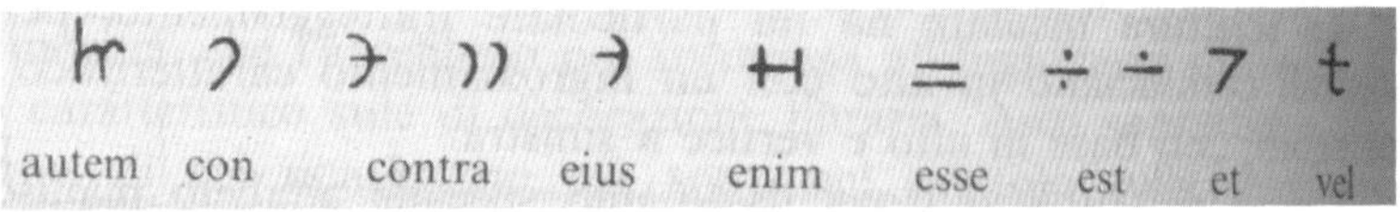

autem	con	contra	eius	enim	esse	est	et	vel

[그림 7] 비지고트 서체의 약어 사례

본 연구에서는 서체의 약어들과 관련하여 주로 줄리오 바텔리의 저서와 페르디난도 데 라살라(Fernando de Lasala, S. I.의 *Paleografia Latina, Trascrizioni, commenti e tavole*를 참조하였다.

156) 이 (약어의) 서체의 기원은 기원 후 8세기이며 출처는 *Cassiodorus, De institutione divinarum litterarum*, s. Ⅷ. Cap. Ⅷ - Ⅸ : *Ordo lectionum divini officii*, Vercelli, Bibl. Capit., cod. 183, fol. 104이다.

157) 두 사례는 Minuscula claravallensis [Clairvaux](12세기)이며 출처는 S. Gregorius Magnus, *Regula pastoralis*, cap. 23 - 26. Troyes, Bibl. munic. 955, fol. 57이다.

158) 이 서체의 공식적인 명칭은 Ghotica cursiva(1371)이며 출처는 Minuta sistemata dal segretario Niccolò de Auximo. Sottoscritta da due segretari: Arnaldo de Moleriis e N. de Auximo. ASV, Reg. Vat. 244A, fol. 2r이다.

(3) '문서들 전체'로서의 기록물관리

현대기록물관리의 특징은 이것이 주기론에 근거한다는 것이며 기록물의 고유한 특징들이 무엇인지는 다음의 인용문에서 명확하게 드러난다. "모든 문서는 작성된 순간에 자신의 고유한 지위와 기능(활용) 그리고 가치(최종목적)를 획득하는데, 이들은 생산 당시의 법적, 행정적, 그리고 문서의 맥락에서 항구적으로 결정된다. 또한 모든 문서는 다른 수많은 문서들과의 관계를 통해 사회·문화적 의미(열람과 접근)를 가진다. 유기적인 관계는 시간에 따른 변화, 특징들의 변화, 그리고 발전을 암시할 뿐만 아니라 기록물의 성격과의 맥락적인 관계에 있어 근본적이다. 기록물은 과거 사회들, 현재와 미래의 행위들에 대한 정보, 증언, 그리고 증거들로서 가장 신뢰할 수 있고 신빙성 있는 출처이다. 왜냐하면 움직이지도 그렇다고 정지하지도 않는 안정적인 실체이며 동시에 형태와 시대에 상관없이 세대를 통해 전달되는 특징들을 유지하는 기능만을 요구하기 때문이다."[159]

그렇기 때문에 동일한 주체에 의해 수·발신된 문서들의 전체, 즉 기록물은 동일한 성격을 가지며 동일한 유형의 관점에 따라 취급된다. 이와 같이 기록물의 개념은 맥락적인 관계와 요인들을 함께 그리고 일관된 방식으로 고려할 때 명확하게 드러나며 그 근저에는 주기론이 위치한다.

이처럼 문서들의 단계별 가치들에 근거하는 주기론은 이들의 보

---

159) Luciana Duranti, *I documenti archivistici. La gestione dell'archivio da parte dell'ente produttore*, Roma, Ministero per i Beni Culturali e Ambientali, 1997, cit., p. 35.

존과 활용을 위한 정리작업에도 기준이 된다. 후자의 경우 문서들 간의 유기적인 관계는 생산 당시 문서들의 관계(또는 질서)로도 표현할 수 있는데, 이것은 생산기관의 입장에서 볼 때, 출처의 원칙에 입각한 원질서 유지 또는 재구성의 원칙으로 정의된다.

오늘날 이상 두 가지의 지적은 근본적으로 기록물 관리의 기본골격을 형성하는 만큼 기록물관리학의 핵심은 다음의 몇 가지로 요약해볼 수 있다.

첫째, 기록물은 문서들 전체 또는 문서들 사이에 형성된 관계들의 전체를 의미한다.[160]

둘째, 이러한 문서들은 내부의 자발적으로 형성된 유기적인 관계를 가질 때 기록물로 정의될 수 있다. 기록물은 단계별 가치에 따라 크게 세 영역으로 구분되며 생산 당시의 관계 또는 최종질서에 입각해서 정리하는 원칙도 궁극적으로는 바로 이러한 기록물에 대한 정의에서 출발한다.

셋째, 기록물의 역사·문화적 가치는 반드시 생산 당시의 목적(업무적, 행정적, 그리고 법적 가치)에 기초하거나 관련되어야 한다. 다만 20세기 미국의 기록물관리전문가인 테오도르 쉘렌버그는 역사기록물이 생산 당시의 목적과는 별개의 역사·문화적인 가치를 가질 수 있다고 하지만 이는 어디까지나 문서들 내부의 유기적인 관계에 기초하지 못한 단편적이고 '우발적인' 가치에 불과하다.

넷째, 이러한 기록물은 공사의 기관들에 의해 업무수행과정에서

---

160) Nunzio Silvestro 감수, *Manuale di Archivistica Aggiornamento al nuovo Regolamento di organizzazione del Ministero per i Beni e le Attivita' culturali(D.P.R. 1-giugno 2004, n. 173)*, Napoli, Edizione Emone, 2004, pp. 19-20.

자연스럽게 생산된 것이어야 한다. 만약 생산된 문서들이 업무수행의 과정을 있는 그대로 반영하지 못한다면, 즉 업무수행의 모든 흔적들이 기록물로 남지 않거나 또는 업무의 자연스런 진행과는 달리 생산된 문서들이 업무수행의 세세한 과정을 그대로 반영하지 못하는 다른 방식으로 생산되었다면 이것은 결코 실제로 일어난 사실 그대로의 진실로 수용될 수 없다.

다섯째, 이러한 문서들은 생산 당시의 질서를 반영하는 차원에서 정리되어 있어야만 한다. 정리되지 않은 기록물에서 얻어진 정보는 신뢰성의 문제를 파생시킬 수 있다는 것을 의미한다.

4) 학문적 접근의 체계화

프랑스 혁명은 역사기록물의 활용이라는 측면에서 볼 때 그 가치를 당대로 제한시키는 부정적인 결과를 동반하였지만, 다른 한편으로는 이들의 체계적인 관리를 위한 기록물관리학의 필요성도 함께 제기하였다. 이것은 르네상스 시대의 비평적 연구를 계승한 역사기록물의 또 다른 성과로서 학문발전의 논리에서 본다면, 역사기록물에 대한 가장 이상적인 방법론의 완성이자 동시에 "과거에서 미래를 배운다"는 교훈의 실천이었다.[161]

그럼에도 고문서 연구를 위한 접근방법론이 관련학계의 설득력을 얻기까지는 낭만주의에 편승한 민족주의의 과도기를 경험해야

---

161) Elio Lodolini, *Storia dell'Archivistica italiana. Dal mondo antico alla meta' del secolo XX*, Milano, FrancoAngeli, 2006, pp. 267 - 268.

만 하였다. 이 시대에 역사기록물에 대한 유럽 각국의 정책은-거의 대부분의 경우-이들의 과거사적인 가치를 활용하여 자국의 역사를 치장하는 것에 집중되었다. 다시 말해 역사기록물을 사료로 활용하고 그 방안을 모색하려는 노력은 대내·외의 정치적인 이슈였으며 역사학자들의 연구를 지원하는 것에만 모아졌다. 당시만 해도 이러한 논리는 학자들의 대부분이 역사기록물의 내용과 형식에 대해서도 높은 식견을 가지고 있었기에 가능하였다. 하지만 20세기에 접어들어 정치에서 문화로의 패러다임 전환이 탄력을 받으면서 역사기록물은 역사연구의 거대 담론을 위한 재료라는 과거의 고정된 틀에서 벗어나 생산된 지역의 고유한 문화적 상징으로 발전하였다. 그리고 이러한 변화의 가장 직접적인 수혜자는 지역단위의 주민들과 인문주의 전통을 계승한 고문서학자들이었는데, 특히 후자의 집단은 역사기록물에 대한 새로운 접근을 통해 전통적인 가치를 재확인하는 성과를 이룩하였다.

그럼 유럽은 기록물문화유산으로서의 역사기록물에 대한 담론을 어떻게 학문적인 체계로 풀어냈을까? 그 대답은 역사기록물에 대한 새로운 시각, 다시 말해 역사기록물의 민족주의적인 외피를 벗어버리고 르네상스 시대로 회귀하면서 사실주의에 입각한 고문서 연구의 전통을 시작한 유럽인들의 미래지향적인 의지에서 찾을 수 있다. 이것의 구체적인 의미는, 이탈리아의 경우, 다음의 몇 가지로 정리해볼 수 있다.

첫째, 역사기록물에 대한 과거사 중심의 일방통행적인 접근을 지양하고 여러 다양한 가치들에 대한 인식에 노력하였다.

둘째, 고문서에 대한 교육 및 연구는 반드시 역사기록물과의 직접적인 접촉을 통해 추진되었다. 이것은 단순한 실습의 차원을 넘어서는 것으로, 생산 당시의 역사·문화적인 숨결까지 느껴야 한다는 것을 의미한다.

셋째, 역사기록물에 대한 활용의 기회는 누구에게나 평등하지만 활용의 장은 반드시 기록물보존소의 열람실로 제한하였다. 이것은 열람이 다양한 목적의 활용을 위한 유일한 수단이며 그 자체로 보존을 전제하는 것으로서 현대적인 관점에서는 지나치게 진부한 것으로 보일 수 있다. 하지만 역사기록물은 사실상 유일한 원본들이며 사본열람의 경우에는 결코 원본의 역사적인 숨결을 경험하기 힘들다.

넷째, 역사기록물에 대한 접근에 있어 장인(匠人)의 마음가짐을 요구하였다. 역사기록물은 현대와는 많은 시간차를 두고 생산된 문서들이기에 쉽게 접근하기 힘든데, 이는 도서관에 비해 기록물보존소를 찾은 사람들의 수와 전문성이 극히 제한된 이유이기도 하다.

5) 고문서의 가치 활용을 위한 제도의 구축

궁극적으로 고문서의 활용은 역사기록물의 다양한 가치를 어떤 관점들에서 모색하고 그 결과를 어떻게 사회에 환원시킬 것인가에 대한 문제, 즉 기록물관리제도의 문제로 직결된다. 또한 이것은 국가와 국민을 위한, 그리고 스스로의 정통성을 확인하기 위한 공권력의 역사적 사명이다.

유럽의 많은 국가들은 국가기록물관리제도를 문화영역의 중앙부처를 중심으로 운영한다. 이것은 프랑스 혁명 이후 역사기록물을 국가의 문화유산 또는 문화적 자존심의 상징으로 간주하던 민족주의적인 전통을 계승하는 오늘날의 모습이기도 하다. 이러한 국가들의 공통점은 국가기록물관리의 축을 역사·문화적 가치의 공공기록물관리에 두면서 다른 한편으로는 업무·행정적 활용의 기록물관리를 병행하는 것인데, 이것은 행정기록물관리Records management와 역사기록물관리Archives management를 구분하고 이를 토대로 이들의 연속성을 제도적으로 보장하려는 노력의 결과이다.

이탈리아의 경우, 통일 이전시대에 생산된 역사기록물은 문화유산활동부 소속으로 전국 97개 도시에 설립된 국립기록물보존소들과 이들의 35개 지부에서 관리되고 있다. 그럼 이탈리아를 비롯한 서유럽 대부분의 국가들에서 이와 대동소이한 고문서관리제도의 운영이 가능한 근본적인 이유는 무엇인가? 단적으로 말한다면 이것은 역사와 전통이 현존하는 역사기록물의 수량에 비례하고 이러한 균형이 기록물의 가치들에 대한 활용에 근거하는 제도를 통해 유지, 발전되었기에 가능한 것이다.

5. 역사기록물과 미시사 연구

1) 카를로 긴즈부르그와 역사연구

얼마 전 한 인터뷰에서 긴즈부르그는 미시사 연구의 성립동기와 배경 그리고 현대 미시사 연구의 흐름을 묻는 질문에 다음과 같이 답하였다.

『치즈와 구더기』는 1976년에 출판되었다. 몇 년 후 역사노트Qua-derni storici의 편집에 함께 참여했던 에도아르도 그렌디Edoardo Grendi 와 조반니 레비Giovanni Levi를 비롯한 여러 학자들은 당시의 새로운 역사연구방법론을 '미시분석'이라는 용어로 정의하였다. 그러나 얼마 있어 이 용어는 '미시사'로 교체되었다. 이들의 구상은 돋보기를 이용한 협소한 차원에서 역사의 제 현상들을 분석하려는 것이었으나 성공하지는 못하였다[……].

[……] 접두어로서의 미시는 종종 (연구)대상의 규모를 의미하였으며 이는 마치 미시사가 보잘것없거나 무시할 만한 현상들을 취급하는 것으로 간주하게 만들었다. [……] 그러나 미시사의 연구자들에게 (연구주제 또는 관심영역의) 규모를 축소하는 것은 오히려 이론적 전제 또는 '새로운 도전'을 의미한다.

[……] 반면 (우리는) 미시사의 용어 그 자체가 지나치게 강조되는 것을 경계한다. 왜냐하면 미시사 연구에서 중요한 것은 형식적인 요건들이 아니라, 구체적인 연구(작업)이기 때문이다. [……] 그러나 미시사의 이론에 대한 정의 그 자체는 본인의 몫이 아니며 개인적으로도 관심이 없다.

오늘날 미시사에 대한 보편적인 평가는 잘 '경계 지워진' 연구대상, 즉 한 개인, 한 사건 또는 한 지역에 대한 관찰에서 출발하여 동시대의 사회와 문화에 대한 전반적인 파노라마를 제시했다는 것이다. 물론 이를 위해서는 여러 분야들 간의 고착된 경계를 제거할 필요가 있으며, 이러한 이유로 미시사 연구는 '역사분석'으로도 정의된다. 또한 같은 맥락에서 역사연구에 활용될 정보들은 대상 시기, 지역 또는 인물에 직·간접적으로 관련된 것으로서 소위 말하는 '신랄한 진실l'Aspra verità'이다. 따라서 미시사 연구는 미시한 목적이나 관점에 대한 미시적 역사분석이며 동시에 기존의 역사이론들에 대한 새로운 도전 내지는 다양성을 의미한다.

따라서 미시사의 연구방법론은 신중하고 노련한 사냥꾼이 목표로 정해진 대상을 추적하는 과정에 비유된다. "수없이 반복된 추적의 과정에서 인간은 진흙바닥에 남겨진 자국, 부러진 나뭇가지, 배설물, 털이나 깃털의 초미한 흔적까지도 찾아내어, 기록하고, 해석하며, 그리고 분류하는 것을 배운다. 또한 인간은 함정과 위험들로 가득한 초목이나 울창한 숲 속에서 신속하고 복합적인 사고를 하게 되었다."[162]

이러한 미시사 연구방법에 대한 비유적 표현들은 70년대 이탈리아에서 폭넓게 발전한 문헌학 연구, 즉 기록물보존소의 역사기록물 등에 반영되어 있는 과거의 진실을 들추어내는 방법과 이들에 대한 고증적 접근을 통한 지방사(또는 향토사) 연구의 미시적 전통과 논리적 연속성의 관계를 가진다. 그러므로 적어도 이탈리아의 사회과

---

162) Carlo Ginzburg, *Spie. Radici di un paradigma indiziario, in Crisi della ragione*, Aldo Gargani 감수, Einaudi, 1979, pp. 57 - 106.

학, 인문학 등의 경우, 70년대 이후 '역사노트'와 '이탈리아 역사기록물Archivi Storici Italiani' 등에 기고된 연구논문들에서도 알 수 있듯이, 자국의 역사에 대한 이탈리아 학자들의 연구전통은 보편적으로 역사기록물의 보존과 활용에서 공통분모를 찾아볼 수 있다. 미시사 연구도 역시 같은 차원에서 크고 작은 2만여 개의 기록물보존소들에 보존되어 있는 역사기록물의 형식과 내용 및 가치에 대한 복합적인 해석과 평가의 문제로부터 출발한다.

기록된 과거의 흔적들, 특히 고대와 중세 그리고 근대 초기에 생산된 역사기록물을 활용하기 위해서는 각 문서들의 서식과 서체 그리고 내용의 진위를 판단하는 높은 수준의 학문적 안목이 요구된다. 이것은 기록물의 형식과 내용이 생산된 당시의 행정적 가치는 물론, 영구보존의 대상인 경우 해당시기 및 사회 각 분야(법, 행정, 정치, 경제, 문화 등)의 정통성을 반영하기 때문이다. 이러한 관점에서 메노키오Menocchio라는 한 인물과 그에 관한 수많은 증거의 단편들을 철저히 분석하고 그 결과를 통해 그의 시대의 진실한 문화흐름을 조명한 긴즈부르그의 성공적인 노력은 역사기록물의 잠재된 행정 및 역사, 문화적 가치들을 현재의 과거사 연구를 위한 결정적인 정보로 제련하고 이들을 논리적인(그리고 어느 정도는 주관적인) 관점에서 해석하는 그 자신의 오랜 경험과 뛰어난 능력의 결실이다. 따라서 과거, 그것도 거의 500여 년 전에 별로 중요하지 않았던 한 인물에 관한—거의 생산 당시의 상태로 남아 있는—기록증언들을 통해 그 시대의 사회와 문화에 대한 전반적인 파노라마를 조명한 긴즈부르그의 연구가 우리에게 강한 인상을 주는 것은 당연한 일이다.

이처럼 그의 놀라운 학문적 성과의 이면에는 국민적 공감대를 배경으로, '기록문화재'에 대한 제도적이고 항구적인 보존정책이 자리하고 있다. 또한 이탈리아의 지성세계는 이를 구체적으로 실현하기 위한 방안의 하나로서 국가의 모든 역사기록물을 생산 당시의 질서, 즉 원질서(Original order)에 따라 정리하여 보존과 활용의 효율성을 극대화한다는 의미에서 '원질서 유지(또는 재구성)의 원칙'을 고집한다. 그러므로 메노키오에 대한 재판기록물로부터 경험론적 정제과정을 거쳐 얻어진 그의 시대의 민중문화에 대한 신랄한 진실은 이 나라의 보존정책과 역사에 대한 전문적이고 대중적인 호기심이 그 나름의 합리적이고 구체적인 모양새를 갖추고 있음을 보여주는 증거이며 동시에 결실이라 할 것이다.

따라서 본 연구에서는 우선, 치즈와 구더기에 대한 분석을 중심으로, 역사기록물의 종합적 관리와 미시사 연구를 위한 기록물의 활용을 이어주는 연결고리들의 기능과 역할을 역사연구의 관점에서 살펴보려고 한다. 이는 긴즈부르그가 중요시하는 구체적인 연구작업의 기술적 기반을 이해하는 단서가 될 것이다. 뿐만 아니라, 역사연구에 과거의 기록물을 활용한다는 단순하고 당연한 도식의 차원을 넘어 과거사의 재구성 또는 복원을 위한 가능한 접근의 기술적인 측면들을 부분적으로나마 재점토하는 계기가 될 것이다.

계속해서 현재 보편화된 미시사 연구의 여러 특징들에 대한 기록물관리학적 해석을 시도해보고자 한다. 일반적으로 한 나라의 역사연구의 성향과 방향은 기록문화재의 보존과 관리를 위한 정책과 불가분의 관계에 있다. 그리고 역사연구의 활성화 및 영역의 확대는 기록물관리제도의 인적 요인과 기능적 효율성에 의해 좌우되는 것이 보통이다. 그럼에도 기록물의 정리방식과 활용의 메커니즘이 얼마나 상호보완의 관계에 있으며 이것이 역사가들의 다양한 요구에 얼마나 효과적으로 부응할 수 있는가의 문제 역시 중요하다. 그러므로 이탈리아의 경우 미시사 연구의 기록물관리학적 토대에 대한 연구는 이 나라의 기록물관리제도와 역사연구를 이어주는 통로는 물론, 역사기록물(또는 1차 사료)에 대한 접근방식이 미시사연구의 그것과 어떤 관계에 있는가를 살펴보기 위한 기초 작업이라 생각된다.

2) 역사기록물 정리방식과 미시사 연구

(1) 원질서의 법칙과 고문서 열람

오늘날 기록물, 특히 역사기록물을 정리하는 최선의 방식으로 평가되는 것은 원질서 재구성의 원칙이다.[163] 이는 기록물을 생산 당시의 정치, 행정 및 제도적 질서와 같은 유기적인 관계를 기준으로 가능한 본래의 형태 그대로를 유지하려는 기록물정리방식이다. 일반적으로 모든 공·사문서는 생산 당시의 시대적 배경을 반영하고 있다. 작게는 그 당시의 보편적인 서체와 문체 그리고 서식들에서, 크게는 그 시대 관련분야들의 복합적인 현실들을 증언한다. 따라서 역사기록물을 생산 당시의 제도에 따라 정리한다면, 가능한 모든

---

163) Elio Lodolini, *Archivistica, principi e problemi*, Firenze: FrancoAngeli, 1998, pp. 299-316.

분야에 대한 연구에 직·간접적인 활용이 가능하다.

이 방식은 역사에 대한 학문적 관심의 시대, 분야별 한계를 초월한다는 장점 때문에 18세기 말, 19세기 초반 이후 이탈리아를 포함한 서유럽지역에서 역사기록물 정리 및 보존을 위한 최선의 대안으로 평가되고 있다. 그러나 이 방식이 성립되기 이전까지 수많은 시행착오들이 반복되었으며 그중 한 가지 대표적인 사례인 - 오늘날 전 세계의 도서관에서 채택하고 있는 십진법의 기초가 된 - '주제별 정리방식'을 옹호한 일련의 18~19세기 역사가들은 생산 당시의 제도, 즉 원질서를 무시한 채, 쉽고 신속한 열람을 위한 제한된 수의 주제어들을 중심으로 기록물을 정리하는 방식을 도입하였고, 그 결과 오늘날까지도 그 피해가 극복되지 않고 있다.[164]

반면 원질서 존중의 법칙은 열람에 따른 어느 정도의 불편을 감수하면서 기록물을 생산 당시의 상태 그대로 유지한다는 원칙을 고수하고 있다. 이 방식은 '주제별 정리방식'의 원칙과 비교한다면, 기록물의 주제별 편철작업에 의한 유기적 관계의 해체를 방지하고

---

164) 주제별 정리방식의 목적은 기록물의 가치에 대한 평가가 행정적인 차원을 넘어 법적이고 학문적인 영역으로 확대되는 과정에서 특히 역사기록물에 대한 연구와 열람을 쉽고 신속하게 유도하는 것이었다. 그러나 이 방식은 기록물 정리를 위한 첫 단계로서 오늘날의 카워드에 해당하는 일련의 주제어들을 정리의 기준으로 도입하였는데, 이들은 사실상 이 시대의 학자들 사이에서 가장 보편적이던 연구주제나 영역 또는 관심들과 일치하고 있었다. 그 결과 기록물은 생산기관의 제도, 즉 '원질서'를 상실하고 사전에 선택된 키워드들을 기준으로 새로이 정리되었다. 물론 이 방식은 주제어들에 관련된 연구에서는 관련된 가능한 모든 1차 사료들이 하나의 명령어에 따라 정리되어 있는 만큼, 상당한 장점을 발휘한다. 그러나 주제별 정리방식의 옹호자인 루카 페로니Luca Peroni를 비롯한 주제페 보르보네Giuseppe Borbone, 일라리오 코르테Ilario Corte 등의 경우에서도 알 수 있듯이, 그 수가 극히 제한된 주제어들의 범위를 벗어나면 연구는 사실상 불가능하며 기록물과 생산기관의 유기적인 관계유지에서 파생되는 수많은 연구의 가능성은 과거의 침묵에 묻혀버리게 된다. Eugenio *Casanova*, *Archivistica*, edit., II. Stab. Siena, Arti Grafiche Lazzeri, 1928, pp. 209-211.

생산기관별에 따른 보존상태를 그대로 유지할 수 있다는 장점을 가지고 있다.

이러한 원질서 방식의 장점은 미시사 연구에서도 그 사례를 찾아볼 수 있다. 메노키오에 대한 재판과정이 긴즈부르그의 『치즈와 구더기』를 통해 그토록 상세하게 묘사될 수 있었던 것과 서술된 재판과정의 미세한 흔적들만큼이나 섬세한 긴즈부르그의 심리묘사는 적어도 기록물관리학 차원에서 볼 때 그가 열람한 일련의 역사기록물이 원질서, 즉 생산 당시의 제도를 원형 그대로 유지하고 있었기에 비로소 가능하였다. 바꾸어 말한다면 긴즈부르그의 『치즈와 구더기』가 우리에게 전하는 연구방법론의 신선함은 적어도 주제별로 정리된 역사기록물을 대상으로 해서는 불가능한 것이었다고 할 수 있다.

물론 주제별로 재정리된 역사기록물의 경우에도 그의 연구는 마찬가지로 가능하였을 것이라는 주장도 있다. 이것의 핵심은 긴즈부르그가 – 아마도 모든 사람에게 공통된 일반열람규정이 아닌 특별한 관계나 친분에 의한 예외적인 특권이었을 – 자유로운 출입의 특권을 통해 열람한 역사기록물이 '종교재판'이라는 주제어로 충분히 분류될 수 있으며 그러므로 메노키오에 대한 재판의 전 과정이 일관된 기록으로 유지될 수 있었을 것이란 사실이다. 그러나 이것은 사실상 당시의 종교재판을 주관하던 담당기관과 종교재판이라는 주제어가 주제별 정리방식의 기록물분류기준상 거의 우연하게 일치하는 것이다. 또한 메노키오와 그의 가족의 정체성에 대한 정보는 그가 소속된 공동체의 여러 기관들이 당시의 사무관리규정에 따라 작성하는 다양한 장부나 문서들(각종 세금장부, 임대 및 매매 장부, 결혼과 출생 그리고 사망관련 기록 등)에 대한 종합적인 판독의 결과로 얻어진 것이며 이는 메노키오의 삶의 다양한 흔적과 그에 관한 기록물의 생산기관을 연결하는 유기적 관계를 정리작업의 기준으로 간주하는 '원질서 존중의 원칙'에 의해서만 가능한 것이었다.

원질서 방식을 도입한 기록물보존소의 문서들을 역사연구에 활용하기 위해서는 생산기관, 즉 제도에 대한 이해가 필요하다. 그리고 생산기관별로 정리된 기록물에 반영된 제도들의 구조적이고 기능적인 관계를 파악한다는 사실은 기관(그리고 각 부서별)의 고유한 업무활동으로 생산된 문서들의 유기적 관계를 이해하고 그 행정적 가치를 평가하여 그 내부의 상호복잡하게 얽혀 있는 사실들의 실타래를 풀어냄으로써 역사연구를 위한 귀중한 정보를 획득할 수 있음을 의미한다.

(2) 미시사를 위한 고문서 연구의 활용

문서의 내용을 보다 충실하게 파악하기 위해서는 그 문서의 표현서식에 대한 이해가 전제된다. 알다시피 문서의 수신인은 우리가 아니다. 문서는 생산된 시기의 다른 사람들을 위해 그리고 그들과의 관계에서 활용되기 위해 작성된 것이다. 반면 우리는 이와는 다른 접근통로로, 즉 하나의 이야기를 구성하고 사건, 현상 또는 사고를 이해하기 위해 관련문서나 문건을 연구한다. 따라서 문서의 언어에 대한 이해는 이러한 정보들에 대한 접근에 필수적이다. 그러나 정보의 문을 열었다고 해서 모든 것이 해결되는 것은 아니다. 확보된 정보는 활용에 앞서 상당한 주의와 관찰을 통해 진위성과 그 문서에 언급된 이유, 언급된 시기와 동기 그리고 보존이나 파기 등에 대한 객관적인 검증절차를 거쳐야 한다.

고문서학과 고서체학[165]은 15세기 로렌초 발라Lorenzo Valla에 의해 자극된 이후, 고문서 특히 필사된 문서들의 역사, 문화적 활용을 위한 필수적인 검증과정으로 발전하였다. 전자(고문서학)가 문서의 준비와 작성, 내용의 여러 부분들을 규정하는 서식들, 그리고 지역과 이념에 따라 다양한 날짜서식들을 연구한다면, 후자(고서체학)는 지역과 시대에 따라 다르게 발전한 서체들에 대한 연구로 시작되었다. 이들은 문서의 서식들이 가지고 있는 수많은 요인들을 찾아내어 내용에 대한 연구를 지원한다.

그러나 오늘날 이들의 역할과 기능은 문서의 내용에 대한 보다 복합적인 연구를 지원한다는 의미에서 엄격하게 구분되지 않고 있다. 예를 들어 문서를 완성하는 데 필수적인 날짜 서식의 다양성에 대한 연구는 고문서학의 연구영역이지만, 날짜의 정확한 기입을 확인한다는 의미에서는 고서체학의 범위에 속한다. 따라서 이 두 학문은 동일한 문서에 대한 연구방향과 접근방식을 달리하지만, 그럼에도 실질적으로는 고문서의 진위성에 대한 연구로 귀결되는 만큼 상호보완의 관계에 있다.[166]

---

165) 엄격한 의미에서 볼 때 고문서학과 고서체학은 기록물관리학과 같은 차원의 학문이다. 그러나 역사연구의 측면에서 위의 두 학문 영역은 기록물관리학과 함께 역사기록물의 활용을 위한 필수적인 분야들로 간주된다. 그러므로 문서의 내용과 형식에 관한 언급은 미시사 연구의 방법론에 어떻게 활용되는가를 서술하는 데 중요한 기준이 된다.

166) 이는 우리의 경우, 기록물관리학계와 정신문화연구원 그리고 고문서학회 등을 중심으로, 조선 말기와 일제초기에 작성된 외교문서들의 서식에 대한 연구를 통해 당시의 대내외적인 관계를 조명하는 데 필요한 보다 구체적이고 정확한 내용의 정보를 확보하려는 경향과 그 맥을 같이한다.

또한 메노키오에 대한 종교재판이 진행된 기간(16세기)을 전후하여 이탈리아를 비롯한 유럽 대부분의 지역에서는 속어의 사용이 이미 보편화되었고 식자층의 저변확대에 편승하여 정착단계로 접어들고 있었으며 문서의 틀과 서체의 유형도 이전 세기들의 몇 가지 정형화된 틀에서 벗어나 지역문화의 다양성에 일조하고 있었다.

그러나 이러한 변화는 역사가의 입장에서 본다면 문서의 내용에 대한 연구에 필수적으로 전제되는 서체와 서식들에 대한 판독작업이 더욱 힘들어졌다는 사실을 의미하였으며, 사실상 정형의 틀이 의미를 상실한 현실의 이면에서 조작과 위조의 가능성이 더욱 커지게 되었다는 것을 암시하는 것이었다.[167]

문서의 진위를 판단하는 기준은 다양하다. 역사적 관점의 비평이 문서의 내용이나 증언의 진실성 여부를 대상으로 한다면, 고문서학과 고서체학은 증언문의 법적 가치, 문서 작성, 그리고 문서형식(또는 서식)들의 진위성에 대한 판단의 기준이 된다. 이와 관련하여 브레스라우(Blesslau)는 문서의 조작을 "존재하지 않는 것(이나 사실)을 있는 것처럼 보이려는 문서는 거짓이다. 또한 의도적인 기만행위 없이, 분실된 공증문서를 대신하거나 다른 그 어떤 기억과 전통보다 더욱 효율적인 법적 증언문의 자격으로 실제 발생한 역사적이

---

167) 긴즈부르그는 문서의 위조 및 조작과 관련하여 다음과 같이 언급하였다: "[……] 특히 기록자료들(그리고 고고학적 증거들)에 의존해야만 하였다. 그러나 이들 자료들은 일반적으로 문자로 쓰였을 뿐만 아니라, 어느 정도는 공공연하게 지배 문화와 밀착된 인물들이 썼음으로 인하여 이중으로 간접적인 셈이다. 이는 과거의 농민들과 장인들의 사상, 신상, 그리고 소망이 우리에게 전달된다고 하더라도 거의 언제나 여과되고 왜곡된 상태로 전달된다는 것을 의미한다. 이러한 사실 때문에 그들에 관한 연구는 초반부터 좌절을 겪기에 충분하다"(Carlo Ginzburg, *I formaggi e i vermi, Il cosmo di un mugnaio del '500*: 김정하 & 유제분 역, 『치즈와 구더기』, 문학과 지성사, 2001, 서론, cit., p. XⅢ).

고 법적인 사실을 입증하려는 순수한 조작도 고문서학적으로는 거짓이다"168)라고 정의하였다.

고문서의 조작이나 위조에 관한 도덕적인 판단의 기준 또한 결코 단순하지 않으며 획일적인 처벌의 대상으로 간주하기도 힘들다. 예를 들어 체사레 파올리Cesare Paoli는 "속이려는 의도는 비난의 대상이지만, 그 이면에는 그만 한 이유가 있었을 것이며 이러한 문서들의 일부는 신중하고 세심한 연구를 통해 적어도 간접적인 역사증언으로 활용될 수 있다"169)고 주장하였다.170)

미시사 연구의 경우에도 두 학문영역의 문서위조와 조작에 관한 부분은 역사기록물에 대한 이중적인 검증절차이며 동시에 과거의 '신랄한 진실'에 대한 진지한 접근으로서 상당히 중요한 역할을 하고 있다. 긴즈부르그의 『치즈와 구더기』는 16세기 이탈리아 동북부 지역에 위치한 프리울리Friuli 시(市)의 한 작은 마을인 몬테레알레 Montereale의 도메니코 스칸델라Domenico Scandella(일명 메노키오 Menocchio)에 대한 종교재판소의 고발사건이다. 오늘날 메노키오에 대한 상세한 재판기록물은 우디네 주교구기록물보존소Archivio della

---

168) Blesslau, *Handbuch d. Urkundenlehre fur Deutschland und italien*(Lipsia, 1889) (제2판, vol. Ⅰ, 1912), p. 7.

169) Cesare Paoli, *Diplomatica*: 김정하 역, 『서양 고문서학 개론』, 서울: 아카넷, 2004, p. 340에서 인용

170) 문서의 위조 및 조작과 관련하여 마빌롱(Mabillon)은 위조문서들을 다음의 세 가지로 구분하였다: 첫째인 'ex caducitate'와 둘째인 'ex iactura'는 보존상태가 심각하거나 분실된 원본문서를 대체할 목적으로 새로 작성된 문서의 경우를 그리고 세 번째인 'ex dolo malo'는 거짓증언의 사악한 의도로 생산된 문서들을 포함한다. 반면 무라토리 Muratori는 위조문서를 두 가지의 부류로 구분하였는데, 첫 번째 부류에는 'ad vera iura tuenda'한 문서와 의도적으로 위조된 문서들을, 다른 부류에는 의도적이고 사기성의 문서들을 포함시켰다. *Ibid.*, p. 339.

Curia Arcivescovile di Udine, 포르데노네 주교구기록물보존소Archivio della Curia Vescovile di Pordenone, 그리고 바티칸 비밀기록물보존소 Archivio Segreto del Vaticano에 보존되어 있다. 그리고 재판을 전후한 기간에 피고발인의 행적에 대한 공공기록물 및 사기록물은 모데나 국립기록물보존소Archivio di Stato di Modena, 베네치아 국립기록물보존소Archivio di Stato di Venezia, 우디네 시립도서관Biblioteca Comunale di Udine 그리고 루카 국립도서관Biblioteca Governatica di Lucca에서 열람할 수 있다.

미시문화사의 관점에서 볼 때, 좌파성향을 가진 이탈리아의 미시사 연구자들은 역사사료들에 대한 불신을 노골적으로 표현하고 있다.[171] 예를 들어 긴즈부르그가, 한 국내학자의 말처럼 "재판기록물을 면밀히 검토하고 메노키오가 읽은 책들의 내용을 그의 주장과 하나하나 대조한 끝에 그의 이야기가 엘리트적 문헌 문화의 압력 아래 서서히 사라져 가던 민중문화의 흔적을 상징적으로 보여주고 있다"[172]면 이는 "자료가 객관적이지 않다고 해서 역사연구에 활용될 수 없다는 것을 의미하지는 않는다. 적의를 가지고 기술된 연대기가 반란을 일으킨 농민 공동체의 행동에 대한 귀중한 증언들을 제공할 수 있다"[173]는 긴즈부르그의 방법론을 통해 걸러진 결론이라고 할 것이다. 즉, 미시사 연구자들의 역사연구방법론은 사료의

---

171) 김정하 & 유제분, 『치즈와 구더기』, 서문. n. 3 참조.
172) 곽차섭 교수의 포항공대 과학센터 세미나(2000. 6. 9.) 발표문(「미시사: 역사학의 새로운 가능성을 위하여」) 참조.
173) 긴즈부르그는 이에 대한 모범적인 사례로서 엠마누엘 르 로이 라뒤리(Emmanuel Le Roy Ladurie)의 『로망스의 사육제(Le Carnival du Romans)』, 나탈리 제몬 데이비스 그리고 에드워드 톰슨의 『Charivari』 연구를 높이 평가하였다. 김정하 & 유제분 역, 『치즈와 구더기』 p. xv 인용.

객관적 진실성에 대한 이중적 검토(문서의 위조에 대한 고문서학적이고 고서체학적인 검토: 연대기와 저술 등에 반영된 저자의 의도에 대한 검토)에 기초하고 있다. 그리고 '이데올로기의 폭력'이나 위조의 다양한 의도에도 불구하고, 자료들의 활용 그 자체를 거부하기보다는 오히려 내용의 변형과 왜곡의 동기를 간파하고 그 이면에 가려진 본래의 사실, 즉 '신랄한 진실'에 접근하려고 한다.

3) 고문서의 '유기적 관계'와 미시사의 '잘 경계 지워진' 연구대상

기록물보존소를 방문한 사람이 가장 먼저 해야 할 일은 이곳의 정체성은 무엇이며 자신이 원하는 문서와 기록물 전체를 연결하는 고리들이 어떤 것인가를 파악하는 것이다. 왜냐하면 이러한 절차 후에 비로소 눈앞에 놓인 문서들에 대한 세밀한 판독과 정보들을 얻어내는 다른 과정들이 올바른 방향으로 나아갈 수 있기 때문이다. 다시 말해 기록물보존소의 기록물 전체에 대한 이해가 이들의 분류체계로 상징되는 유기적인 관계를 파악했다는 것이라면, 연구를 위해 특정한 문서의 열람을 신청하는 행위는 기록물 전체와 자신이 선택한 문서들 간의 상호관계를 이해하고 희망하는 정보를 제공할 가장 가능성이 높은 문서가 어떤 것인가를 알게 되었음을 의미한다.

긴즈부르그가 우디네 대주교청 기록물보존소(ACAU)에서 열람한 메노키오에 대한 재판기록은 교황청 국무부란 명칭의 시리즈로 분류된 후에 다시 내부적으로 연도와 (각 재판에 매겨진 번호로 추정되는) 재판번호로 세분되어 있다(ACAU, proc. n. 126. c. 20r). 이것은 메노키오에 대한 재판기록물이 하나의 독립된 기록물단위로 구성되어 있지 않고 당시에 종교재판을 담당하던 기관Sant' Ufficio과 연도를 기준으로 보존되어 있음을 의미한다.[174] 따라서 기록물관리학에서 볼 때, 미시사의 '잘 경계 지워진' 연구대상으로서의 메노키오는 그에 대한 재판의 시작에서 종결에 이르는 여러 안건들만으로 구성된 한 권 또는 그 이상의 권으로 구성된 기록물철File이 존재함을 의미하지는 않는다. 실제로 메노키오에 대한 기록은 다른 피고발인들에 대한 재판기록물들과 함께 여러 기록물 파일들에 흩어져 있다. 따라서 그에 대한 재판의 다른 기록들을 위해서는 그중의 한 재판기록물을 면밀하게 조사하고 얻어진 정보들을 근거로 전후의 사례들을 하나하나 추적하는 인내심이 요구된다.

치즈와 구더기에 실험된 미시사 연구의 관점은 메노키오라는 한 인물과 그 주변에 대한 것으로 관찰의 폭이 협소하고 구체적이다. 따라서 이는 '다른 학자들에게는 프리울리에서의 종교개혁에 관한 전문적인 가설에 이용될 하나의 각주로나 간주될 만한 것'이었지만, 그 결과는 긴즈부르그에 의해 한 권의 방대한 연구로 전환될 만큼 놀라운 것이었다. 이처럼 미시사의 관점은 큰 사건이나 위대한 인물보다는 구체적이고 때로는 알려지지 않은 집단이나 개인에 집중된다. 그러나 열람된 역사기록물의 기록물관리학적 구성에 유기

---

174) 메노키오의 재판기록에 대해서는 C. 긴즈부르그의 『치즈와 구더기』, 서문 n. 2(p. xi)의 첫 번째 주를 참조(Sant'Ufficio, Anno integro 1583 a n. 107 usque ad 128 incl., proc. n. 126 그리고 Anno integro 1596 a n. 281 usque ad 306 incl., proc. n. 285).

적 관계(또는 구체적인 기준의 일관성과 논리성)가 결여되어 있다면, 미시적 접근은 불가능하다. 이러한 의미에서 '잘 경계 지워진' 연구대상에 대한 연구의 성패는 열람된 역사기록물의 생산 당시의 원질서를 유지하고 있는가, 그 내부에 내용과 형식의 복합적인 유기적 관계가 존재하는가, 존재한다면 이들의 다양한 구성요인들에 대한 판독작업이 - 고문서학과 고서체학의 방법론 차원에서 - 얼마나 세심하게 진행되었는가, 그리고 궁극적으로 확보된 단편의 정보들은 상호 어떤 유기적 관계의 모양새를 구성하는가에 대한 판단에 전적으로 의존한다.

그러므로 긴즈부르그, 레비 등과 같은 미시사 연구자들은 역사기록물을 대상으로 삶의 물질적 측면에 대한 평균조건이나 익명성과 같은 계량적 접근, 기록된 내용에 대한 단순한 통계적 활용을 거부한다.[175] 반면 이들은 기록물 내부에 존재하는 유기적 관계의 실타래를 풀어가는 과정에서 드러나는 삶의 단편들을 연구대상과 그 주변의 상황에 관련된 수많은 모습들을 실명으로 묘사하는 데 활용된다.

4) '실마리 찾기Paradigma indiziario'와 고문서 연구

작년 11월 9일 긴즈부르그는 시에나 국립대학교의 초청강연에서 '신랄한 진실. 역사가들에 대한 스탕달의 도전Aspra verità, la sfida di Stendhal agli storici'이라는 제목의 글을 통해 자신의 역사접근방

---

175) 곽차섭 교수, 「미시사: 역사학의 새로운 가능성을 위하여」 참조.

식인 '실마리 찾기'를 다음과 같이 설명하였다. "역사는 평범한 인간들의 것이지, 결코 위대한 자들의 것이 아니다. 만약 우리의 인식이 일상의 현실에까지 도달할 수만 있다면 과거는 물론 현재와의 관계들도 곧바로 이해할 수 있다."176)

위의 인용문에서 의도의 핵심은 "일상의 현실에까지 도달할 수만 있다면……"이다. 그리고 현실에 접하기 위한 효율적인 수단으로 실마리 찾기를 암시하고 있다. 긴즈부르그는 자신의 저서인 *Miti emblemi e spie. Morfologia e storia*(1986)(cap.: "Spie. Radici di un paradigma indiziario")에서 실마리 찾기를 19세기 말의 인문학을 배경으로 성립된 인식론의 한 모델이었다고 지적했다. 합리주의와 비합리주의의 중재를 위한 결정적인 요인으로 소개하였던 것이다. 한 번 더 그의 말을 인용하면 "종종 현실은 얼핏 보기에는 불투명하지만, 그럼에도 징후, 즉 사건들을 설명하는 데 필요한 모종의 관계를 풀어내는 상황증거들이 존재한다"는 것이 그의 주장이었다.

이와 관련하여 한 국내학자는 미시사가 가능성의 역사를 지향한다고 전제하면서 긴즈부르그의 '실마리 찾기'를 증거들만의 실증적인 역사와는 대비되는, 즉 가능성에 기초한 역사연구의 의미에서 '실마리 찾기'로 번역하였다. 그러므로 그가 말한 가능성으로서의 실마리 찾기는 줄거리가 촘촘하고 짜임새 있는 방식으로 역사를 재구성하는 데 필요한 수많은 증거들을 자연스럽게 연결할 수 있는 요인을 의미하였다. 다시 그의 말을 빌린다면 '다각도의 면밀한 관

---

176) 원문은 다음과 같다. "La storia è storia degli uomini, non dei grandi, e quando è possibile arrivare fino alla realtà quotidiana, meglio si decifra il passato, fino a coglierne con senso di immediatezza i problemi, le connessioni con l'oggi."

찰에 근거한 합리적 추론'이라고 할 것이다.[177]

기록물관리학의 입장에서 볼 때, 긴즈부르그의 '실마리 찾기'나 국내학자의 '합리적 추론'은 한 시리즈의 여러 파일들 간이나 또는 동일한 파일(또는 기록물철file) 내의 여러 안건들 간에 존재하는 상호유기적 관계에 기초한다. 예를 들어 어느 특정한 공증인이 임기 동안 자신이 봉사한 자치도시의 시민들을 대상으로 토지나 부동산의 매매에 관한 공증기록물을 여러 권의 장부로 남겼다고 가정해보자. 이 경우, 장부들은 특정기관의 특정한 업무와 관련하여 생산된 것을 의미한다. 그리고 비록 내용의 모양새는 다양하지만 동일한 분야의 내용들이 반복적이고 한 인물에 의해서 기록되지는 않았다고 할지라도, 같은 직종의 다른 전문인에 의해 일관된(또는 일정한 범위의) 서식으로 작성되었다는 사실은 이 장부들이 내부적으로 유기적 관계를 갖고 있다는 것을 증명한다. 또한 지면의 좌우상하의 여백에 몇 개의 어휘들로 구성된 짧은 메모, 수정이나 첨삭의 흔적, 동일한 공증인의 이름으로 작성되었지만 혹시 서문이나 결문의 서식이 다르다면 이 또한 유기적 관계의 특성을 반영하는 증거라고

---

177) 이 시점에서 중요한 것은 한 국내학자의 합리적 추론이 단순히 이미 얻어진 증거들에 기초하여 서술된 줄거리의 단절을 보완하기 위한-그래서 다분히 주관적으로 표현될 수 있는- 것을 의미하지 않아야 한다는 사실이다. 즉, 그가 말한 '증거와 증거를 잇는 최선의 가능성'은 이들 증거들의 의미와 주변적 가치에 의존하기 보다는 오히려 역사기록물에 대한 기술적 분석(문서의 내용과 형식에 대한 고문서학, 기록물관리학, 고서체학적 연구)의 전 과정을 통해 얻어진 간접적인 경험을 토대로 형성되어야 할 것이다. 따라서 미시사의 역사접근방법론은 역사를 '원인과 결과의 관계로 얽혀진 사건들의 모든 것'으로 정의한 크로체(B. Croce의 시각에서 자유로워야 한다. 크로체는 '역사의 블랙홀'의 대표적인 원인을 기록물의 부족에서 찾았던 반면, 긴즈부르그는 "어느 사회에서든 왜곡의 행위는 반복되었다"는 전제 하에 기록물 복원의 필요성을 강조하면서, 그 이유를 비록 한 문서가 왜곡되었거나 변질되었다고 할지라도 (그 이면에 감추어진 그만한 이유와 명분을 알아내기 위한 기술적) 분석의 방법만 적절하다면 이를 포함하는 문서그룹의 역사, 문화적 가치를 높이는 데 크게 기여할 것이라고 하였다.

할 것이다. 긴즈부르그 역시 『치즈와 구더기』를 저술하는 과정에서 세심한 판독과 분석 작업 그리고 수없이 반복된 경험을 바탕으로 이러한 유기적 관계의 흔적들을 추적하였을 것이다.

한편 역사연구에서 사료의 부족은 지나친 해석이나 잘못된 판단에 빌미를 제공할 뿐만 아니라, 특정한 경우에는 연구 그 자체의 중단을 초래한다. 이러한 문제는 긴즈부르그에게도 예외가 아니었다. 그러나 미시사가들은 사료의 부족으로 인한 연구의 어려움을 증거와 증거를 이어주는 '가능성의 흔적'을 통해 극복하려고 하였다. 이는 셜록 홈스가 사소하고 별반 중요치 않아 보이는 단서를 포착하여 결과적으로는 사건을 해결하는 것에 비유될 수 있다. 그러므로 긴즈부르그가 노련하고 경험이 풍부한 탐정과 같다면 미세한 흔적을 포착하는 행위는 미시사가의 연구방법론에 해당하는 '실마리 찾기'라고 할 것이다.

그러나 다른 한편으로는, 긴즈부르그의 실마리 찾기(가능한 흔적)가 어디에 기초하여 성립된 것인가에 대한 문제가 제기된다. 『치즈와 구더기』를 읽어보면, 메노키오 재판의 진행과정과 증언내용에 대한 상세한 서술에는 "……일 것이다," "……처럼 보였다" 등의 의혹이나 추정의 표현들이 자주 등장한다. 이들은 특히 메노키오의 사상이나 신념 또는 증언들의 내적인 배경을 묘사하는 부분에서 빈번하게 나타난다. 뿐만 아니라 긴즈부르그가 이 부분에서 인용한 참고문헌들은 거의 대부분 피고발인이 읽었을 것으로 생각되거나 당시의 사회에서 유통되었던 또는 되었을 것으로 추정되는 일련의 저술들이었다. 이러한 분석을 참고한다면, 긴즈부르그의 '실마리 찾기'는 메노키오에 대한 재판기록물을 연구하는 과정에서 자연스럽게 가지게 되었을 학자로서의 날카로운 판단이나 확신, 추정 또는 객관적인 가치의 정보들에 기초하지 않았다. 오히려 그의 '실마리 찾기'는 메오키오의 증언 이곳저곳에 그 모습과 형태가 부분적으로 산재해 있던 진정한 민중문화(긴즈부르그는 지배문화의 고정된 틀에 묶여 철저하게 소외되고 왜곡되었을 것으로 확신하고 있다)의 원형을 재구성하려는 저자의 의도를 구체화하기 위해 동원된 구전 자료, 금서, 연대기, 일기 등에 거의 전적으로 의존하고 있다.

기록물관리학의 입장에서 본다면 긴즈부르그의 실마리 찾기는 오히려 그의 민중문화에 대한 주장을 약화시킬 수 있는 것이다. 왜냐하면 그가 실마리 찾기(가능한 흔적)에 동원한 자료는 기록물보존소에 있다는 사실에서 유래하는 공신력과 신빙성을 보장받지 못하기 때문이다. 뿐만 아니라 개인들의 저술은, 비록 그들이 민중문화의 핵심에 있었던 인물들이었다고 할지라도, 계획된 의도에 따라 기술되었던 만큼, 주관적인 판단에 근거한 것이었다고 볼 수 있기 때문이다.

물론 이들의 사료로서의 가치를 전적으로 거부하는 것은 아니다. 더구나 문화사적인 관점에서 볼 때, 이러한 자료들은 민중문화의 진솔한 모습을 복원하는 데 많은 참고가 될 수도 있다. 그럼에도 증거들의 연결고리를 의식하여 이들의 내용에 자리 잡은 주관적인 관점에만 매달린다면 이는 오히려 역사의 객관적 서술에 위배된다고 할 것이다. 따라서 실마리 찾기(가능한 흔적)에 대한 접근은 – 그 방법과 내용에 있어서 – 기록물에 반영된 제도와 행정을 토대로 구해져야 할 것이다. 그리고 이러한 토대 위에서만 연대기나 저술 등과 같은 자료들도 역사연구에 보다 효과적으로 활용될 수 있을 것이다.

5) 맺음말

오늘날 카를로 긴즈부르그의 『치즈와 구더기』는 그 경계가 분명한 주제를 대상으로 미시사 연구방법론이 성공적으로 제시된 대표적인 사례로 평가받고 있다. 메노키오가 근엄한 이단심문관들 앞에서 당당하게 주장하였던 천지창조의 비밀은 중세와 르네상스 시대의 유럽 하층문화에 대한 우리의 편견을 질타하기에 충분하다. 이러한 의미에서 메노키오는 더 이상 기억에 없는 과거의 인물이 아니라, 현재로 환원된 과거사의 증인이다.

그러나 이러한 사실을 인정하기에 앞서 과연 메노키오와 그 주변에 관한 이야기가 실제로 있었던 과거의 신랄한 진실이었는가를 재검토할 필요가 있다. 사실 이러한 신중함이 긴즈부르그의 업적에 대한 긍정적인 평가의 이면에서 제기되는 것은, 한편으로는 메노키오의 입을 통해 전달된 내용이 실로 엄청난 충격이었다는 사실을 간접적으로 시사하는 것이기도 하다. 그러나 다른 한편으로는 과거의 기록들에 대한 연구를 통해 당시 사회와 문화의 현실에 대한 메노키오의 증언을 그토록 실감나게 이끌어낸 긴즈부르그의 역사연구와 역사기록물의 관계에 대한 몇 가지 의문이 그대로 남아 있기 때문이다. 가장 먼저 지적하고 싶은 내용은 그의 연구의 방법론적인 토대가 구체적으로 무엇이었는가 하는 것이다.

긴즈부르그의 치즈와 구더기는 메노키오에 대한 이야기로 일관된 것이지만, 그 이면에는 16세기 이탈리아 동북부 지역을 대상으로 당시 민중문화의 본질을 이해하려는 저자의 의도가 짙게 깔려 있다.

오늘날 메노키오에 대한 재판기록물은 기록 당시의 제도와 행정을 기준으로 분류, 보존되어 있다. 다시 말하면 피고발인에 대한 기록물은 원질서에 입각해서 정리, 보존되어 있으며 같은 이유로 당시의 증언과 주변의 여러 부대상황은 재판 당시의 모습 그대로를 반영하고 있다고 할 것이다. 따라서 긴즈부르그에게 메노키오에 대한 기록물은 하나의 독립된 단위로서 재판의 시작과 최종판결에 이르는 모든 세부사항들이 온전하게 남아 있는 연구대상을 의미한다.

따라서 그는 재판기록물이 담고 있는 내용을 조사하기에 앞서 형식과 작성시대의 제도를 이해하는 데 집중하였을 것이다. 이러한 노력은 내용의 문어적 의미와 형식의 차원에서 정보들의 형식과 내용의 진위성에 대한 최종적인 판단에 이르는 복잡하면서도 만족할 만한 성과를 기대하기 힘든 긴 여정이다. 특히 내용의 진위성 차원에서 메노키오의 거침없는 소신과 진위성에 대한 확인 작업은 과거의 복원 가능성을 결정하는 판단의 기준이며 동시에 메노키오의 증언을 그가 속한 계층의 보편적인 문화의 토대로 활용하기 위한 전제였기 때문이다.

그렇다면 메노키오의 증언 내용을 기초로 당시 문화의 참모습에 대한 보편적인 서술이 기술적인 차원에서 어떻게 가능하였는가? 혹시 지나친 수사학적 비약이 개입되지는 않았을까?

긴즈부르그는 메노키오의 증언을 당시의 종교세계와 교회조직에 대한-어느 정도는 글을 읽을 줄 아는, 그래서 조금은 자신의 생각을 가질 수 있었던-한 평범한 인물의 사적인 견해로 간주하였으나 다른 한편으로는 권력에 의해 소외되기 이전의 민중문화를 이해할 수 있는 귀중한 단서라는 사실을 간파하기도 하였다. 이것은 긴즈부르그의 학자로서의 뛰어난 고문서 해독능력을 증명하고 있다. 그러나 그에 대한 진정한 평가는 비록 재판기록물이 양과 질적인 측면에서 전 과정에 걸쳐 비교적 온전하게 보존되어 있었기에 비로소 가능한 것이었지만 한 평범한 촌부에 대한 판례를 그의 시대의 문화에 대한 연구로 나아가는 단서로 확신하였다는 사실에 집중되고 있다.

그러나 긴즈부르그 자신도 메노키오의 증언이 그 자체로서 하나의 구체적인 내용을 구성하거나 어떤 실질적인 결론을 도출할 수 있는 정도는 아니라는 사실을 잘 알고 있었을 것이다. 따라서 그는 재판기록물에서 얻어진 객관적인 증거들을 연결하고 때에 따라서는 제3의 요인, 즉 제3의 정보들을 찾아내어 증거들의 연결매체로 활용해야만 하였다.

이 시점에서 기록물관리학과 긴즈부르그의 역사연구는 이견을 드러낸다. 즉, 후자는 제3의 요인들을 당시의 다양한 저술들에서 발굴하여 수사학적 방법론을 통해 역사기술에 활용하였던 반면, 전자는 메노키오의 재판기록물에 대한 고문서학, 고서체학 그리고 기록물관리학적 접근을 허용하는 (내용과 형식의) 유기적 관계의 틀이 제3의 요인들의 주요한 출처가 되어야 한다는 사실을 원칙으로 고수한다. 따라서 후자가 저술들의 주관적인 관점과 그 영향력을 소홀히 하였다면, 전자는 비록 후자에 비해 연구의 탄력성과 폭은 부족하겠지만 주관적 관점의 내부에 포진한, 그래서 그만큼 증거포착이 불가능한 사적인 왜곡의 위험을 피할 수 있다.

어쨌든 긴즈부르그의 『치즈와 구더기』에서 메노키오에 대한 재판기록물을 바탕 줄거리로 하면서 그의 증언들에서 추출한 증거들에 저술, 연대기 등에서 얻어낸 제3의 요인들을 결부시켜 16세기 민중문화에 대한 보편적인 이야기로 나아가는 데 성공했다. 그리고 그의 저술은 바로 이러한 이유로 우리 시대의 새로운 역사연구방법론으로 등장했다. 그럼에도, 적어도 기록물관리학의 입장에서 본다면 그가 활용한 자료들의 신빙성과 공신력에 대한 의문은 여전히 문제로 남아 있다.

6. 역사기록물관리를 위한 비평적 연구방법론

1) 배경

유럽의 고문서 전통은 르네상스 시대의 이탈리아에 기원하며 그 중심에는 당시 사제관의 신분으로 반도의 인문주의를 이끌던 이탈리아인 로렌초 발라Laurentius Vallensis(1407~1457)가 있었다. 그는 1507년에 비로소 출판된 『콘스탄틴 대제의 기증문서 위조에 대하여De falso credita et emendita Constiantini donatione declamatio』에서 황제가 교황 실베스트로 1세Silvestro I에게 자신의 불치병을 치유해준 대가로 서로마의 영토를 기증한 사실을 증거하는 문서가 위조된 것이라는 사실을 입증하였다. 당시 로렌초 발라는 자신의 확신에 대한 논리적인 근거로서 기증 문서의 작성에 적용된 문서서식과 서체가 황제 재임기간의 문서전통과 일치하지 않는다는 사실을 제시하였다. 그에 따르면 이 기증문서는 기원 후 8~9세기의 기록전통에 따라 작성된 것이었다. 오늘날 서구의 비평적 연구와 이후 역사기록물관리의 성립 및 발전에 있어 그 근거가 되고 있는 고문서학과 고서체학 전통은 바로 이러한 로렌초 발라의 연구방법론에서 기원하였다.

이탈리아 인문주의자의 연구방법론은 오늘날 명실상부한 학문영역으로 정착될 때까지 몇 차례의 역사적 발전단계를 거쳤다.

첫째, 17세기 장 마빌롱Jean Mabillon의 등장은 고문서학이 처음으로 역사연구를 위한 학문분야로 성립되는 계기로 작용하였다.

둘째, 19세기의 독일학자들은 자국의 민족주의 정서를 배경으로, 『독일역사문헌집*Monumenta Germaniae Historica*』을 출간한다. 이 문헌집은 마지막 권이 출간된 1925년에 최종적으로 완성되었다.

셋째, 나폴레옹의 몰락(1814)과 구체제Ancien Regime의 환원이었다. 앞선 두 시기의 특징들은 고문서의 각 낱장에 대한 접근으로써, 당시의 문서전통에 따라 작성되었는지, 위조를 위한 개입이 있었는지를 살펴보고 그리고 각 시대별, 지역별로 드러나는 문서전통의 특징들을 비평적으로 고증하는 데 집중되었다. 반면 19세기 초반의 새로운 변화는 고문서들을 전체로서 정리(또는 재정리)하고 관리하여 향후 이들에 대한 시민들의 다양한 문화적 접근을 제도화하는 계기로 작용한다.

오늘날 서유럽 각국의 역사기록물 활용방안은 관련제도의 틀과 기능들에도 불구하고, 궁극적으로는 같은 목표를 지향한다. 그리고 동일한 방향성은 역사기록물이 내포하는 가치들을 활용하기 위한 학문적 토대와 문화적 가치의 국내·외적인 활용을 위한 제도의 합리적인 구조에서 찾아볼 수 있다.

첫 번째 지적, 즉 학문적 토대의 구축은 기록물의 역사적 가치에 대한 체계적인 연구에 있어 문장학과 인장학 이외에도 고문서학과 고서체학에 대한 비평적 접근이 학문영역의 주요 커리큘럼으로 수용되고 있다는 사실을 의미한다. 반면 두 번째의 문화적 가치 활용의 제도화는 상대적으로 전문화의 차원보다는 자신의 문화적 욕구와 과거에 대한 교양적 관심을 충족하려는 국민의 자발적인 권리행사를 적극적으로 지원하려는 '공권력의 민주적인 봉사의식'에 해당한다.

본 논문은 유럽의 역사기록물관리에 대한 연구와 실천에 있어 비평적인 연구방법론들의 중요성을 주목한다. 그 이유는 기록된 역사의 진실을 추구하고 이러한 사실을 포장하고 있는 해당 시대의 관습적이고 전통적인 서식들의 일치성을 고증하는 것이 과거에 대한 올바른 인식을 제공하고 이를 통해 구체적인 역사인식을 함양하며 이들의 다양한 가치를 가능한 먼 미래의 후손들에게도 전달하기 위한 최소한의 학자적 양심이라 믿기 때문이다.

유럽의 역사기록물관리는 그 기원이 15세기로 거슬러 올라가며, 고문서 전통(고문서학과 고서체학)에 대한 체계적인 연구에서 비롯되었다. 이러한 학문적 전통은 현재까지도 유럽의 역사기록물관리가 보존과 활용의 제도적인 측면과 이를 유지, 발전시키기 위한 교육에 있어 기록된 과거의 모든 문서들에 대한 미시적이고 비평적인 연구에 기초한다.

2) 유럽의 고문서 전통과 역사연구

(1) 15세기의 비평적 전통

다니엘 폰 파펜브로에크Daniel von Papenbroeck와 장 마빌롱 (1632~1707)에 두 세기 앞서 이탈리아의 로렌초 발라는 콘스탄틴 대제의 서로마 기증문서, 즉 중세의 전 기간 동안 교황령의 합법성을 주장하는 근거로 제시된 교황교서가 위조된 것이라는 사실을 주장한다. 하지만 문서의 위조에 관한 논란은 이미 1199년에 교황 인노첸초 3세에 의해 제기된 바 있었다. 위조에 대한 교황의 주장은 고문서학적인 조사와 특히 문서에 사용된 인장에 대한 분석에 근거하였다. 하지만 위조에 대한 근거는, 로렌초 발라가 자신의 주장을 위해 적용하였던 고문서학(즉, 작성 당시의 서식에 대한 조사)과 고서체학의 관점이 아니라, 단순히 당대에 사용되지 않던 인장의 흔적에 근거한 것이었다.[178]

이처럼 15세기 이전에도 문서의 위조에 대한 논란은 끊이지 않았다. 하지만 로렌초 발라의 위조에 대한 확신은 이전의 사례들에서처럼 역사적 사실에 대한 기억이나 또는 다른 문서들의 내용과 다르다는 비과학적인 주장에 근거한 것이 아니었다. 유럽의 고문서 전통에 있어 로렌초 발라의 시도는, 적용된 서체와 문서서식의 시대적 차이라는 과학적 근거를 갖춘 학문적 접근의 첫 시도로 평가받는다.

---

178) Elio Lodolini, *Storia dell'Archivistica italiana, Dal mondo antico alla metà del secolo XX*, (Milano: FrancoAngeli, 2006), p. 86.

(2) 장 마빌롱Jean Mabillon의 비평적 연구방법론

문서 위조에 대한 로렌초 발라의 학문적 접근은 이후 베네딕트 수도회 소속의 신학자로서 오늘날 고문서학과 고서체학으로 정의되는 연구 분야들의 근대성을 확립시킨 장 마빌롱의 연구로 계승되었다.[179] 마빌롱은 고문서에 대한 자신의 폭넓은 연구에서 문서 위조의 유형을 다음의 세 가지로 구분한다.

첫째는 '훼손에 의한'(ex caducitate) 것으로 부득이하게 제작되는 사본의 경우이고,

둘째는 '분실에 의한'(exiactura) 사본제작이며

셋째는 '사악한 의도에 의한'(ex dolo malo) 문서위조이다.[180]

이 분야의 연구에 있어 장 마빌롱에 대한 역사적인 평가의 또 다른 근거는 그의 대작으로 꼽히는 총 6권의 『고문서들에 대하여*De re Diplomatica*』가 오늘날 보편적으로 사용되고 있는 고문서학[181]과 고서체학[182]의 용어에 기원이 되었다는 사실이다. 고문서학은

---

179) 학자들 사이에서 장 마빌롱이 고문서학과 고서체학의 학문적 근대성을 확립시킨 인물로 평가되는 이유는 두 가지인데, 첫째는 그의 위대한 업적인 *De Re Diplomatica Libri Sex*(1681)이며, 둘째는 이 업적에서 역사기록물보존소의 기록물에 대한 연구의 기준들이 이전 세기의 그것들과는 분명하게 구분되는 과학적이고 학문적이라는 사실 때문이다.

180) 반면 무라토리는 위의 세 가지 부류를 두 가지로 정리하였는데, 그 첫 번째는 '지켜져야 할 진정한 법에 따라'(ad vera iura tuenda) 작성된 문서와 의도적으로 위조된 문서를 포함한다. 두 번째는 위의 모든 경우에서 근본적으로 그리고 의도적으로 사기성이 있는 문서조작을 포함한다. 체시레 파올리 Cesare Paoli, 『서양 고문서학 개론』, 김정하 역, 서울: 아카넷, 2004, pp. 337 – 340.

181) 기원적으로 고문서학의 용어인 'Diplomatica'는 로마제국 초기에 황제와 원로원이 생산한 문서들을 가리키는 용어로 사용된 이후 중세에는 제국의 특권문서를 가리키는 용어로도 사용된 바 있다. 반면 그 이후 인문주의 시대에는 군주와 봉건영주들의 문서들을 지칭하는 용어로 폭넓게 사용되었다.

182) 고서체학의 용어인 'Paleografia'는 장 마빌롱의 *De Re Diplomatica Libri Sex*를 통

후대 학자들의 다양한 주장들 사이에 존재하는 미세한 차이에도 불구하고, 가장 보편적으로는 '문서의 형식에 대한 분석의 기술'로 간주된다. 좀 더 설명하면 근대의 고문서학은 17세기 후반을 배경으로 중세 문서들의 적법성이나 위조가능성을 판단하기 위한 기술과 절차 그리고 개념들을 포함하며 그 분석의 많은 부분에 있어 고서체학과 긴밀하게 연결되어 있다.[183] 반면 근대 고서체학은 고문서학의 경우보다 한 세기가 늦은 18세기에 서체, 특히 필사본의 다양한 서체들에 대한 연구영역으로 자리 잡는다. 사실상 고대의 서체들을 판독하고 해석하며, 그리고 그 적법성을 확인하기 위한 학문적 접근을 의미한다. 따라서 고서체 학자들의 능력은 오래된 텍스트를 이해하고 근대의 언어로 번역하는 것뿐만 아니라, 문서 작성 당시에 필경사가 활동하던 영역과 이와 연관된 다른 모든 측면들의 관계를 포괄하는 데 있다.[184]

그 외에도 고서체학은 고문서학과 마찬가지로, 비록 고문서에 대

해 성립된다. 특히 이 대작의 마지막 4개의 장(章)에서 집중적으로 다루어졌으며 이를 통해 서체의 유형들을 체계적으로 구분하고 이들을 전형화하며 기록된 시기를 추정하기 위한 최초의 학문적 시도로 간주되었다. 줄리오 바텔리, 『서양 고서체학 개론』, 김정하 역, 서울: 아카넷, 2010.

183) Jean Mabillon, *De Re Diplomatica Libri Sex*, 1681; 서양의 고서체학에 대한 연구로서 한국어로 번역된 유일한 연구서에 대해서는, 줄리오 바텔리, 김정하(역), 『서양 고서체학 개론』 참조. 이탈리아의 고문서학자인 알렉산드로 프라테지(Alessandro Pratesi는 고문서학을 "역사적 증언으로서의 가치를 확인하기 위한 목적에 따라 고문서를 비평적인 연구방법론으로 연구하는 학문"으로 정의한다. A. Pratesi, *Genesi e forme del documento medievale*, (Jouvence, 2002), pp. 8-9.

184) 그 외에도 고서체학은 인쇄술의 발명 이전 시대에 필사된 텍스트들에 적용된 다양한 언어들과 연대기적인 상황을 고려할 때, 여러 부류로 구분될 수 있다. 서양의 관련전통에 있어 지금까지 분류된 고서체학의 영역은 라틴 고서체학Paleografia latina, 그리스 고서체학Paleografia greca, 아랍 고서체학Paleografia araba, 유대 고서체학Paleografia ebraica 등으로 구분해볼 수 있다.

한 접근방식에 있어 차이는 있지만, 다른 학문분야들의 연구와 발전에 크게 기여한다. 가장 대표적인 사례는 문헌비평인데, 이는 현존하는 제한된 수의 코덱스Codex에 대한 연구를 활성화한다. 고서체학은 중세 지성사에 있어서도 주요 기록 활동 중심지들과 당시의 필경사들에 대한 다양한 정보를 제공함으로써 해당 시대의 문화에 대한 많은 사실을 재구성하였다.[185]

17세기의 고문서 전통과 관련하여, 장 마빌롱의 연구가 의미하는 바는 기록된 과거에 대한 학문적 접근을 본격적으로 체계화하고 이를 통해 당시 지식인들의 관심을 중세의 문화 전반에 집중시켰으며 또한 접근할 수 있는 길을 개척하였다는 데 있었다. 당시 그는 수도승의 신분이면서도 교회의 관점과 대립관계를 형성한 모든 세속적인 주장들을 배제한 채, 로렌초 발라의 시도를 학문의 무대에 올림으로써 후학들의 체계적이고 과학적인 연구 가능성을 확인시켜 주었다. 또한 장 마빌롱의 업적은 로렌초 발라의 시도를 고문서학과 고서체학이라는 구체적인 두 학문영역으로 정의하였으며 이를 통해 후대의 보다 방대한 연구에도 영향을 주었다.

(3) 19세기 독일 역사가들의 고문서 집성

역사의 관점에서 볼 때 고문서 연구의 가장 대표적인 사례가 1440년 로렌초 발라의 업적이었다면, 장 마빌롱은 17세기에 접어들

---

185) 그 외에도 고서체 연구와 서체가 사용된 시대의 문화에 대한 연구의 밀접한 관계에 대해서는 G. Pasquali, "Paleografia quale scienza delo spirito", *Nuova Antologia*, Vol. 355, 1931, p. 342; Armando Petrucci, *Breve Stroria della Scrittura Latina*, (Roma: Bagatto Libri, 2006), pp. 17 – 20.

어 고문서학과 고서체학을 역사학의 한 부류로 정착시켰다. 하지만 장 마빌롱의 연구에 대한 보다 큰 평가는 19세기에 이르러『독일역사문헌집MGH』의 완성과 테오도르 폰 시켈의 연구를 통해 더 큰 발전으로 계승되었다는 사실에 있다.

『독일역사문헌집』[186]은 독일 민중과 더 넓게는 유럽에 대한 세심한 연구를 거쳐 출간된 일련의 고문서 모음집이다. 그리고 당시에 수집된 문서들의 생산연도는 로마제국의 몰락에서 대략 16세기에 이른다. 그럼에도 본 고문서 모음집은 당시의 역사적 상황을 고려할 때, 독일의 역사를 반영하기보다는 서로마제국의 몰락 이후 게르만 민중과 로마 - 게르만 왕국들의 역사를 조명한 것이었다.

한편 시켈(1826~1908)은 독일 고문서학을 대표하는 학자로서 자신의 연구를 통해 서기국의 서체와 문서서식들에 대한 비교연구의 방법론을 소개함으로써, 유럽 고문서 전통의 지평을 교황과 황제 그리고 왕들의 문서들에서 이후 시대의 여러 서기국들이 생산한 수많은 문서들로 확대하였다. 또한 시켈을 비롯한 다른 독일학자들의 노력은 이후 20세기에 접어들면서 민족주의적인 성향의 연구도 자극하였다. 예를 들어, 스키아파렐리Schiaparelli(1871~1934)를 비롯한 여러 이탈리아 학자들은 이탈리아 왕국과 랑고바르디 왕국 당시의 문서들을,[187] 알랑Alain de Bouard과 같은 프랑스 학자들은 메로

---

186)『독일역사문헌집』의 출간을 위한 연구모임은 1819년 프러시아 출신의 개혁주의자인 하인리히 프리드리히 카를 프라이헤르 폰 스타인에 의해 조직되었다. 문헌집 시리즈의 첫 권이 1826년에 출간된 이후 독일을 비롯한 다른 많은 국가들의 저명한 학자들은 필사본들을 수집하고 비교하는 작업에 본격적으로 합류하였으며 연구결과를 출간하였다. 이 연구모임의 성격을 대변하는 일종의 격언은 조안 람베르트 뷸러(Johann Lambert Büchler)의 "조국에 대한 신성한 애정은 영혼을 강화시켜 준다"(Sanctus amor patriae dat animum)를 통해 알 수 있다.

빙거 시대의 고문서들을, 한스 슐츠Hans K. Schulze와 같은 독일학
자들은 카롤링거 시대의 고문서들을 집중적으로 연구하여 국가의
역사에 대한 학문연구에 기여하였다.

(4) 18~19세기의 근대적 역사기록물관리

유럽의 역사에서 18~19세기는 각국의 민족주의 성향이 강화되
는 기간이었다. 또한 이 시기에는 국가의식의 고취와 더불어 자국
의 역사에 대한 연구가 경쟁적으로 강화되면서, 연구의 원천인 고
문서들에 대한 관리에 대해서도 구체적인 관심이 집중되었다.

이러한 새로운 변화의 중심에는 고문서에 대한 새로운 접근이 있
었다. 즉, 15세기 이후 고문서에 대한 관심이 주로 개별적인 관심에
집중되었다면, 특히 19세기부터는 고문서 전체에 대한 관리의 중요
성이 새롭게 제기되었다. 이로써 고문서 연구는 새로운 국면을 맞
이하게 되는데, 이는 그만큼 고문서의 가치에 대한 활용의 가능성
이 확대되었음을 의미하는 것이었다.

19세기의 유럽은 과거 그 어느 때보다 거대한 혁명의 기운에 휘
말리고 있었다. 1789년의 프랑스 혁명은 정치와 사회 그리고 문화
전반에 걸쳐 거대한 변화를 예고하였으며 아울러 고문서 전통의 맥
락에서도 위에서 언급한 후자의 관점, 즉 고문서 전체에 대한 관리
에 새로운 계기를 제공하였다. 이로서 고문서학과 고서체학의 발전
으로 이어진 15세기 인문주의 전통은 기록물관리학Archival Science

---

187) Wilio P. P. Scalfati, "Carlo Cipolla, Luigi Schiaparelli e la scienza del documento", *Carlo
Cipolla e la storiografia italiana fra otto e novecento,* (Verona, 1994), pp. 145 - 167.

이라는 새로운 학문영역의 성립으로 계승되었다.

기록물관리의 학문화는 나폴레옹의 유럽제패를 위한 시도가 실패한 이후 구체제로 환원된 유럽을 배경으로 성립하였다. 이미 계몽절대주의의 개혁은 수많은 제도의 변화를 동반한 바 있었다. 당시 많은 봉건특권들이 철폐되었으며 그 결과 행정조직들 자체에도 급진적인 변화가 나타났다. 이러한 현상은 구체제의 몰락으로 더욱 가속화되었다. 자코뱅과 나폴레옹의 시대에 거의 모든 구제도들이 과거와는 상당히 다른 제도들로 교체된 데 이어,[188) 구체제가 환원된 이후에도 변화와 개혁의 바람은 과거 나폴레옹이 보여주었던 행정개혁의 의지를 완전히 지워버리지는 못했다.

역사기록물관리의 관점에서 볼 때, 이러한 일련의 '과거 청산' 개혁은 크게 두 가지 변화를 동반한다. 첫째는 급변의 역사를 통해 현용이나 준현용의 행정적인 가치는 상실하였지만 역사적 가치가 매우 높다고 평가된 문서들을 관리하기 위한 대규모 영구기록물관리기관의 설립이었다. 이러한 변화는 생산주체에 의한-기록물의-모든 가치의 독점에서 벗어나 가치별 관리의 원칙과 제도가 새롭게 정비되고 있음을 보여주는 것으로서 사실상 중세전통과의 단절을 의미하였다.

18세기 중반에서 19세기 중반에 이르는 기간에 추진된 대규모 영구기록물관리기관의 설립에는 그 추진과정에서는 학문적 연구가 주된 목적이었으나, 이후 관련 작업이 본격화되면서부터는 시민들의 권리보호를 위한 의도가 추가되었다. 몇 가지 사례를 살펴보면 다음과 같다. 18세기 후반 피렌체 대공국Granducato di Firenze은 이

---

188) Elio Lodolini, *Storia dell'Archivistica italiana. Dal mondo antico alla metà del secolo XX*, p. 127.

전의 공공기관들과 - 피렌체에 복속된 - 여러 자치도시들이 생산한
양피지 문서들과, 폐지된 수도원과 개인들이 자발적으로 기증한 문
서들에 대한 집중적인 관리를 위해 피렌체 역사기록물보존소Archivio
Diplomatico Fiorentino를 설립하였다. 이와 거의 같은 시기(1778년 9월
30일)에 피렌체 대공국은 역사기록물관리를 위한 법령을 마련하면
서 이러한 일련의 조치가 학문적 연구를 지원하기 위한 결정이었음
을 선언하였다.[189] 그리고 계속해서 몇 달 후인 1778년 12월 24일에
는 "이러한 문서들이 지식과 역사에뿐만 아니라 공·사의 권리와
법을 증거하는 데도 도움이 될 것"이라는 의지를 표명하였다.[190]

당시 공권력이 통치(즉, 업무적이고 행정적인 목적)의 과정에서
생산한 문서들을 그 역사적이고 문화적인 가치를 고려하여 시민사
회에 공개하겠다고 표방한 의도는 시민들의 자유로운 열람을 위한
관련규정을 마련하는 것으로 입증되었다. 왕정복고 이후 양 시칠리
아 왕국Regno di Due Sicilie의 경우가 대표적인 사례였다. 1818년
(11월 12일, n. 1379) 공권력은 왕국의 역사기록물보존소에 관한 법
령을 제정하면서(n. 1380), (같은 날짜로) 지방의 다른 모든 역사기
록물보존소들에도 적용되는 시민의 자유열람에 관한 권리를 함께

---

189) "피렌체 대공국의 통치자는 대공국 시민의 역사에 감흥하여 중세에 관련한 문서들이 이
토록 오래되고 낡은 문서들에 반영되어 있음을 고려하여…… 다음과 같은 조치를 단행
한다." S. A. R., a cui è estremamente a cuore l'istoria civile del Granducato,
riflettendo che i documenti più genuini e più sinceri relativi a quella del
medioevo son contenuti nelle vecchie carte ed antiche membrane……, ha
risoluto)(cfr. Guido Pampaloni, "L'Archivio diplomatico fiorentino(1778~1852).
Note di storia archivistica", Archivio Storico Italiano, a CXXⅡ(Firenze, 1965), pp.
177 - 221.

190) "Il motuproprio del 24 dicembre 1778"(Archivio di Stato, Firenze, Segreteria di
Stato, 1779, prot. 1, n. 1, S.) Legge e bandi, Ⅸ(Firenze, 1779), n. LXXⅥ.

마련하였다(n. 1381).[191]

그 외에도 당시의 변화는 후대에도 영향을 주었는데, 그것은 역사기록물을 그 생산지역을 중심으로 관리한다는 원칙이었다. 훗날 이 원칙은 이탈리아의 통일 이후(1871) 반도의 여러 행정수도들에 영구기록물관리기관으로서의 지방기록물관리기관이 설립되는 데 큰 자극이 되었으며 현대의 기록물관리 영역에서도 '생산지 원칙'으로 유지되고 있다.

반면, 둘째는 역사적 가치의 기록물과 행정적 가치의 기록물에 대한 관리를 제도적으로 분리한 것이다.[192] 가치의 차이를 기준으로, 기록물의 관리를 제도적으로 구분하려는 경향은 당시의 지식인들에게 과거에 대한 역사·문화적인 호기심을 크게 자극하면서, 특히 역사적 가치의 기록물에 대한 관리의 기술적인 기준들을 마련할 필요성을 느끼게 하였다. 당시에 소개된 관리의 기술요인들은 크게 자료별 정리방식과 연대기 정리방식이었다. 하지만 역사기록물의 자료별 정리방식은 현대의 그것과는 달리 생산주체들을 존중하기 보다는 기록물을 당시 대부분이 역사학자들이었던 지식인들의 관심분야나 주제들을 중심으로 재구성하는 것이었다. 또한 연대별 정리방식은 이미 자료별로 재분류된 기록물의 2차 분류에 적용됨으로써 기록물에 기술된 주제에 대한 시대적 접근을 매우 용이하게 하였다. 하지만 이러한 분류법은 당대의 연구에만 유효하였을 뿐, 후

---

191) 현재, 왕정복고 이후의 모든 법률들은 *Collezione delle leggi e de' decreti reali del Regno delle Due Sicilie*에 포함되어 있다(Napoli, Tipografia di Ferdinando Raimondi, 1855).

192) cfr. *Ibid.*, p. 128.

대의 새로운 주제들에 대한 연구에는 심각한 재앙을 불러왔다.[193] 자료별 정리방식은 그 이후 20세기 중반까지 지속된 만큼, 역사기록물에 막대한 피해를 주었다. 반면 이 정리방식은 도서관의 도서들에 합리적인 질서를 부여한다는 원칙과 관련해서는 십진법의 주제별 정리방식을 통해 오늘날까지 그 효율성을 인정받고 있다.

유럽의 기록물관리 전통에는 아직도 18~19세기의 자료별 정리방식에 의한 피해의 흔적이 남아 있다. 이탈리아 시에나 국립기록물보존소Archivio di Stato di Siena의 경우, 1771년에 시작된 체사레 파올리Cesare Paoli의 자료별 분류작업은 수많은 고문서의 폐기를 가져오면서 폐기된 문서들에 기록되었던 역사적 기억의 회복을 영원히 불가능하게 만들었다.[194] 하지만 자료별 정리원칙은 다행히 19세기 중반에 중단되었으며, 이를 계기로 역사기록물이 당대의 역사·문화적인 관심에 국한하여 유용할 뿐, 그 이상의 활용 가능성은 가지고 있지 못하다는 편견이 극복되었다.

오늘날 유럽의 기록물관리전통은 생산지 원칙에 따라 각 지역들에 설립된 영구기록물관리기관(즉, 지방기록물관리기관)을 배경으로, 생산지(또는 출처의 원칙, 퐁 존중의 원칙, 그리고 이 두 방식을 절충한 역사방식의) 원칙과 시민의 자유열람에 근거하면서 '세대'

---

193) Giorgio Costamagna, "Un progetto di riordinamento dell'Archivio segreto negli ultimi decenni di indipendenza della Repubblica(di Genova). Una priorità genovese?" *Atti della Società ligure di storia patria*, n. s., IX(LXXXIII), fasc. 1(Genova, 1969), pp. 121 - 142.

194) 체사레 파올리가 채택한 원칙은 "역사가들이 이미 연구한 기록물은 더 이상 쓸모가 없다"는 것이었다. Cfr. Archivio di Stato di Siena, *Guida - inventario dell'Archivio di Stato*, Vol. 1(Roma: Ministero dell'Interno, 1951)(Pubblicazioni degli Archvi di Stato, Vol. V), p. XVI(조반니 체키니 Giovanni Cecchini의 서문).

와 '주제'를 초월하는 활용의 무한대 원칙을 고수한다. 그럼에도 유럽의 기록물관리전통은 고문서에 대한 비평적 접근을 통해 가치발굴을 극대화하는 학문의 영역에만 안주하지는 않는다. 또한 유럽의 기록물관리제도는 거의 대부분의 역사기록물이 사실상 공공영역에서 생산된 문서들이라는 사실을 주목하여 궁극적으로는 시민들에게 공개되어야 한다는 원칙을 고수한다. 이것은 역사기록물이 학문적 연구의 주된 대상일 뿐만 아니라, 현대 민주정치와 민주시민사회의 유지 발전을 위해서도 매우 중요하다는 사실을 암시한다.

(5) 이탈리아의 역사기록물관리 교육체계

① 역사기록물보존소Historical Archive의 교육과정

이탈리아의 역사기록물은 국가의 역사와 생산지 원칙에 기초하여, 통일 이전의 행정수도들을 중심으로 설립된 103개의 역사기록물보존소에서 관리되고 있다. 그 외에도 통일 이후의 공공기관에서 생산된 후에 역사적 가치로 평가되어 영구보존이 결정된 기록물은 생산기관의 역사기록물관리를 위한 분과에서 독립적으로 관리되고 있다. 그리고 역사기록물보존소들의 주된 이용자는 주로 역사·문화적인 목적으로 기록물을 활용하려는 국내·외의 연구자들과 법적인 용도나 순수한 문화적 호기심을 해결하려는 시민들이다.195)

---

195) 국립기록물보존소들은 이용자들의 구성과 이들의 방문목적을 고려하여 다음과 같은 관련 규정을 마련하고 있다. cfr. http://it.wilipedia.org/wiki/ Archivio_di_Stato: 1) 국가의 지방행정조직들 혹은 중앙부처들에 직속된 조직들에서 생산된 기록물유산의 보존과 보호 그리고 가치평가. 2) 더 이상 현용되지 않은-국가의 사법기관들과 행정조직들의-문서들 또는 국가문화유산관리법 제41조에 의거해 수집된 기록물. 3) 국가가 소유

전국의 103개 중 17개의 역사기록물보존소에서는 역사기록물의 잠재적인 가치들을 지속적으로 개발하고 역사·문화적인 가치들을 적극적으로 활용 및 홍보하기 위한 목적에 따라, 기록물관리전문가 Archivist 양성을 위한 전문교육을 운영한다.196) 이를 살펴볼 때, 교육 커리큘럼은 석·박사 과정의 학생들과 보다 전문적인 교육을 희망하는 일정수준의 일반시민들을 대상으로 한다. 총 2년의 과정으로 짜인 교육내용 중에서 가장 주목할 부분은 1차년도 교육과정에 '기록물관리학개론', '(기록물을 생산한) 행정 조직의 역사', '제도사 연구' 이외에도 '고문서학'과 '고서체학'의 강의가 배치되어 있다는 사실이다. 또한 고문서학과 고서체학은 2차년도의 교육과정에서도 실습의 비중이 높은 커리큘럼을 통해 반복된다.197)

역사기록물보존소의 '시민들을 위한 교육과정'은 자신들이 거주하는 지역의 역사와 문화에 대한 호기심을 충족시키려는 일반시민들을 위한 교육기회를 제공한다. 비록 전문교육과정의 수준에는 미치지 못하지만 지역공동체의 친밀도 유지와 지역정체성의 시민적 확산에 기여한다는 점에서는 의미가 있다고 할 것이다.

② 대학교 교육과정

이탈리아 국내 대학교들의 역사기록물관리 교육과정은 자국의

하고 있거나 다양한 관련법에 따라 보유하고 있는 모든 기록물. 4) 생산기관들의 참여 하에 모든 기록물의 관리에 대한 감찰활동을 수행하며 종이 또는 디지털 형태의 사본제 작을 지원한다. 5) 관리되고 있는 기록물의 관리에 대한 관련 기능을 수행한다. 6) 기록 물에 대한 다양한 홍보 전략을 수립한다. 7) 보존되어 있는 기록물의 보존과 사본제작 정리작업, 목록작업 그리고 연구 활동을 촉진한다.

196) 김정하, 『기록물관리학 개론』, 서울: 아카넷, 2007, pp. 197 - 201.

197) Elio Lodolini, *Archivistica, Principi e problemi*(Milano: Franco Angeli, 1998), pp. 373 - 379.

기록물관리법인 D.P.R. 1963년 9월 30일, art. 31, n. 1409에 근거한
다. 역사기록물관리에 대한 교육을 분석하면 그 특징을 다음의 세
가지로 요약된다.[198]

첫째, 역사기록물관리에 대한 교육은 특정 학부의 독자적인 운영
보다는 여러 학부의 협동과정으로 제도화되고 있다. 협동체제로 운
영되는 이유는 역사기록물관리가 온라인 활용과 관리, 전자기록물
의 등장, 기록물의 정리(그리고 재정리)작업 및 생산조직의 제도연
구 그리고 역사기록물의 가치평가와 활용으로 구성된다고 할 수 있
기 때문이다.[199]

둘째, 대학들은 해당지역의 역사기록물 관리와 활용을 위한 전문
교육과정을 운영하고 있다. 역사적인 맥락에서 볼 때, 특히 이탈리
아의 경우 각 지역의 정치권력은 통치행위와 조직의 운영에 있어
적지 않은 차이를 보였던 것이 사실이다. 이러한 다양성은 곧 통치
행위의 과정에서 생산된 기록물에 반영되어 있기에 각 지역의 대학
들에서 강의되고 있는 고문서학과 고서체학의 지역적 다양성에 원
인을 제공한다. 베네치아의 카 포스카리Ca' Foscari 대학교의 '베네
치아 고문서학' 강의가 그 대표적인 사례이다.[200]

---

198) 비대학권이 실시하는 역사기록물관리 교육과정의 대표적인 사례인 프랑스 파리의 국립
　　고문서학교Ecole nationale des chartes에 대해서는 cfr. *Ibid.*, pp. 384-390.

199) *Ibid.*, pp. 195-197.

200) Ibid., pp. 195-196. 그 외에도 1842년 밀라노 역사기록물보존소에 설립된 '고서체
　　학, 기록물관리학, 그리고 고문서학 교육과정'에 대해서는 cfr. Paola Carucci Maria
　　Guercio, *Manuale di Archivistica*(Roma: Carocci, 2008), pp. 56-57. 한편 제노
　　바 국립대학교가 운영하는 교육과정의 커리큘럼은 다음과 같다: '기록물관리학 개론',
　　'기록물관리 기술', '정보기록물관리(전자기록물관리)', '특수기록물관리학 개론', '고문
　　서학, 고서체학, 기록물관리학과 고서체학 그리고 고문서학 실습'이다(cfr. http://www.ar-
　　chivi.beniculturali.it/ ASGE/scuola.htm 참조, 2012년 4월 18일).

셋째, 대학의 교육과정은 국립기록물보존소의 그것과 비교할 때, 상대적으로 이론중심의 교육수준을 유지한다. 후자의 경우 기록물 관리전문가의 전문성을 향상시키는 데 그 목적이 있다면, 대학의 관련 교육은 기록물관리전문가 지망생의 기본지식을 교육하는 데 역점을 두고 있다.[201]

③ 바티칸 비밀기록물보존소의 교육과정

바티칸 비밀기록물보존소Archivio Segreto del Vaticano에는 학자들의 연구를 위해 기록물 열람을 허용한 것(1880, Memorabile)과 거의 같은 시기인 1884년에 교황 레오네 13세의 지시로 '고서체학과 고문서학 전문교육과정Scuola di Paleografia e Diplomatica'이 신설되었다.[202] 이러한 결정은 당시로서는 직·간접적인 활용에 있어 문서들에 대한 판독과 해독이 가장 시급하다는 판단에 따른 결정이었다. 열람 및 교육의 필요성은 제2차 세계대전이 종식된 이후 교황 조반니 23세에 의해 사본제작 및 복원을 위한 시설의 설치와 운영이 추진되었으며 교황 파올로 6세(1963~1978)의 재임기간에는 '고서체학, 고문서학, 그리고 기록물관리학 전문교육과정'을 강화하는 조치로 이어졌다.[203]

---

201) *Ibid.*, p. 196.

202) 로마교회의 역사에서 역사기록물보존소의 설립을 추진한 첫 번째 교황은 시스토 5세 Sisto V(1585~1590)였다. 당시 교황은 로마가톨릭교회 기록물보존소Archivio Generale della Chiesa의 설립과 수석 기록물관리전문가Archivista Generale 부서의 설립을 취한 조치를 단행하였다. 하지만 이후의 변화를 기준할 때 교황 시스토 5세의 계획은 구체화되지 않은 것으로 판단된다. 그 이유는 1610년 교황 파올로 5세Paolo V가 바티칸 비밀기록물보존소Archivio Segreto del Vaticano를 설립하였기 때문이다. cfr. Ibid., pp. 278-282.

203) *Ibid.*, pp. 285-286.

현존하는 전문교육과정의 명칭에서도 알 수 있듯이, 바티칸 비밀기록물보존소는 아직까지도 고서체학과 고문서학의 중요성을 기록물관리학보다 우선적으로 고려하고 있다.[204]

결론적으로 이탈리아의 역사기록물관리를 위한 다양한 교육과정과 역사기록물에 대한 국가적 관심은 고서체학, 고문서학, 그리고 기록물관리학으로 집약된다. 이것은 고문서의 보존과 활용에 있어 위의 세 분야가 가장 중추적이라는 사실 이외에도 고문서의 잠재적 가치를 지속적으로 개발, 평가함에 있어서도 가장 적절한 비평적 연구방법론에 해당한다는 사실을 의미한다. 또한 역사기록물관리에 대한 이상적인 교육은 역사기록물을 직접적으로 관리하는 기관을 중심으로 실시될 때 효과가 가장 극대화된다는 사실도 간과해서는 안 될 것이다. 뿐만 아니라 전문가 양성을 위한 교육과정과 더불어 시민을 위한 교양 차원의 교육도 함께 병행하는 것이 민주시민사회의 구현에 필수적이라는 사실을 함께 인식할 필요가 있다.

7. 우리나라 역사기록물관리의 현주소와 문제점

1) 역사기록물관리와 역사연구

일반적으로 '오래된 문서'는 오늘날의 학술용어로 해석할 때 고문서 또는 역사기록물에 해당한다. 전자는 오래된 문서의 의미를

---

204) *Ibid.*, pp. 207 - 208.

가지고 있으나 일정한 연도를 기준으로 그 이전에 생산되었는지에 대한 기준이 없거나 어느 학문 분야의 전문용어인지에 대한 고찰이 전제되지 않을 경우 학술적인 용어로는 부적절하다. 반면 역사기록물은 오늘날 기록물관리의 영역에서 구체적인 판단근거와 생산연도에 대한 기준에 근거하여 사용되고 있는 전문용어이다. 해외의 유사한 사례들을 참조할 때 역사적 가치가 매우 높다고 판단되는 기록물은 크게 보아 다음의 두 부류로 구분된다.

첫 번째 부류는 일정연도 이전에 생산된 기록물로서 그 역사·문화적 가치를 고려하여 현대기록물관리의 관련규정에 따라 선별 및 폐기 작업을 생략한 채 모두 영구 보존된다. 영국은 영구보존의 기준연도로 생산연도를 1660년으로, 러시아는 1825년으로, 프랑스는 중앙행정기관들의 경우 1800년과 자치도시 역사기록물의 경우 1830년으로, 덴마크는 1848년으로, 네덜란드는 1814년으로 그리고 이탈리아는-로마를 배제한 채 실현된-통일의 해인 1861년으로 설정하고 있다.[205]

반면, 두 번째 부류의 역사기록물은 위에서 지적한 연도 이후에 생산된 공공기록물 중에서 선별과 가치평가의 작업을 거쳐 영구보존이 결정된 문서들이다. 이들은 생산기관이 중앙행정기관인 경우 중앙기록물관리기관에서, 그리고 생산기관이 지방공공기관인 경우에는 관할 지역의 국립 또는 도(道) 차원의 지방기록물관리기관에서 관리되고 있다.

우리나라의 경우, 폐기제한연도는 아직 공식적으로 고려되고 있지

---

205) *Ibid*, p. 59. 그 외에도 폐기금지 제한연도의 경우, 아르헨티나는 1981년 10월 9일 법 n. 1571에 따라 1916년을, 수단은 1982년 관련 법규정에 따라 제한연도를 1925년으로 설정하였다. 그리고 인도는 제한연도를 Publici Records Act n. 69에 근거해 1892년을 설정했다.

않다. 그 이유는, 추정하건데, 이미 국사편찬위원회, 한국학중앙연구원, 국가기록원 등이 오래전부터 근대 이전의 역사기록물을 관리하고 있었다는 사실 때문이기도 하겠지만, 현재의 「공공기록물관리에 관한 법률」을 참고할 때 역사기록물관리의 중요성을 국가기록물관리제도에 포함시켜야 한다는 당위성에 대한 인식의 공감대가 형성되지 못한 때문이기도 하다. 하지만 이러한 문화기관들의 역사기록물관리는 국가의 차원에서 마련된 제도의 틀에서 운영되고 있지 않으며, 이러한 사실로 인해 사실상 전문연구자들에게만 열려 있을 뿐 일반 시민들을 위한 문화적 활용의 다양한 서비스에는 부응하지 못하고 있다.

그 외에도 폐기제한연도를 전후한 두 부류의 역사기록물은 기록물관리전문가의 양성에 필수적인 고문서학과 고서체학의 두 전문영역을 현장교육을 위한 커리큘럼으로 활용할 수 있는 계기를 제공한다. 연구방법론으로서의 두 학문영역을 공식화하는 것의 여부가 연구의 현장과 연구자의 전문분야에 있어 큰 차이를 가져올 수 있다는 것이 그 이유이다.

2) 전문교육과정의 필요성

우리나라의 기록물관리법에 있어 가장 우선적으로 제고해볼 수 있는 사항은 기록물의 다양한 가치들과 관련하여 역사기록물관리와 행정기록물관리를 제도적으로 구분하고 있지 않다는 사실과 더불어, 현재의 상황은 후자 중심의 기록물관리체계를 짐작하게 한다는 것이다. 또한 행정기록물관리로의 쏠림현상은 현행 기록물관리자 교육 및 대학교의 기록물관리 석·박사과정에도 부정적인 영향을 미치고 있으며 더 나아가서는 역사기록물관리에 근거하여 기록물관리전문가를 양성해야 할 필요성에도 부응하지 못하는 원인이 되고 있다.[206)]

지금의 현실에서는 역사기록물관리를 구축하기 위한 관련법 조항들을 보완하고 제도적인 변화에 노력하는 것도 필요하지만 이에 못지않게 역사기록물의 잠재적인 가치들을 지속적으로 발굴하기 위한 학문적인 노력도 중요하다.

역사기록물과 역사학의 관계에 있어 우리의 현실은 역사기록물의 내용에 대한 직접적인 연구에 치중되어 있다. 이것은 현존하는 역사기록물을 역사연구를 위한 사료(史料)로 활용하는 연구 메커니즘 차원에 머무는 것일 뿐, 역사기록물의 신뢰성이나 위조 가능성 또는 내재된 진실에 대한 체계적이고 다면적인 접근에는 미치지 못하는 현실을 반영한다.

그럼에도 본 연구자는 우리나라의 역사연구가 확보된 사료에만 국한된 해석과 역사기술(記述)의 초보적인 수준에 머물고 있다고 주장하지는 않는다. 다만 현재의 대학들과 전문연구기관들의 교육 커리큘럼을 참고할 때, 역사기록물의 내용과 형식에 대한 정확한 판독이 제도화되지 못한 채, 그리고 고문서학과 고서체학과 같은 비평적 연구방법론의 보편화가 생략된 채 연구자들의 개별적인 재능과 사적인 인맥에 더 크게 의존할 수밖에 없는 지금의 현실에 대해 말하고 있을 뿐이다.

---

206) 기록물관리요원, 즉 역사기록물관리를 위한 기록물관리전문가가 아니라 현용과 준현용 단계의 행정기록물을 관리하기 위한 기록관리사의 양성에 관해서는 국가기록원에서 출간한 「공공기록물관리에 관한 법령집」의 제41조(기록물관리 전문요원) 참조.

결론적으로 고문서 혹은 역사기록물에 대한 관리와 활용의 극대화를 위한 최선으로는 한편으로는 이들의 잠재적 가치를 발굴하기 위한 노력을 경주하면서, 다른 한편으로는 각각 연구방법론을 설정하고 교육에 활용하는 것이 중요하다. 즉, 적어도 고문서학과 고서체학 그리고 기록물관리학의 유기적인 관계를 통해 역사기록물에 대한 학술적이고 국민적인 친화력을 높여야 할 것이다.

3) 맺음말

오늘날 한 국가의 기록물문화유산, 특히 역사기록물에 대한 체계적인 접근과 활용 가능성의 확대는 국가의 정체성 확보 및 발전과 지역시민사회의 문화적 소통에 있어 매우 중요하다.

그럼 우리나라의 역사기록물관리를 위한 최선의 노력은 무엇일까? 국가의 과거 역사에 있어 중요한 역할을 담당하였던 행정수도들을 중심으로 영구기록물관리기관을 설치하고, 관련지역의 대학교를 중심으로 역사기록물관리와 역사연구의 효율성 극대화를 위한 노력, 즉 역사기록물의 가치화를 위한 수단들, 예를 들면 고문서학과 고서체학의 학문적 체계화를 추진할 필요가 있다.

서유럽 사회의 지적 전통은 그 계보의 전승과 발전에 있어 서양의 경우, 특히 15세기 이후의 '기록된 역사'에 대한 체계적인 연구가 병행되지 않았다면 지금의 현주소와는 많은 부분에 있어 차별화되었을 것이다. 역사기록물관리는 크게는 국가의 정통성과 국민의 공통된 정체성 의식 그리고 작게는 지역사의 발굴과 지방문화의 발전을 위한 연구자들의 과제에 해당한다.

8. 역사기록물 활용의 사례

1) 배경

역사연구에 있어 역사기록물의 활용은 절대적이다. 그 이유는 이들이 어떤 구체적인 의도나 목적을 위해 생산된 것이 아니라, 관련업무와 관련하여 자연스럽게 그리고 비의도적으로 작성되었기에 해당시대에 대한 후대의 다양한 연구에, 있었던 사실 그대로를 전달하기 때문이다. 기록물은 생산 이후 폐기 또는 영구보존에 이르기까지 몇 단계의 가치들을 순차적으로 경험한다. 업무와 관련하여 작성된 직후부터 관련업무가 종결될 때까지 문서는 현용의 가치를 유지하지만 관련업무가 종결된 직후부터 얼마간은 유사업무들을 위한 참고적 가치를 획득한다. 그리고 많은 시간이 지난 후에는 선별을 거쳐, 항상 생산의 이유에 근거하는 거의 영구적인 역사·문화적 가치를 유지한다.

본 지면에서 소개할 명성황후 시해에 관한 문건은 1895년 공식 전문의 형태로 작성된 이후 현용, 준현용의 가치를 단계적으로 거친 후에, 관련역사에 대한 사실적인 증언으로서의 영구적인 가치를 대변한다. 또한 이러한 궁극적인 가치는 항상 문서로 생산된 당시의 내용과 형식에 근거하며, 이에 대한 오늘날의 활용도 그 영역에 있어 이러한 근거의 범주에서 결코 벗어나지 않는다.

오늘날 세계사에 대한 기술(記述)에서 유럽사의 그것이 가장 큰 비중을 차지하는 이유는 이에 상응하는 상당량의 기록물이 현존하기 때문이다. 이처럼 과거를 연구하여 있었던 그대로의 가능한 모든 진실을 밝히고 그 의미를 미래로 전달하는 지적활동의 중심에는 과거의 기록증언들에 대한 체계적인 관리와 다양한 활용의 가능성에 대한 지속적인 연구가 위치한다.

오늘날 역사기록물에 대한 관리의 필요성에 있어 강조되고 있는 점은 그 주제나 사건 등이 무엇이든지 간에 언급된 내용에 관한 한 적어도 복수의 출처가 존재한다는 사실에 근거하여 기록물관리의 방법론이 구축되어야 한다는 점이다. 왜냐하면 언급된 사실, 즉 기록된 업무는 그 성격상 수발(受發)의 절차를 거쳐 추진되기 때문이다. 예를 들어 명성황후의 시해에 관한 문건의 경우에도 당시의 국제정세를 생각하면 업무의 주제나 내용은 동일하지만 이해당사자들인 수발의 주체가 매우 다양하였던 것이 사실이다. 아울러 이러한 기록물관리의 특성은 다른 한편으로는 한 나라의 역사에 있어 국내의 현존하는 역사기록물은 현실적으로 충분하지 못할 수 있을 뿐만 아니라 극히 제한된 정보의 한계로 인해 만족스럽지 못한 결과를 야기할 수 있다는 논리의 근거에 해당한다.

본 지면에서 소개할 명성황후의 시해에 관한 문건은 기록물관리의 측면에서 볼 때, 불행했던 근대사의 한 단면에 대한 증거이며 동시에 위의 논지에 대한 또 하나의 사례이다. 우리의 근대사 연구에 있어 가장 큰 어려움은 이 시대의 기록된 증거들이 절대적으로 부족하다는 사실에 기인한다. 당시 서양열강들이 생산한 조선 관련 기록물에 대한 체계적인 수집은 기록물의 다양한 출처에 근거할 때 이러한 문제에 대한 대안이 될 수 있으며 오히려 관련연구의 영역과 방법론에 있어 그 폭을 더욱 확대시킬 수 있는 기회가 될 것이다.

2) 기록물관리학적 구조

본 문건은 1895년 11월 7일 북경 주재 이탈리아 영사인 바르디A. Bardi가 본국의 외무성 장관인 바르메 블랑크Barme Blanc에게 한 달 전에 조선에서 벌어졌던 명성황후 시해에 관한 소식을 타전한 전문이다. 당시 이탈리아는 이미 1886년에 "조(선과) – 이(탈리아) 수호 및 통상에 관한 조약"을 체결하였지만, 조선에 그 어떤 대표부도 설치하지 않았으며 주로 영국을 통해 자신의 존재감을 드러내고 있었다. 반면 이탈리아는 중국, 일본, 조선, 러시아와 자국을 비롯한 서구열강들(미국, 독일, 프랑스, 영국)의 다각적인 관계에 대한 개입의 제도적인 장치로서 중국의 북경과 상해 그리고 일본의 도쿄에 대표부를 가지고 있었다.

1895년 11월 본국에 타전된 본 문건은 역사연구를 위한 사료의 측면보다는 기록물관리의 관점에서 더 큰 의미를 가진다. 본 문건이 소장되어 있는 외무성의 역사기록물보존소는 정리방법에 있어 원질서Original Order, 즉 생산기관의 다양한 출처들에 – 그러므로 기록물정리방식으로서의 역사방식Historical method에 – 근거하고 있다. 하지만 계층적 구조의 내부를 들여다보면 기록물이 생산지역 (지명, 알파벳), 연도의 순차적인 질서에 따라 정리되어 있음을 알 수 있다. 이러한 질서의 내부에서 본 문건이 차지하는 논리적인 위치Logical position를 추적하면 다음과 같다.

[표 4] 이탈리아 외무성 기록물보존소, 기록물의 계층적 구조

◇ [Group] Archivi Preunitari
　[Serie] ☐ Segreteria di Stato
　　　　 ☐ Legazioni sarde
　　　　　　[File] ▲ Vienna
　　　　　　　　　 ▲ Londra
　　　　　　　　　 ▲ Pietroburgo
　　　　 ☐ Agenzia diplomatica in Alessandria d'Egitto(1861~1888)
　　　　 ☐ Rappresentanze consolari sarde(sec. XIX)
　　　　 ☐ Rappresentanze diplomatiche e consolari toscane(1737~1859)
◇ [Group] Archivi dell'amministrazione centrale
　　　　 ☐ Ministero degli Affari Esteri del Regno d'Italia(1861~1888)
　　　　 ☐ Trattati(1861~)
　　　　 ☐ Serie telegrammi(1861~)
　　　　 ☐ Documenti diplomatici a stampa(1861)
　　　　 ☐ Serie "Z" - contenzioso(1861~1939)
　　　　 ☐ Serie Politica "A"(1888~1891)
　　　　 ☐ Serie Politica "P"(1891~1916)
　　　　　　 ▲ CINA(1891~1896) n. 404 - [파일사진 1] 참조

◇ [Group] Archivi delle Rappresentanze Diplomatiche e Consolari
　　　　 ☐ Rappresentanze diplomatiche

　　　　　　 ▲ Berlino(1861~1950)
　　　　　　 ▲ Londra(1861~1950)
　　　　　　 ▲ Parigi(1861~1950)
　　　　　　 ▲ Pietroburgo - Mosca(1861~1950)
　　　　 ☐ Rappresentanze consolari negli USA(1891~1960)

◇ [Group] Collezioni Varie
　　　　 ☐ Ministero dell'Africa italiana(1859~1959)
　　　　 ☐ Somalia
　　　　 ☐ 개인수집기록물

　　문서들은 아래의 [사진 1]에서 보듯이, 대략 15cm 폭의 파일에
넣어진 상태로 관리되고 있다. 내부의 문건들은 연대순의 원칙에
따라 가장 빠른 날짜의 문건이 위에 오는 방식으로 정리되어 있다.
아래의 [사진 1]을 볼 때 상단의 Serie Politica MAE는 시리즈 명칭이

Politica MAE P이고, 본 파일의 내부에 1891~1896년 사이에 생산 또는 수신된 여러 파일의 문서들이 있으며, 중국을 의미하는 Cina는 발신처가 중국의 상하이 또는 북경이라는 것을 말해준다. 그리고 하단의 숫자 404는 본 시리즈의 번호에 해당한다.

이하 4장의 디지털 사진은 명성황후 시해에 관한 문건으로 모두 19세기 말의 이탈리아어로 필사되었다. 문서들에서 볼 수 있는 서체는 당시에 작성된 다른 문건들의 그것과 비교하여 알 수 있듯이, 적어도 공공관리들이 사용

[사진 1] 시리즈(serie) 번호 404의 디지털 사진

하던 가장 보편적인 형태이다. 문서의 상단 오른쪽에는 언제, 어디서 이 문건이 작성되었는지가 기록되어 있다. 장소, 일, 월, 그리고 연도의 순서는 오늘날 이탈리아 외교가의 문서들에서도 여전히 유지되고 있는데, 흥미로운 것은 월이 아라비아 숫자가 아니라 알파벳 단어라는 점이다. 한편 문서의 왼쪽 상단에는 생산주체로서 중국에 파견된 영사관의 공식명칭이 보인다. 그 외에도 문서의 상단과 하단의 왼쪽에는 나중에 추가된 것으로 보이는 흔적이 있는데, 이들은 후대에 추진되었던 재정리 작업의 횟수와 그 과정의 흔적을 보여준다.

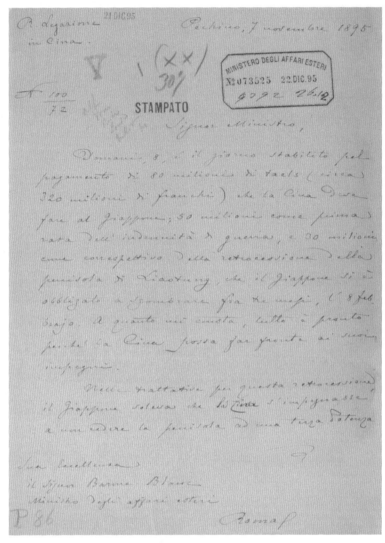

[문서 1]

출처: Serie Politica "P"(1891~1916), Cina(1891~1896) n. 404, 명성황후 시해 관련 문건 페이지 2

[문서 2]

출처: Serie Politica "P"(1891~1916), Cina(1891~1896) n. 404, 명성황후 시해 관련 문건 페이지 3

[문서 3]

출처: Serie Politica "P"(1891~1916), Cina(1891~1896) n. 404, 명성황후 시해 관련 문건 페이지 4

[문서 4]

3) 이서(移書)와 번역

≪[문서 1]의 이서 내용≫

Signor Ministro

Domani, 8, è il giorno stabilito per
pagamento di 80 milioni di taels(circa
320 milioni di franchi) che la Cina deve
fare al Giappone; 50 milioni come prima
rata dell'indennità di guerra, e 30 milioni
come correspettivo della retrocessione della
penisola di Liaotung, che il Giappone si è
obbiligato a sgombrare fra tre mesi, l'8 feb-
brajo. A quanto mi consta, tutto è presto
perchè la Cina possa far pronta ai suoi
impegni.
Nelle trattative per questa retrocessine
il giappone soleva che la Cina s'impegnasse
a non cedere la penisola ad una terza Potenza

Sua Ecellenza
il Signor Barme Blanc

Ministro degli affari esteri

Roma

≪[문서 2]의 이서 내용≫

ma non è riuscito.

Il negiziato per la stipulazione d'un
nuovo trattato di commercio Cino-Giappone si
continua qui, con la speranza di una lontana
conclusione, fra l'ex Viceré Li Hung Ciang
ed il Sig. Hayashi, ministro del Giappone. Mi
riservo di fare conoscere a Vostra Eccellenza
le disposizioni che interessereanno gli altri stati
i quali godono in Cina del trattamento
della nazione piú favorita.

Le questioni di Kucheng e di
Chengtu, motivate dai massacri e dalle
distruzioni di proprietà di missionari, sono
pure in via d'accomodamento. I severi
editti imperiali dei quali detti notizia a
V. E., la degradazione del Viceré del Szechuen
e d'altri pubblici uffijciali, i provvedimenti
presi per la tutela dei missionari dove pare-

vano piú minacciati, non saranno privi d'efficacia. Qualche tronco di ferrovia finirà per costruirsi, malgrado le opposizioni di ogni sorta; finora peró nulla è deciso di positivo, checché ne dicano in giornali. Se la Cina

≪[문서 3]의 이서 내용≫

è, come la Turchia, un gran malato, può dirsi che la malattia sta divenendo cronica. Due fatti però, a quanto si può giudicare, in questo momento, e dopo che è stato sventato un complotto che si tramava a Canton, possono provocare una crisi ed aprire anche la via a nuove complicazioni: la ribellione maomettana nel nord-ovest dell'Impero ed il recente colpo di stato in Corea. La prima continua a propagarsi, e se non viene presto domata, ciò di cui questo Governo è tutt'altro che sicuro, la Cina può trovarsi di fronte ad una ribellione non meno pericolosa di quella dei Taiping. E se l'Europa

avesse ad intervenire, è probabile che si
farebbe pagare le spese. Del colpo di
stato avvenuto in Corea nel mese scorso,
i particolari son conosciuti in Europa
per mezzo del telegrafo. Una banda
d'armati, guidati dal padre del Re,
ex Reggente, entrata di viva forza nel
palazzo Reale a Seul, d'intelligenza

≪[문서 4]의 이서 내용≫

se non coll'aiuto del generale Miura, mini-
stro del Giappone, uccise la Regina, dell'
antica dinastia cinese dei Ming, che era
a colpo del partito anti-giapponese e princi-
pale ostacolo alle riforme. La sua morte
non pare più debbia, sebbene non sia stato
trovato il cadavere, perchè probabilmente
fu dagli uccisori asperso di petrolio ed
abbruciato insieme ai cadaveri di alcune
dame di palazzo. È notevole che tanto
in Corea, quanto in Cina, dove l'im-
portanza sociale della donna è nulla,

la direzione suprema del governo si
sia trovata, e per la Cina si trovi anco-
ra, in mano d'una donna.

Il Giappone si è affrettato a ripu-
diare qualunche partecipazione a questo
attentato, a richiamare il suo Rappresent-
tante a Seul e ad imprigionare i sud-
diti giapponesi che vi avevano preso parte.

A. Bardi

≪[문서 1]의 국문 번역문≫

1895년 11월 7일, 북경
친애하는 장관님

내일 8일은 중국이 일본에 주어야 하는
8,000만 taels(약 3억 2천만 프랑에 해당)이
지불되어야 하는 날입니다: 5천만 taels은
전쟁배상금의 1차 지불금이고 3천만 taels는
일본이 3개월 후인 2월 8일(1896)에 철수해야 하는
랴오둥Liaodong 반도에서 물러나는 것에 대한 대가입니다.
제가 이해하기로는 모든 일이 잘 해결될 것으로

보이는데 왜냐하면 중국이 자신의 의무를 이행할 수
있을 것이기 때문입니다.
철수를 위한 협상에서 일본은 중국이 랴오둥 반도를
제3의 열강에 넘기지 않는다는 조항의 추가를

친애하는 외무부 장관
바르메 블랑크
로마(이탈리아)

≪[문서 2]의 국문 번역문≫

촉구하였지만 성공하지는 못하였습니다.
중국 – 일본의 새로운 무역조약 체결을 위한
협상은 계속되고 있지만 전(前) Viceré 리홍장Li Hung Ciang과
일본의 장관 하야시Hayashi가 결론에 도달할 희망은
멀게만 보입니다. 저는 장관님에게 중국에서 좀 더 많은 특권을
누리는 다른 열강들이 관심을 가지는 사항들을
알려드리려고 합니다.
선교사들을 죽이고 그들의 재산을 파괴하는 행위로
인해 야기된 Kucheng과 Chengtu의 문제는 해결되고
있습니다. 황제의 엄격한 법령으로 Szechuen의 총독과 다른
관리들이 파면되고 가장 큰 위험에 노출된 선교사들의
보호를 위한 조치들이 효력을 가질 것입니다.

일부 손상된 철도는 모든 반대에도 불구하고,
복구될 것입니다; 하지만 신문들의 보도에 따르면
긍정적인 결정은 보이지 않습니다. 만약 중국이

≪[문서 3]의 국문 번역문≫

터키의 경우처럼, 심각한 병에 걸린 환자라면, 그 병은
만성적인 병이 되어 가고 있다고 할 것입니다.
하지만 지금 이 순간에는 두 가지 사실에 대해
언급하겠습니다. Canton을 혼란으로 몰아넣은 음모는
진정되었지만 이 두 사건은 위기를 야기할 것이며
다시금 복잡한 상황을 만들 수 있습니다: (중국)제국의
북-서부 지역에서 봉기한 이슬람 반란세력과 조선에서
일어난 쿠데타가 그것입니다. 첫 번째는 계속적으로
확산되고 있으며, 그리고 만약 진압되지 않는다면
그동안 (이 같은 종교적인 문제들로부터) 안전했던 이 정부가
Taiping에 못지않은 위험한 반란에 직면할 것입니다. 만약
유럽이 개입한다면 그 비용을 요구할 것이 자명합니다.
지난달 조선에서 발생한 쿠데타에 대한 소식들은 전문을
통해 유럽에 알려졌습니다. 과거 조선을 통치했던 왕의 아버지가
이끄는 무장한 무리가

≪[문서 4]의 국문 번역문≫

일본대신인 미우라 장군의 비호 하에,

서울의 왕궁에 강제로 난입하여, 명나라 고대 왕조의 후손이며 반일본세력으로 개혁의 가장 큰 걸림돌이었던 왕비를 살해하였습니다.

그녀의 죽음은 비록 시신이 발견되지는 않았지만 의심의 여지가 없어 보이는데, 왜냐하면 그녀는 살인자들에 의해 궁의 다른 여성들의 시신과 함께 기름으로 불태워졌기 때문입니다.

중국에서처럼 여성의 사회적 중요성이 전혀 없던 조선에서 여성이 정부의 최고지도자의 위치에 오른 것은 극히 놀라운 일인데, 중국은 아직도 여성에 의해 지배되고 있는 실정입니다.

일본은 이러한 시도에 가담한 것을 서둘러 부정하고, 서울에 파견되었던 대리인들을 소환하였으며 그리고 왕궁난입에 참여했던 일본인 신하들을 체포하였습니다.

A. 바르디

제 **4** 장

민주주의와 역사기록물

1. 민주주의와 인권 그리고 역사기록물의 역할과 기능

1) 배경

역사기록물Historical archives은 생산기관의 제도를 기준으로 정리된 후에 선별과정을 거쳐 원질서Original Order를 유지한 채 영구 보존이 결정된 문서들이다. 이들은 좁게는 생산기관의 모든 활동에 관한 역사적 흔적을, 넓게는 생산기관의 정체성 일부를 폭넓게 대변한다. 따라서 기록물과 생산기관(또는 출처)의 관계는 개인에서 국제사회에 이르기까지 모든 구성원의 활동에 대한 증거들의 전체이며 동시에 각 실체가 표방하는 유기적이고 사회적인 활동으로부터 체제 전반에 이르는 정신·물질적 요인들의 복합적인 관계인 것이다.

기록물과 권력의 관계는 이미 고대부터 불가분의 관계로 이해되고 있다. 전자가 후자의 모든 움직임과 변화의 기록된 흔적이라면,

같은 맥락에서 후자의 의지는 기록물의 운명을 결정한다고 해도 과언이 아니다. 이와 같이 서로의 서로에 대한 역할과 상징 그리고 가치와 의미에 영향을 미치는 관계는 민주주의 국가나 새로이 민주주의 체제를 표방한 국가의 지배체제와 인권의 관점에서 살펴볼 때 분명하게 드러난다. 특히 정보기관이나 비밀기관의 기록물은 공인된 비밀의 영역에 머물 때와 은폐된 비밀로 유지될 때 권력의 정체성을 달리하는 것은 물론, 생산기관의 직·간접적인 대상인 시민들의 인권에도 보호와 탄압(또는 유린)의 양면성을 드러낸다.

그럼 기록물이 생산주체와의 관계에서 가지는 이중적인 역할은 구체적으로 무엇일까? 그리고 이러한 역할의 마지막 여정에서-특히 민주주의로의 체제변화를 경험한 국가들이 과거정권하에서 생산한-기록물의 가치는 어떻게 규정되어야 할 것인가? 역사적으로 진실은 반드시 밝혀져야 할 것이지만 때로는 화합과 화해를 위해 희생되었다. 또한 보존은 기록물관리에 있어 근본적이지만 때로는 이들을 파괴하는 것이 보다 설득력 있는 명분이었다. 이러한 논리는 인간의 삶과 경험에 근거하는 진실을 상대적인 평가의 대상으로 끌어내리려는 궤변처럼 들릴 수 있겠지만 사실은 진실의 절대적 가치를 겨냥한 것이 아니라, 진실을 이용하는 개인이나 집단 또는 국가와 같은 생산주체의 의지가 드러내는 상대적인 의미를 지적한 것이다.

기록물의 역사적 가치Historical value는 관련업무가 일정한 기간이 지난 후에 합법적인 절차를 거쳐 사회에 환원된 것이다. 또한 문서들은 이러한 합법적인 '가치의 사회 환원' 이외에도 소위 말하는 '문서들의 장막' 속에서 은밀한 목적을 위해 생산되기도 한다. 후자의 경우가 암시하듯이, 기록물은 권력의 상징으로서 민주주의와 인권에도 결정적인 영향을 미친다. 기록물은 적어도 초기에는 생산기관의 이해관계를 대변하지만 영구보존의 단계에서는 지역사회는 물론, 생산기관들의 전체를 포함하는 국가와 국제사회에도 결코 적지 않은 영향을 미친다. 이러한 논리는 기록물을 인류를 위한 소중한 문화유산으로 관리해야 할 이유이기도 하다.

2) 민주주의의 좌절

(1) 문서들의 비밀

고대제국에서 기록물은 항상 권력과 동반관계에 있었다. 또한 오늘날에도 법규정, 사회의 정보에 대한 필요성, 기록물관리전문가의 부단한 노력, 그리고 역사가와 시민의 끈질긴 요구에도 불구하고 과거와 현재를 이해하는 데 필요한 문서들을 둘러싼 장막은 완전히 투명해지지 않고 있다. 민주주의 정권에서도 어둠의 그늘은 존재한다. 노르베르토 봅비오Norberto Bobbio는 이를 '민주정치의 실패'라고 하였는데,[207] 그 이유는 기록물의 자유롭고 충분한 활용으로 충족되어야 할 권리의 행사를 불가능하게 만들기 때문이다.

이러한 언급의 대상에는 현존하는 권력의 기록물 외에도, 법의 영역 밖이나 법에 대치되는 상황에서 활동하는 조직들과 불법적인 활동을 자행하는 합법적인 부서들 그리고 정상적인 민주주의 체제의 통제

---

207) N. Bobbio, *Il futuro della democrazia*, Torino, 1984, cit., p. 84.

하에 있지 않은 권력들에 의해 생산되고 축적된 문서들이 해당한다.

실질적으로나 또는 법적으로 은밀하게 활동하는 비밀조직이 자신들이 생산한 문서, 정보, 결정 그리고 사건을, 휘발성이 매우 큰 통신수단을 이용할 경우 쉽게 제거할 수 있음에도 불구하고, 비교적 신뢰할 수 있는 매체에 저장한다는 사실은 일종의 아이러니가 아닐 수 없다. 종종 중요한 결정은 구두나 직접적인 접촉, 코드나 암호로 또는 조직원을 통해 전달되기도 한다. 하지만 문서들은 작성되어 수·발신되며, 특별한 방식으로 또는 접근하기 힘든 장소에 보존되는 것이 보통이다. 이러한 이유로 이들은 폭로의 수단이며 증거와 증언의 출처에 해당한다. 스테파노 비탈리Stefano Vitali가 지적한 것처럼, 서로 상이한 목적을 추구한다는 맥락에서, 기록물은 존재 그 자체로 인해 은밀하게 감지되어 - 적어도 생산자의 의도에 따라 - 미공개의 상태로 남아 있는 행위와 사실들을 밝혀내는 '위험한 기회'를 제공할 수 있다.

지난 20세기에 비밀활동의 정보조직들이 관료제도로 발전한 과정은 - "현대의 기밀은 문서의 기밀이라고 할 정도로 기록하는 것에 집착하는"[208] - 이들이 수행하는 문서생산의 기원에 해당한다. 지난 19세기 말부터 유럽에는 일반경찰들 외에도 시민의 '공적인 사고'를 통제하는 정치경찰과 군대 그리고 첩보의 분야에서 은밀하게 활동하는 비밀조직들이 존재하고 있었다. 이러한 새로운 조직들은 양차대전의 기간에는 전체주의 정권의 산물로, 그리고 제2차 세계대전 당시에는 양대 정치 블록으로의 분열과 냉전의 결과로 그

---

208) A. Dewerpe, *Espion*, cit., p. 142.

수가 급증하였다. 이러한 양적 팽창은, 드웨퍼Dewerpe에 따르면, 투명성과 책임성의 원칙과는 무관한 행위와 – 정의상 공적인 – 은밀한 행정이라는 비정상적인 모델의 형성을 가져왔다.[209]

　대표적인 사례는 이탈리아 군대정보기관인 SIFAR이다.[210] 이 기구는 모든 군사조직을 총괄하는 단일조직으로 창설된 이후(1949), 크게 두 가지 활동, 즉 '공격'과 '방어'의 임무를 수행하였다. 후자의 임무를 담당하는 'D 부서Ufficio D'는 두 개의 섹션으로 구성되었다. 첫 번째는 군대경찰과 국내보안의 임무를 담당하였고, 두 번째는 진정한 의미의 방첩활동을 하였다. 이 기구는 비서국 이외에도 북대서양조약기구NATO와의 긴밀한 관계 속에서 주어진 임무들을 수행하기 위한 부서로 운영되었다. SIFAR가 창설되기 이전에 활동하던 정보기관의 기록물보존소는 1943년 9월 8일의 화재로 파괴되었다. 이후 방첩활동이 1944년 로마에서 재개되었을 당시 각 지방행정수도에 남아 있었거나 화재 당시에 간신히 화마를 피한 문서들 그리고 방첩활동을 수행하는 직원들에 의해 기록된 '기억'에 근거하여 기록물보존소의 재설립에 관한 조치가 취해졌다. 'D 부서'는 지난 20여 년 동안(1944~1966) 목록과 장부 그리고 목차를 갖추고 각 섹션별로 정리된 264,000개의 파일을 축적하였다. 가장 많은 기록물 시리즈는 지난 50년대 말 이후의 첩보활동과 정치인, 관료, 정부인사, 종교인, 그리고 유명 인사들의 공적이고 사적인 활동을 은밀하게 조사한 개인파일로 구성되어 있었다.[211]

---

209) lvi, pp. 119 sgg.
210) lvi, pp. 119 sgg.
211) 'D 부서'의 기록물보존소에 대한 정보는 지난 1967년 1월로 거슬러 올라간다.

불법적인 관행을 문서로 남기는 경향은, 다른 시대의 다른 역사적인 상황에서도 알 수 있듯이, 행위들이 얼마나 은밀하게 추진되었는가에 따라 강화되기도 하였다. 유럽 레지스탕스의 정치·군사 조직들은 저항운동을 전개하는 과정에서 겪은 어려움과 위험은 물론, 문서들을 빼앗기고 발각될 위험에도 불구하고 보고서, 기밀문건, 통신문, 인쇄물을 제작하고 발송하는 활동을 멈추지 않았다. 이런 의미에서 프랑스 레지스탕스는 '가장 왕성한 문서 폭식가'라고 할 수 있었다.[212] 다른 하나의 사례는 이탈리아의 붉은 여단Brigate rosse이다. 공권력의 대대적인 수사에도 불구하고, 이들의 기록물은 발견되지 않았는데, 그 이유에 대해 아드리아노 소프리Adriano Sofri는 다음과 같이 기술하였다.

> 붉은 여단은 테러활동을 하기 위해 문서를 작성하기보다는 문서를 제거하기 위한 작전을 전개해야 할 정도로 문서생산에 세심하였다. 국가비밀기관들의 경우처럼, 붉은 여단의 기록물은 온전히 남아 있었다. 알도 모로Aldo Moro 수상의 납치, 살해에 관한 문서들이 안전을 이유로 파괴되었다는 것은 당시 붉은 여단의 생리상 도저히 믿기 힘든 사실이다. 모든 단체나 조직은 자신이 생산한 문서들에 강한 애착을 가지고 있다.[213]

(2) 비밀의 존재에 대한 부정

문서들의 존재를 은폐하는 전략은 다양하다. 이러한 전략들 중에 비밀을 합법화하는 것은 이것이 그 대상과 시기와 절차 등에 있어

---

212) H. Noguères, *La Vie quotidienne des résistants de l'armistice à la liberation*, *Hachette*, Paris, 1984, p. 26, cit., in A. Dewerpe, *Espion*, cit., p. 142.

213) A. Sofri, *L'ombra di Moro*, Sellerio, Palermo, 1991, p. 88.

명백히 규정에 의한 것이라면 크게 우려할 일이 아니다. 그럼에도 합법적인 비밀은 때로는, 불법과 합법의 경계가 불확실할 정도로 그리고 - 행위와 명령에 대한 구체적인 책임을 쉽게 밝힐 수 없게 만드는 - 독단과 자유재량의 영역을 형성할 정도로 지극히 가변적이다.[214] 투명하지 못한 비밀의 경우, 은폐로 인한 위험이 쉽게 발생할 수 있으며, 위험성은 비밀이 무책임한 형태를 갖추고 통제에서 벗어날 때 더욱 증폭된다. 그러므로 법규정에 따라 구체적인 비밀로 분류된 공식적인 비밀은 말 그대로의 비밀과 구분되어야 한다. 또한 내부를 들여다 볼 수 없는 장막을 설치하여 진실 확인을 방해하는 가장 확실한 방법은 비밀로 설정하는 것이 아니라 그 존재를 부정하는 것이다. 이와 관련하여 조반니 살비Giovanni Salvi 판사는 경우에 따라서는, "비밀을 보호하는 근본적인 방법은 비밀에 관한 규정을 위반하는 것이었다"[215]고 하였다. 문서를 비밀로 분류하여 자유열람의 대상에서 제외하는 것은 사실상, 문서의 공개를 주장한 데 따른 불가피한 결과이다. 이것은 비밀이 구체적인 형태로 그 모습을 드러냄으로써 속임수의 기능을 상실하게 되는 일종의 확인절차이다. 이에 대해 드웨퍼는 다음과 같이 말하였다.

> 비밀들 중에서 가장 안전한 것은 이를 확인하는 작인이 없거나 또는 완전히 공개된 것처럼 보이는 것이 아닐까? 오늘날 정치비밀, 관료정치상의 비밀은 은폐의 논리를 벗어나 그 존재가 알려져야 할 필요가 있다.[216]

---

214) P. Pisa, "Le premesse 'sostanziali' della normativa sul segreto di Stato", M. Chiavario(감수), *Segreto di Stato e giustizia penale*, Zanichelli, Bologna, 1978, p. 26.

215) *Ivi*, p. 1050.

사법부 재판기록물의 특징은 이상의 언급에 대한 대표적인 사례이며 그 대상은 이탈리아의 글라디오(저자 주/글라디오Gladio는 북대서양조약기구 NATO와 이탈리아가 비밀로 합의한 불법조직이었으며 소비에트가 서유럽을 침공할 경우에 대비하기 위한 활동을 수행하였다)에서 찾을 수 있다. 글라디오의-SISMI의 제7분과 문서들 사이에서 발견된-문서들은 이 조직이 이탈리아와 미국이 체결한 비밀협약에 근거한 활동을 통해 생산된 순간부터 최고의 기밀로 분류되었을 것이고 따라서 최고위급의 몇 사람만이 그 존재를 알고 있었을 것이다. 이 조직은 그 존재 자체가 알려지지 않고 있었다. 기록물관리와 역사에 해박한 지식을 가지고 있던 조반니 살비는 재판에서 각각의 문서뿐만 아니라 문서들 전체, 즉 기록물이 조직되어 있는 상태, 즉 질서에도 증거로서의 가치를 부여하였다.

> 사람들은 글라디오의 문서들이 조직 내부의 문서관리지침에 따라 엄격하게 관리되고 있었을 것이라고 생각한다. [……] 하지만 실제로는 정반대였다. 극비문서들은 별로 중요하지 않기에 상당히 느슨하고 자유롭게 관리되는 일반문서들처럼 취급되고 있었다. [……] 비밀을 보호하는 근본적인 방법은 비밀에 관한 규정을 위반하는 것이었다.217)

같은 내용은 칠레의 비밀경찰조직인 DINADirección Nacional de Inteligencia(아우구스토 피노체트의 독재기간에 조직되었다)의 기록물에서도 볼 수 있다. 1978년 칠레와의 심각한 정치위기 상황에서 아르헨티나가 입수한 DINA의 기록물은 군사독재정권이 종식된 후

---

216) A. Dewerpe, *Espion*, cit., pp. 141-142.
217) G. Salvi, *Occulto e illegale*, cit., p. 1050.

에 아르헨티나 정부에 의해 – 진행 중인 몇 건의 재판과 관련하여 –
이탈리아로 보내졌는데, 이를 계기로 당시 관련문서들이 '비밀문건
취급에 관한 특별규정'이 적용되지 않은 상태에서 지극히 비정상적
이고 비공식적인 방식으로 관리되고 있었다는 사실이 드러났다.

(3) 세심하게 계획된 무질서

구체적이거나 쉽게 알 수 있는 질서가 없고, 규칙과 접근수단도
갖추지 못한 불완전한 상태. 이러한 표현은 불법적인 기록물을 설명
할 때 단골메뉴로 등장한다. 하지만 무질서가 항상 불법과 은폐의
상태를 나타내는 것만은 아니다. 이처럼 합법적인 비밀이 불법적인
활동의 은폐를 필연적으로 의미하는 것이 아니듯이, 문서들을 비정
상적인 방식으로 취급하는 것이 불법적인 문서들의 존재와 필연적
으로 연결되는 것은 아니며 단순히 근무태만과 최악의 행정, 그리고
문화적인 인식의 부족으로도 해석될 수 있다. 하지만 무질서는 통제
를 무력화시키고 남들이 알지 못하게 하며, 책임을 회피하거나 숨길
무엇인가를 가지고 있는 자들에게는 가장 필요한 것이다. 기록물의
무질서는 "파리가 시체에 꼬이듯이 부패를 따라다닌다."[218] 그 대표
적인 사례는 지난 세기 90년대 초반 호주정부의 로스 켈리Ros Kelly
가 관련된 스포츠 로토Sports Rorts 스캔들에서 찾을 수 있다.[219]

국가의 조직과 정보기관의 탈선이 이탈리아에서 발생하였을 때,

---

218) S. McKemmish, G. Acland, *Archivistis at Risk*, cit.
219) McKinnon, "The Sports Rorts Affair: A Case Study in Recordkeeping,
     Accountability and Media Reporting", in *New Zealand Archivist*, V (1994),
     4, pp. 1–5.

사람들 사이에서 가장 빈번하게 지적된 것은 무질서와 기록물관리규정의 부재였다. SIFAR에 관한 베올키니Beolchini 보고서(1967)는 여러 번에 걸쳐, '비밀로 유지되었어야 할' 문서들의 관리가 소홀했다는 사실, 비서실의 근무자면 누구든지 흔적을 남기지 않고 부서 책임자의 이름으로 파일들을 다룰 수 있었던 문서관리시스템, 무질서한 기록물 관리, 그리고 모든 파일을 대상으로 작성된 목차가 없다는 사실을 지적하였다.[220] 이러한 내용은 지난 1994년 주제페 데 루티스 Giuseppe De Lutiis에 의해 다시금 지적되었는데, 그는 글라디오와 관련하여 극비로 분류된 문서들이 오랜 시간이 지난 후에 별로 중요하지 않은 다른 문서들과 섞여 있었던 사실에 개탄하였다. 1999년의 한 조사보고서에서도 유사한 지적이 반복적으로 드러났다.

> 원칙적으로는 주요문건들에 첨부되어 있어야만 했지만 그 일부가 이곳저곳에 흩어져 있었다. 그 결과 이들을 주요문건들에 다시 첨부시키는 것은 사실상 불가능하였으며, 특히 이들이 얼마나 파괴되었는지를 밝히는 것도 불가능한 상황이었다. 특히 활동을 증거하는 문서들 중에는 - 비록 원본으로 추정되는 파일들 속에 있었지만 - 보고서나 다른 미등록 문서들도 함께 발견되었다. 또한 '보존용'과 '폐기용' 서류철도 발견되었는데, 문서들은 지금까지도 그 속에 그대로 남아 있다.[221]

당시 이탈리아 기록물관리자문회의의 보고서에 따르면, 몰수되기 이전에 이미 원질서가 훼손되어 있었기 때문에 문서들의 맥락을 파악할 수도 없었고 답변의 진실성에 대한 평가와 문서에 대한 연

---

220) *Dossier Sifar*, cit., pp. 28 - 29.

221) *Requisitorie conclusive del pm G. Salvi nel procedimento a carico di Martini Fulvio e altri*(cd Gladio), p. 6.

구는 물론, 사라진 나머지를 확인하는 것도 불가능한 상태였다. 이러한 의미 있는 지적과 다른 중요한 '심증들'에 입각하여, 기록물관리는 그 자체로(개입, 무질서, 함정, 결핍), 글라디오에 대한 사법재판에서 피고들에 대한 고발의 근거로 채택되었다.

비밀기관들의 불법적인 행위나 은폐로 인한 기록물의 무질서를 보여주는 다른 사례는 국가의 정보와 안전 그리고 국가의 비밀을 위한 의회위원회Comitato Parlamentare per i Servizi di Informazione e Sucurezza e per il segreto di Stato)가 발행한 '1995년 정보와 안전을 위한 시스템에 관한 첫 번째 보고서Primo rapporto sul sistema di informazione e sicurezza del 1995)'에서 찾아볼 수 있는데, 예를 들면 폰타나 광장의 참사에 관한 문서조작, 보르게세Borghese 쿠데타 당시의 대화를 녹음한 마그네틱 저장장치 분실, 지난 세기 70년대의 긴장전략에서 중요한 역할을 하였던 아우구스토 카우키Augusto Cauchi에 관한 문서들의 분실, 페코렐리Pecorelli의 문서들 중에서 기밀문건들이 분실된 사건이 그것이다.[222]

이처럼 의회위원회는 기록물 관리의 비정상적인 상태를 다음과 같이 지적하였다. "문서들은 독단적으로 운영되고 있으며 통제 가능하고 구체적인 기준이 의도적으로 무시되고 있다. 이러한 무질서와 혼란을 이용하여 일단의 지도그룹이 비밀문서들을 사실상 마음대로 주무르고 있다." 이것은 정보활동의 변질과 수단화를 가능하게 만든 주요 원인이었다. 의회 위원회는 자신들의 조사를 마감하

---

222) Camera dei deputati, Senato della Repubblica, Ⅻ legislatura, Comitato parla-
    mentare per i servizi di informazione e sicurezza e per il segreto di Stato,
    Primo rapporto sul sistema di informazione e sicurezza, cit.

면서 다음과 같은 사실을 잠정적인 결론으로 제시하였다.

논리적인 맥락에서 다음의 두 가지를 생각해볼 수 있는데 이는 직원의 무
관심, 어리석음 그리고 근무태만으로 인해 무질서가 야기되었다는 가정과
혼란을 조장하고 은폐하려는 구체적인 의도가 있었다는 가정이다. 확정적
으로 말할 수는 없지만 두 번째에 무게가 실리는 것은 확실하다.

'계획된 무질서'를 조성하기 위한 방법들 중의 하나는 데 루티스
De Lutiis의 말처럼, 사안에 민감한 문서들을 다른 파일로 옮겨놓거나
또는 일반문서나 별로 의미가 없는 문서들과 함께 놓아두거나,[223] 폐
기할 수 있거나[224] 필요에 따라 제거할 수 있도록 분리해서 관리하는
미등록문서들과 함께 놓아두는 것이다. 특히 마지막 방식은 당시 내
무부 장관이었던 마로니Maroni에 의해 '적당한 순간에 이 파일에서
저 파일로 옮겨지는 정보와 파일들의 표류'로 묘사되었다.[225] 조사위
원들에 따르면 국가의 안전보장과는 전혀 무관한 인물과 사건에 대
한 이른바 '정상적이지 못한' 정보가 민주정보안전부SisDE: Servizio
per le Informazioni e la Sicurezza Democratica 기록물보존소의 아킬레
Achille 파일들 속에 포함되어 있었다. 그리고 1996~1997년에 실시
된 의회의 조사에서는 파일 속에 페이지가 표시되지 않았거나 몇 장
의 문서가 빠져 있는 사례가 적지 않았던 것으로 밝혀졌다.[226]

---

223) G. De Lutiis, *Il lato oscuro del potere. Associazioni politiche e strutture paramilitari segrete dal 1946*, Editori Riuniti, Roma, 1996, p. 152.

224) A. G. Theoharis(감수), *A culture of Secrecy. The Government versus the people's Right to Know*, University Press of Kansas, Lawrence, 1998, p. 10.

225) Comitato parlamentare per i servizi di informazione e sicurezza e per il segreto di Stato, Primo rapporto sul sistema di informazione e securezza, cit.,; G. De Luttis, Il lato oscuro del potere, cit.,

(4) 파괴, 위조, 생략

본 논문의 주제와 관련해서는 계획된 무질서 외에, 파괴와 생략 그리고 문서위조도 함께 고려해야 할 대상이다.

이란 게이트Iran-Contras 청문회가 열리던 기간에 노스North와 포인텍스터Poindexter는 약 6,000개의 이메일을 삭제하였다. 당시 비공개 중인들은 문서 폐기가 다른 경우들에 비해 분명히 비정상적인 차원에서 조직적으로 이루어지는 것을 눈으로 보았다고 증언하였다. 문서 파괴는 단지 부분적으로만 이루어졌다. 청문회는 백악관의 고위관리들이 직접 개입하였다는 사실을 밝혀내지 못했지만, 복구된 이메일을 통해 이란과 니카라과 사태에 미국의 국가안보위원회가 개입한 사실이 드러나면서 책임자를 처벌할 수 있었고 아울러 두 사건의 연관성도 시실로 드러났다. 이러한 성과는 문서파괴를 지시한 책임자들이 역사의 현장에서 완전히 지워버렸다고 생각했던 바로 그 문서들 덕분이었다. 이것은 모든 작업과 부당한 개입의 흔적이 남도록 프로그램된 정보시스템이 있었기에 가능하였다.[227] 다른 사례에서는 모두 파악되지는 않았지만 부분적으로 밝혀진 문서화의 과정과 절차에 대한 이해가 결정적인 역할을 하였다. 이란에 무기를 판매하려는 작전을 승인한 레이건 전(前) 대통령의 문건은 NSC의 부서에서 파괴되었다(이 문건은 NSC 소속이었지만 이후 CIA에서 그 사본이 발견되었다).[228]

---

226) http://www.camera.it/_bicamerale/sis), 2009년 9월 1일 참조.

227) 복구된 이메일 이외에도 PROFS 프로그램과 의회청문회에 제출되어야만 하였던 6개의 중요한 문서를 찾을 수 있게 해준 정보시스템의 덕분이었다. D. A. Wallace, *Impausibile Deniability*, cit., p. 104.

보통 고의적인 파괴는 조사가 진행 중인 상황에서 발생한다. 베네치아 카슨Venezia Cason 법원의 수석판사가 – 당시 의회의장이었던 줄리오 안드레오티G. Andreotti가 비밀군사조직의 존재에 관해 연설한 내용을 포함하여 – 글라디오에 관한 문서들을 열람하기 위해 SISMI의 제7분과의 기록물보존소에 열람을 신청한 직후인 1990년 7월 29일과 8월 8일 사이에, 관련 등록 장부를 통해 그 존재가 확인된 상당량의 문서가 파괴되었다.229) 사건들의 은폐를 위한 고의적인 파괴는 현용문서들의 열람에 관한 국내규정에 근거하여 이해당사자들이 문서열람신청서를 제출한 후에도 발생하였다.230) 예를 들어 캐나다에서는 캐나다혈액위원회Canadian Blood Committee231)와 지난 세기 90년대 중반 캐나다 군대가 소말리아에서 저지른 만행을 조사하기 위한 청문회가 열렸을 당시 관련문서들은 정보접근법Access to Information에 따라 열람신청서가 제출된 후에 파괴되었다.232)

기록물 은폐는 문서가 작성되는 단계와 필사과정에서도 발생하

---

228) *Ivi*, p. 102.

229) Comitato parlamentare per i servizi di informazione e sicurezza e per il segreto di Stato, Primo rapporto sul sistema di informazione e securezza, cit.,; G. De Luttis, Il lato oscuro del potere, cit., p. 137.

230) J. Gilbert, *Access Denied*, cit., p. 113.

231) 지난 세기 80년대에 캐나다에서는 AIDS 바이러스의 전염과 C형 간염Epatite C의 확산으로 인한 보건참사가 발생하였다. 인적 그리고 재정적으로 값비싼 대가를 지불한 이 참사와 관련하여 사법재판이 수년간 진행되었으며 그 와중에서 정치적 변화와 여론에 관심이 집중되었다. 이러한 스캔들의 원인으로는 행정가들과 혈액공급을 위한 캐나다 시스템이 지적되었다. 이후 전개된 청문회들에서 가장 뜨거웠던 논쟁들 중에는 – 결정과정에서 결정적인 역할을 하였던 – 캐나다 혈액위원회의 주요문서들이 파괴되었다는 사실이 포함되어 있었다.

232) Cfr. 〈http://www.forces.gc.ca/site/Reports/somalia.VOLO/VOS21_e.asp〉, 2009년 8월 14일 참조.

였다. 우주항공국 나사NASA는 문서들이 정보자유헌장FOIA: Freedom of Information Act에 근거하여 열람대상으로 분류되는 것을 피하기 위해 1989년 Suggestions for anticipating requests under Freedom of Information Act라는 제목의 정관Memo을 제정하였다. 내용 중에는 최종문건을 초안문서처럼 보이게 하고 통신문, 각서Memorandum을 포함한('정부 내에서 솔직하고 충분하게 논의된' 사안들의 등록을 비밀로 보장하기 위해 최종결정에 앞서 작성되는) 모든 문서들을 기밀 해제의 절차로부터 제외시키기 위해, 문서들을 비공식적인 형태로 작성하는 방안이 포함되어 있었다.[233]

자동검열이라고 해도 과언이 아닐 정도로 문서들을 조작하고 은폐하는 기술은 정보부의 여러 부서들에서 폭넓게 활용되고 있었다. 이러한 기관들의 경우, 회의록에는 모든 절차가 생략된 채 일반적인 내용만이 언급되었을 뿐이다.[234] 끝으로 고문서학적인 관점에서는 진본이지만 내용적으로는 거짓된 문서들이 조사위원회의 활동을 교란시킬 목적으로 작성되었는데(당시에 이 문서들은 탄질리 정보Informativa Tanzilli로 불렸다), 당시 방첩기관의 책임자는 폰타나Fontana 광장의 참사에 대한 몇 가지 증거의 정치적 의미를 왜곡하여 조사를 혼란 속에 빠뜨리고 극좌익세력의 짓으로 몰아가기 위한 위증을 서슴지 않았다.[235]

---

233) NASA의 메모에 대해서는 다음의 논문 참조: J. Wiener, "National Security and Freedom of Information: The John Lennon FBI Files", *A Culture of Secrecy,* cit., p. 10.

234) A. G. Theoharis, "introduction", *A Culture of Secrecy,* cit., p. 10.

235) Comitato parlamentare per i servizi di informazione e sicurezza e per il segreto di Stato, Primo rapporto sul sistema di informazione e sicurezza.

3) 인권보호를 위하여

(1) 드러나지 않은 세계

시민과 민중의 권리, 인권과 인류보편의 권리, 즉 기록물과의 관계에서 드러나는 이러한 기대감과 요구는 개인과 국가의 관계사를 규정하는 '권리들이 수적으로 증가하는 과정'[236]에 따라 발전하고 구체화되었으며, 19세기와 20세기 사이에 근대시민권의 특징과 경계를 설정하는 데 기여하였다. 이러한 여정은 각 국가의 인권을 수용하는 것으로부터 세계시민의 인권을 수용하는 것으로, 국가들 간의 권리에 근거하는 각국의 권리로부터 국제적인 권리로 진행되었다.[237] 지난 세기 20년대와 30년대 전체주의 국가들의 경험, (유대인)대학살Shoah, 그리고 지난 제2차 세계대전의 정신적이고 물질적인 붕괴는, 인간의 양심을 공격하는 야만적인 행위들을 반복하지 않기 위해 마련된 세계인권선언Dichiarazione universale dei diritti umani(1948)과 더불어, 개인을 국가, 영토, 소속국가와는 무관한 절대적이고 보편적인 권리들의 상징으로 간주하는 결과를 가져왔다. 이러한 환경에서 시민과 국가의 관계는 '소속이 하나가 아니라 복수로 확대될 때부터, 그리고 다양한 영향권의 정치공동체를 나타낼 때부터' 느슨해지고 복잡해져 갔다.[238]

지난 세기 90년대는 많은 국가들이 민주주의로 돌아서는 과정에

---

236) P. Costa, *Cittadinanza*, Laterza, Roma-Bari, 2005, p. 115.
237) 세계인권선언Dichiarazione universale dei diritti umani의 서문.
238) P. Costa, *Cittadinanza*, cit., p. 149.

서 인간의 삶과 존엄성에 반(反)하는 사례가 지극히 많았던 기간이었다. 소비에트 체제가 붕괴되고, 남미의 독재정권들이 몰락하였으며, 남아프리카의 인종차별이 종식된 이 기간에 기록물은 민중 모두에게 역사와 기억을 반환하여 모든 시민이 그동안 빼앗겼던 것을 보상받을 수 있게 도움을 제공함으로써, 민주주의로의 전환에 결정적인 역할을 하였다.

진실을 회복하고 법적 증거를 확보하기 위해 기록물에 의존하는 것은 이 기간에만 국한된 것이 아니다. 그 이후에도 기록물보존소는 자신의 활동과 행위, 중단되었던 경력, 빼앗겼던 재산과 소유권을 증명해줄 문서를 찾으려는 수많은 시민들로 북적거렸다. 몇 가지 사례로, 지난 세기 50년대 파시스트 정권에 의해 철저하게 외면당했던 이탈리아 퇴역군인들, 공산정권이 종식된 후 매년 25,000명 정도의 시민들이 부동산 재산, 계약서 사본을 확보하기 위해 기록물보존소로 몰려든 알바니아 시민들을 지적할 수 있다.[239]

이러한 현상과 관련하여, 20세기 말의 새로운 변화는 기록물이 각 개인의 요구가 민중 전체의 명분과 일치하였던 집단운동의 중심에 있었다는 사실에서 그 의미를 찾을 수 있다. 그리고 아울러 개인이 기록물을 필요로 하는 것은 사회적인 요구의 차원으로 격상되었다. 다시 말해 기록물의 행정적 활용은 이를 민주주의 탄생의 근본으로 그리고 인권 성립의 근거로 간주하는 정치적 차원으로 발전하였다.

---

239) Cfr. 〈http://www.sdc.admin.ch/index.php?navID=65105&langID=7&〉, 2009. 8월 18일 참조.

(2) 부메랑 효과

과거 정권들의 기록물은 민주주의를 건설하는 복합적인 과정에서 그 중심에 위치하고 있었기에 새로운 의미를 획득하였다. 기록물은 "무기력하지만 활력을 잃은 것이 아니며, 물리적인 거리감은 없지만 기억에서는 멀리 떨어져 있고, 닫혀 있지만 그래도 접근할 수 있는 대상"이었다.[240] 사람들은 실종된 친인척에 대한 소식을 위해, 비밀기관들이 수집해놓은 자신들의 삶에 관한 정보를 얻기 위해, 자신들의 신념이 탄압받았다는 사실을 인정받기 위해, 특사(特使)를 기대하기 위해, 피해와 손실을 보상받기 위해, 몰수당한 재산을 되찾기 위해 기록물보존소를 방문하였다. 사실상 민중 전체가 진실을 알고 반인류적인 범죄의 책임자들을 색출하며 기록된 기억의 전체를 알고 정치적 권리를 회복하기 위해 이곳을 방문하였던 것이다.[241]

이 과정에서 통제임무를 수행하고 정권에 저항하는 개인과 집단을 탄압하였던 기관들이 생산하고 수신하고 수집한 문서들은 결정적인 역할을 하였다. 탄압 주체의 기록물보존소에는 - 비민주적인 국가의 행위와 제도에 관한 비밀과 관료주의적인 경찰조직의 결합에 따른 근본적인 결과라고 할 수 있는 - '문서에 대한 집착'과 '세밀한 내용에 대한 병적인 집착'이라고 할 정도로 모든 것이 세세하게 기록되고 기술된 문서들이 보존되어 있었다.[242]

---

240) D. Block, "Broadcast and Archive: Human Rights Documentation in the Early Digital Age", on-line, 〈http://www.cahr.fsu.edu/hrconference.htm〉〈http://www.-archive.org〉에서 찾음. 2009년 8월 11일.

241) A. G. Quintana, "Archives of the Security Services of Former Repressive Regimes, Report prepared for UNESCO on behalf of the International Council Archives", *Janus,* XVI(1998), 2, pp. 7 - 17.

독재정권들에서는, 푸코에 의하면, 지난 18세기에 이미 조직을 갖춘 정치권력의 사회통제 기능과 '경찰의 전지전능한 소명'이 확산되어 있었다.

> 이러한 권력을 휘두르기 위해서는 항구적이고 어디든 존재하며 모든 것을 들춰내면서도 자신의 존재를 드러내지 않는 능력을 갖춘 감시수단이 필요하다. 이러한 사실은 일련의 보고서 등을 통해 지속적으로 언급되었다. 지난 18세기에 경찰이 축적한 엄청난 양의 문서들은ㅡ활동의 과정에서 그 흔적이 문서들에 자연스럽게 반영된ㅡ거대한 조직들을 통해 사회 전체를 통제하는 수단으로 사용되었다. 사법과 행정의 문서생산과는 달리, 경찰의 기록물은 개인의 행동과 습관, 의심내용 등에 관한 것이었다.[243]

지난 20세기의 독재국가들에서 '문서들의 장막Telón de Papels'은 은밀한 작전과 탄압을 주도한 집단의 무책임함과 조직적으로 획책된 공포의 덕분으로, 거대한 기록물 더미, 즉 효율적으로 조직되어 탄압에 동원된 강력한 기록물 머신이 되었다. 통제와 감시의 능력을 상징하는 관리기술은 무시하더라도, 탄압에 앞장선 기관들이 생산한 기록물의 문서유형을 살펴보면 이미 종료된 작전들이 과거 진행되는 과정에서 문서들이 얼마나 일관성 있게 관리되고 있었는지를 알 수 있다. 파일들에는 반정부운동과 조직 그리고 구성원들의 서명이 있었으며, 목록에는 원하는 문서를 쉽게 찾을 수 있는 방식

---

242) 동유럽 국가들의 경찰조직에 대한 조사결과를 살펴보면, 이러한 활동에 종사한 사람들의 수는 루마니아 25,000명, 체코슬로바키아 20,000명, DDR 90,000명, 불가리아 6,000∼9,000명, 헝가리 2,000명이었다. R. A. Fugueras, J. R. Cruz Mundet, *Archivese! Los Dcumentos del poder. El poder de los documentos*, Alianza Editorial, Madrid, 2002, p. 59.

243) M. Foucault, *Sorvegliare e punire. Nascita della prigione*, Einaudi Torino, 1976, p. 223.

으로 다른 자료들로부터 축출된 모든 정보들이 수록되어 있는 것은 물론, 몰수된 기록물과 문서들에 대한 목록도 남아 있었다.

정보기관과 안보기관, 군사조직, 특별법정, 수용소와 감옥, 재교육 기관, 일반 및 특수경찰과 같은 기관들의 기록물은 '공포의 기록물'의 가장 대표적인 상징이다. 일반적으로 '공포의 기록물'은 출처와 성격이 다양한 문서들, 예를 들면 저항운동과 그 주역들 그리고 진실위원회와 인권조직들이 생산하였거나 수집한 문서들을 포함하는 가장 방대한 문서들을 의미한다. 박해와 인권침해 그리고 저항운동에 관한 모든 증언은 역사기억을 구성할 뿐만 아니라 이러한 일들Nunca más이 더 이상 반복되지 않아야 한다는 교육적인 임무를 가진다.[244] 이들은 과거 생산과정에서 독재 권력의 활동을 부추기고 잔인함과 권력남용을 보장하였으며 살인과 고문을 허가했던 기록물이었지만, 오늘날에는 물질적 보상(상속, 동산 및 부동산 반환, 정치적 복권, 특사, 은폐된 정체성 회복 등), 책임자 색출, 폭력 고발, 그리고 정의를 바로잡기 위한 증거로서의 가치를 새롭게 획득한다. 이것은 탄압의 기록물이 해방을 위한 기록물로 그 역할과 의미가 뒤바뀌는 부메랑 효과이다.

이러한 기록물의 중요성은 이들을 찾아내서 보존해야 할 필요성 외에도 생산 당시의 맥락을 유지하는 차원에서 재정리해야 할 기록물관리기관에도 여전하다. 조지 시가스George Chigas는 자신의 저서에서, 폴 포트 정권의 독재하에서 크메르 루즈Khmer Rossi가 생

---

244) 'Nunca más'는 아르헨티나 군사정권(1976~1983)이 붕괴된 후에 독재정권의 범죄를 조사하기 위해 설립된 조직인 Comisión nacional sobre la desaparición de personas를 위해 에르네스토 사바토(Ernesto Sábato)가 쓴 저술(1986)의 제목이다. 그리고 이를 계기로 'Nunca más'는 인권보호를 위해 활동하는 조직들의 슬로건이 되었다.

산한 기록물에 대해 설명하면서, "문서들의 역사, 특히 생산조직이 자신의 기록물을 – 누가 언제 그리고 어디에 있었는가와 관련하여 – 어떻게 관리하고 있었는지를 이해하는 것은 문서들이 역사연구의 원천이며 합법적인 증거로서의 신뢰성을 가지는 데 있어 중요하다"는 사실을 지적하였다.[245)]

기록물이 발견되지 않았다면 끔찍한 진실을 확인하거나 책임자 색출을 위한 정치적인 결정이 불가능하였을 경우도 있었다. 예를 들어 캄보디아에서는 Toul Sleng과 비밀경찰 싼테발Santebal의 문서들이 재발견되어 1975~1979년 사이에 170만 캄보디아인이 – 강요된 자백, 고문, 박해, 투옥된 자들의 개인정보, 사진, 처형명령서 등을 통해 – 학살되었다는 소문이 사실로 밝혀졌다.[246)] 기록물을 되찾음으로써 캄보디아의 대량학살을 주도한 책임자들을 재판하기 위한 국제재판소의 활동이 가능하였고 그 결과 2006년 7월 프놈펜의 실버 파고다 궁에서는 30명의 판사들(캄보디아인 17명, 외국인 13명)이 두 명의 스님 앞에서 서약한 후에 재판의 시작을 선언할 수 있었다.

파라과이에서는 1992년 평화노벨상 수상자인 마르틴 알마다 Martín Almada가 그동안 비밀에 싸여 있던 비밀경찰조직 아순치온 Asunción의 기록물을 발견한 것을 계기로, 2003년 10월에 '진실과 정의를 위한 위원회'가 활동을 개시하였다. 당시 발견된 기록물은 스트로에스너Stroessner의 군사정부(1954~1989)가 반대파를 숙청하

---

245) G. Chigas, "Building a Case against the Khmer Rouge: Evidence from the Toul Sleng and Santebal Archives", *Harvard Asia Quarterly*, Ⅳ(2000), 1; 다음의 사이트에서도 볼 수 있다: 〈http//asiaquarterly.com/content/view/61/〉, 2009년 8월 3일 참조.

246) http://www.yale.edu/ cgp/cgpdb/cgdbmain.htm〉, 2009년 8월 15일 참조.

는 데 요긴하게 사용한 문서들이었다. 당시 발견된 기록물에는 박해와 고문의 희생자들에 대한 상세한 신상정보, 사진, 자백서, 재산 몰수 등에 관한 시청각 자료, 공식 명령서와 통신문, 탄압기구의 책임자들, 정보원과 고문가해자 등에 관한 상세한 정보는 물론, 반인륜적인 범죄를 저지른 조직인 오페라씨온 콘도르Operación Condor 의 활동을 사실로 증명해주는 문서들도 포함되어 있었다.[247]

이와는 달리, 원본기록물이 없음으로 해서 진실규명이 불가능했거나 또는 기대할 수 없게 된 사례도 있었다. 남아프리카에서는 1990~1994년 사이에 (아프리카어로 '분리'를 의미하며 소수 백인과 다수 유색인종의 관계를 지배했던 인종차별정책을 상징하는) 아파르트헤이트Apartheid로부터 벗어난 새로운 정부는 인종차별 정권의 탄압활동을 주도하였던 조직들의 수많은 문서들에 대한 조직적인 파괴를 허용하였다.[248] 이로 인해 범죄사실에 대한 증거뿐만 아니라 인종차별정책에 저항했던 투쟁과 투쟁조직에 관한 모든 기억도 함께 사라졌다. 그 결과 "위원회의 모든 활동이 중단되었으며 인권침해에 관한 다양한 조사는 큰 난관에 직면하였다. 그리고 당연히 모든 남아프리카공화국 국민은 이러한 파괴의 결과에 통감"하였다.[249] 사실상 죽음을 무릅써야만 했던 공포와 협박 그리고 탄압하에서, 어쩔 수 없이 목숨을 구걸해야만 했던 행위들에 이어, 이번에

---

247) A. Ammetto, *Gli artigli del Condor sul Paraguay*, 2005년 12월 22일; on-line: http://www.zmag.org/italy/ammetto-artiglisulparaguay.htm〉, 2009년 8월 14일.

248) V. Harris, "They Should Have Destroyed More. The Destruction of Public Records by the South African State in the Final Years of Apartheid, 1990~1994", *Archives and the Public Good*, cit., pp. 205 - 228.

249) 진실과 화해 위원회의 최종보고서(cap. 기억의 파괴 참조): 〈http://www.dojgov.-za/trc/trc_framset〉, 2009년 8월 14일 참조.

는 용서와 화해의 제스처를 다른 그 어떤 선택의 자유도 없이 일방적으로 강요받았던 것이다.

기록물을 되찾아 재활용하는 데 있어, 정부의 독자적인 결정에 따라 또는 조직과 운동세력들의 압력 하에서 또는 협상과 정치적 타협으로 실현된 진실위원회는 과거를 청산하는 기본적인 임무를 수행하였던 반면, 보상과 용서 그리고 처벌에 관한 권한은 정치권과 사법권이 행사하였다.[250]

진실위원회는 정치폭력 또는 내란과 같은 심각한 상황을 경험한 (남아프리카 공화국) 사회를 돕기 위해 조직된 조사기관으로서, 이러한 비극이 가까운 미래에 반복되는 것을 예방하고 폭력과 심각한 위기를 극복할 목적에 따라 자신의 과거를 비평적으로 조율하기 위한 조치이다. 진실위원회는 폭력의 원인을 파악하고 분쟁의 요인을 밝혀내며, 인권침해의 심각한 행위들을 조사하고, 그리고 이에 상응하는 법적 책임을 규명하는 기능을 수행한다. 또한 진실위원회는 공포를 주도한 조직들과 사회의 여러 분야에 남겨진 흔적들(군대, 경찰, 사법권력, 교회 등) 이외에도 이러한 혼란에 휘말린 다른 요인들이 무엇인지를 알아내기 위해 노력한다. 그 결과 이러한 조사를 통해 드러난 희생자들에 대한 기억을 되살리고 피해를 보상하는 정책을 제안하며 인권을 유린한 자들이 입헌국가의 명분에 숨어 공적인 기능을 더 이상 수행하지 못하게 할 수 있는 가능성이 기대된다.[251]

---

250) Cfr. M. Flores(감수), *Verità senza vendetta*, cit., pp. 11-14; Fiji, Ghana, Guatemala, Liberia, Marocco, Panama, Perú, Sierra Leone, East Timor, Chad, Equador, Haiti, Napal, Nigeria, Serbia e Montenegro, Sud Corea, Sri Lanka, Zimbawe의 경우 ⟨http://www.truthcommission.org⟩, 2009년 8월 14일 참조.

251) http://www.derechos.org/koaga.iii/1/cuya.htm1#con⟩, 2009년 9월 1일 참조. 이

비록 사법적 처벌을 위한 강제권을 갖지는 못했지만, 남아프리카 공화국의 진실위원회(1995)는 투투Tutu 대주교의 지휘 하에, 주로 희생자들의 진술에 의존하면서 그리고 탄압의 가해자들에게 죄를 고백하고 사면을 받을 수 있는 기회를 제공하면서 가능한 많은 진실을 회복시키려고 노력하였다.[252] 이러한 상징적인 맥락에서 기록물은 수집된 증거로서의 역할과 의미 이외에도, 집단의식과 - 범법자와 죄인을 색출하는 활동의 범위를 넘어, 공존과 인권의 모델을 구축하는 역할의 일부를 담당하는 - 일종의 사회적 자아의식을 반영한다.

(3) 보존인가 파괴인가, 진실인가 화해인가?

비자유주의 정권의 문서들을 파괴할 것인가 아니면 보존할 것인가는 딜레마가 아닐 수 없다. 여기에는 여러 개의 대답이 가능하다. 첫째는 거의 전부를 보존하는 것이고, 둘째는 거의 전부를 파괴하는 것이며, 셋째는 행정적 활용을 위해 일시적으로 보존하였다가 불법적인 활용을 예방할 목적으로 파괴하는 것이다.

과거 독일은 첫 번째 길을 선택하였다. 결정에 대한 반대와 반목이 없었던 것은 아니지만 대부분의 시민단체는 보존을 지지하였다.[253] 베를린 장벽이 무너진 이후 얼마 동안 독일시민은 동독의 국가안전

사이트에서는 칠레, 엘살바도르, 아르헨티나, 페루, 파라과이, 볼리비아, 브라질에서 있었던 진실위원회의 활동에 대한 정보를 얻을 수 있다.

252) M. Flores(감수), *Verità senza vendetta*, cit., pp. 45 - 53.

253) B. Zelinski, A. Radtke, "La Mémoire unifiée? L'héitage équivoque des archives de la RDA", *Vintième siècle. Revue d'histoire*, 1992, 34, ⟨www.persee.fr⟩, 2009년 8월 17일 참조.

부STASI: Ministerium für Staatssicherheit의 본부와 지방의 여러 지부를 강점하고 - 베를린 붕괴 직후부터 문서들을 소각하거나 파괴하는 작업을 시작한 - 비밀요원들이 더 이상 파일들을 은폐하거나 없애버리는 것을 중단시켰다.[254] 당시 독일시민은 '나의 행동에 자유를'이라는 슬로건을 내세우고 기록물을 정의의 이름으로 과거를 재방문하기 위한 수단으로 간주하였으며(기록물은 과거청산과 보상을 위한 수단으로 유용하다), '양심의 해방을 위해' 기록물을 보존하려는 정치투쟁을 적극적으로 추진하였다. 당시 시민운동의 방향은 과거 독일이 나치정권과 노림베르가 재판 당시의 문서들에 대해 취했던 공식적인 태도와 그 맥을 같이하는 것이었다. 다만 다른 점이 있다면 이번에는 연합군의 중재를 대신하여, 독일시민이 자신의 기억을 활용하는 주체이며 운명의 절대적인 대변자였다는 것이었다. 1991년 12월 연방정부가 구성되었을 당시 국가안전부의 문서들에 대한 보존과 활용은[255] 분쟁당사자들의 타협적인 해결책을 마련하기 위한 대안이었다.

반면, 두 번째 해결책을 선택한 칠레에서는 문서들이 대규모로 파괴되었으며, 이 때문에 피노체트 정권의 통치기간에 자행된 범죄의 주동자들을 색출하는 데 상당한 어려움이 따랐다. 1990년에 조

---

254) STASI의 요원들이 파괴하려고 했던 문서들의 일부는 오늘날 노림베르가(Norimberga)에 보존되어 있다. 당시 문서들이 입은 피해의 심각성은 이들을 재구성하는 데 370년이 소요될 것이라는 사실을 통해 짐작할 수 있다. A. Funder, *C'era una volta la DDR*, Feltrinelli, Milano, 2005.

255) G. Haendly, "L'Autorità federale responsabile per la documentazione della STASI(Sicurezza dello Stato) della ex Repubblica democratica tedesca", Per aspera ad veritatem, 1998, 11, Gnosis on line. *Rivista italiana di intelligence*, 〈http://www.sisde.it/sito/Rivista11.nsf/sernavig/7〉, 2009년 8월 15일 참조.

직된 '진실화해위원회Commissione per la verità e riconciliazione'는 구술증언이나 기록된 기억을 주로 활용하였는데, 사실 이들은 탄압의 책임자들을 추적하기 위한 문서적 근거로 간주될 수 없었다.[256]

세 번째 해결책은 그리스의 선택이었다. 이 나라는 주요 책임자들을 색출하여 감옥에 보낼 목적으로 기록물을 활용한 후에, 독재에 대한 역사적 연구를 차단하고 미래에 재기될 수도 있을 손해배상의 문제를 사전에 차단하기 위해 기록물의 파괴를 승인하는 법안을 제정하였다.[257]

결과적으로 이상의 세 가지 해결책은 독재정권으로부터 민주정권으로의 전환을 가져온 여러 정치적인 변화와 관련을 맺고 있다. 퀸타나Quintana에 따르면, "탄압정권이 어떻게 몰락했는지는 거시적인 차원에서 볼 때, 관련기록물의 미래를 결정"한다. 만약 정권교체가 독재정권의 내부에서 오래전부터 점진적으로 진행된 신·구 지도세력들 간의 협상으로 실현된 것이라면, 사회적 평화와 국민적 화해의 명분이 개인들의 요구(희생자들에 대한 피해보상)에 보다 집중될 것이며 책임자 색출과 처벌은 관련법의 제정으로 해결될 수 있을 것이다. 만약 문서들의 파괴나 열람금지를 주장하는 명분이 우세하다면 그 이유는 기존의 관료정치세력 그리고 지도계층이 이를 크게 선호하기 때문이며, 그 대표적인 사례는 남아프리카와 스페인의 경우이다. 정권이 혁명이나 체제붕괴로 교체된 경우에 진실과 정의에 대한 요구는 손해배상에 대한 그것에 비해 더 큰 공감을

---

256) A. G. Quintana, *Archives of the Securty Services*, cit., p. 11.
257) Ivi, pp. 11 - 12.

얻게 된다. 게다가 제도와 정치의 급진적인 변화는 과거의 기록물에 접근하고 보존하는 데 있어 별다른 문제가 되지 않는다. 이때 기록물은 정치적인 분쟁과 협상의 여지이며 그 결과는 문서들의 상태(문서들의 존재 여부, 접근의 한계 등), 시민권의 한계와 수준에 영향을 미친다.

또한 인권침해의 사례는 본 논문의 주제와 관련하여 여러 가지에 대한 고찰의 필요성을 제기하는데, 그 대표적인 사례는 국민국가와 기록물의 관계이다. 또한 인권보호를 전제로 기록물이 겪는 변화와 가치를 분석할 경우 기록물의 보존과 활용에 관한 국제규정의 필요성이 제기될 수 있다. 인권은 그 정의상 세계보편적인 것이며, 법학 연구자들의 말처럼, 단적으로 말한다면, 관련법을 제정하는 데 적지 않은 영향을 미친다.

> 이제 진실에 대한 권리는 국가의 법규정 차원에서 벗어나 국제 차원의 보호대상으로 간주되는 인간의 기본법으로 격상되며, 세계보편의 세계로 그리고 인권보호를 위한─국가의 수위를 넘어서는─상위의 차원으로 옮겨간다.[258]

만약 기록물이 회복을 위한 증거, 집단기억을 위한 필수요인, 권리침해의 책임을 규명하기 위한 수단 그리고 화해와 보편적인 정의(正義)의 근거라고 한다면,[259] 인류의 문화유산인 기록물을 보존하

---

258) D. Nocilla, "Il diritto alla verità nell'età della globalizzazione", in 〈http://www.comuni-cazione.uniroma.it/dirittocostituzionale/verità_globalizzazione.doc〉, p. 6; cfr. Bobbio, *Le età dei diritto*, cit., pp. 23 sgg.; A cassese, *I diritto umani nel mondo contemporaneo*, Laterza, Roma-Bari, 1994, pp. 51 sgg.

259) A. G. Quintana, Los archives de la represión: balance y perspectiva, Comma,

는 임무는 국가 차원에 국한되거나 각 국가의 이해관계로 제한될
수 없다. 다시 말해 침해에 대한 기억과 관련하여 특별히 중요한 기
록물의 경우 이들을 보호하는 조치에 대한 관심은 국가의 범위를
초월하며 국제법 차원으로 승격되어야 하는 것이 마땅하다.[260]

기록물을 보편적인 대상으로 간주하는 것과 국가와의 오리지널
적인 관계가 급진적으로 해체되는 것은 다른 영역들에서도 반복될
수 있다. 따라서 한편에서는 국가의 차원을 초월하는 윤리규정과
법규정이 필요하다는 사실이, 다른 한편에서는 정치권력으로부터
(영구)기록물관리기관들을 독립시키는 것이 무엇보다 중요하고 시
급하다. 물론 두 경우 모두에 있어 어려움은 불가피할 것이다. 하지
만 이것은 관련주제들을 종합적으로 고려하면서 가능한 해결책을
모색하는 과정이 얼마나 힘든 것인지를 보여주는 것일 뿐, 결코 불
가능을 의미하는 것은 아니다.

4) 맺음말

역사를 통해 드러난 기록물관리의 여러 문제들 중 가장 심각한
것은 이들이 합법적이지 않은 절차로 그리고 불법적인 용도로 생
산, 활용된 후에도 '문서들의 장막'에 휩싸인 채, 그 존재가 부정된
비밀로 남아 있는 것이다. 이 경우 생산주체는 제도권의 경계를 넘
나들면서 무소불위의 권력을 불법적으로 행사하는 기관들이었으며

IV(2004), 2, pp. 63 - 64.
260) *Ibid.*,

생산된 기록물은 이러한 모든 것에 대한 역사적 흔적에 해당한다.

지난 19세기 말부터 오늘날에 이르기까지 유럽은 민족주의와 제국주의의 광기와 이로 인한 두 차례의 세계대전을 경험하였다. 그 와중에서 정치경찰과 첩보기관과 같은 비밀조직들은 은밀한 활동을 통해 주민들의 '공적인 사고'까지도 감찰하였다. 이러한 활동은 비단 비민주주의 국가에만 국한된 현상은 아니었다. 과거 이러한 국가들의 경우, 투명성이나 책임성과는 무관하게 생산되고 활용된 기록물의 사례가 수없이 많았다.

오늘날 유럽에 이러한 불법 기록물이 적지 않게 남아 있는 궁극적인 이유는 미처 파괴하지 못한 사정도 있었지만 이보다 더 궁극적인 이유는 이들이 가능한 매우 은밀하게 추진되어야만 했던 불법적인 관행들에 대한 증거들이었기 때문이다.

불법적인 관행의 궁극적인 목적은 기록물을 가능한 영원히 비밀의 방에 묻어놓는 것이었다. 그리고 이를 위한－역사적으로 확인된－효과적인 방법들은 비밀을 비밀이 아닌 것처럼 관리하는 것, 비밀의 존재를 부정하는 것, 존재와 위치에 대한 정확한 정보가 없으면 결코 찾을 수 없도록 무질서한 상황을 의도적으로 조장하는 것, 다른 중요하지 않은 문서들과 섞거나 또는 보다 직접적으로 파괴, 위조, 생략 등의 방법을 동원하는 것이었다.

지난 20세기 말은 유럽의 역사에서 민주주의의 궁극적인 승리를 말할 정도로 비민주주의 정권의 붕괴가 연이어 발생하였다. 소비에트의 붕괴, 남미독재정권들의 몰락, 그리고 남아프리카 공화국의 인종차별주의 종식 등이 민주주의로의 전환으로 이어질 수 있었던 것은 과거 이들이 탄압의 수단으로 생산한 수많은 비밀문서들의 덕분이기도 하였으며, 또한 같은 이유로 피해자들에게는 빼앗긴 과거와 기억을 되돌려주고 고통에 대한 정신적이고 물질적인 보상을 해주는 것이 가능하였다. 이러한 부메랑 효과는 - 과거 탄압정권들의 문서생산과 보존에 대한 광적인 집착을 배경으로 - 기록물이 민주주의로의 회귀, 즉 과거의 진실을 밝히기 위한 진실위원회들의 활동에 있어 얼마나 중요한 역할을 담당하였는지를 보여주는 대표적인 사례이다.

과거의 역사는 항상 자랑스러운 것만은 아니며, 꼭 그래야만 하는 것도 위험천만한 일이다. 또한 과거를 망각 속에 묻는 것도, 방치하는 것도 그리고 모든 흔적을 파괴하는 것도 반드시 현명한 선택이라고는 할 수 없다. 같은 맥락에서 부끄럽게 만들거나 위험에 빠뜨릴 수 있는 기록된 기억들을 어떻게 처리할 것인가의 문제는 어려운 문제가 아닐 수 없다. 보존하는 것, 파괴하는 것, 그리고 활용한 후에 더 이상의 사용을 막기 위해 파괴해버리는 것. 어떤 선택을 하든 그것은 정치적인 선택으로서 부정과 긍정의 다양한 결과를 남기는 것과 더불어, 기록물의 미래에 결정적인 영향을 미친다.

이미 언급하였듯이 기록물은 인권을 신장하고 빼앗긴 인권을 회복시키는 가장 효과적인 무기이다. 따라서 변화된 역사적 환경에서 과거 탄압의 수단으로 생산되었던 기록물에 대한 관리는, 오늘날 인권이 더 이상 국가의 차원에만 머물지 않는다는 사실을 고려할 때, 국가의 정치적인 차원과 국가들 간의 이해관계를 초월하는 국제법의 영역으로 다루어져야 할 것이다.

2. 기록물관리: 시민의 권리와 권력의 균형

1) 배경

역사적으로 기록물은 사회·정치적인 투쟁이나 혁명 또는 정권 교체가 있을 때마다 반복되는 파괴의 주요 대상이었다. 이것은 기록물이 권력의 상징이며 동시에 권리의 수단이라는 사실을 의미한다. 또한 기록물은 생산주체의 업무활동을 보여주는 것은 물론, 주변과의 관계 속에서도 역사적인 흔적과 정체성을 위한 원천이다.

이러한 논리에서 볼 때 기록물은 생산동기에 해당하는 본래의 목적과는 다른 용도로 활용될 수 있으며, '비밀의 장막'의 내부에서 생산된 경우에도 공개대상으로 전환되며 또한 사회적으로는 탄압의 수단에서 권리회복의 도구로 그 쓰임새가 달라지기도 한다. 이처럼 기록물을 통해 드러나는 권력과 시민 간 권리의 관계는 항상 대립적인 것으로만 이해할 내용은 아니다. 사회적 변화를 부추기는 정치, 문화적 환경이 조성될 때 기록물이 권력과 시민의 권리의 차원에서 수행하는 기능과 역할 그리고 가치의 가변성은 오히려 자연스러운 것이라 할 것이다.

기록물의 가변성은 궁극적으로 가치의 다양한 용도를 의미하며 그 대상은 생산주체에 의해 기록된 사실로부터 인물들에 이르기까지 지극히 다양하다. 다시 말해 그 대상은 법에서 문화에 이르는 방대한 영역에 걸쳐 개인에서 국가 그리고 궁극적으로는 국제사회 전반을 포괄한다.

본 글에서는 일상적인 삶의 기록된 흔적인 기록물이 개인과 공동체의 관계(시민의 권리와 국가이성의 관계)에서 어떤 의미를 가지며 역사발전의 유동적인 상황에서는 어떤 가변적인 기능을 수행하는지, 그래서 궁극적으로는 공동체와 그 구성원 간의 조화로운 공존이 어떻게 모색될 수 있는지를 살펴볼 것이다. 이를 위해 기록물의 가변성을 크게 두 가지, 즉 시민의 권리를 위한 기록물의 가치와 활용 그리고 가시적인 권력과의 관계[비밀 설정의 한계, 국가이성 또는 국가우선주의와 사생활의 균형(9·11테러와 사생활 침해), 투명성(과 행정의 효율성)과 정보의 빈곤화의 대립적인 구도, 그리고 기록물관리전문가 윤리규정(및 헌장)과 국내법과의 불협화음]를 분석하고 이에 합당한 사례들을 제시해보려고 한다.

현대사회는 사실상 통제가 불가능하다고 할 정도로 빠르고 복잡한 구조와 차원으로 변화하고 있다. 또한 조직과 기능이 다변화되고 비밀의 정도가 더욱 증가하고 있는 만큼 이러한 공동체의 콘텐츠에 해당하는 시민의 권리와 민주주의도 보장되어야 하는 것이 마땅하다. 과거 그 어느 때보다 기록물관리의 중요성이 강조되는 대목이다.

2) 기록물: 분쟁과 화합의 여지

(1) 전대미문의 소박한 진실

지난 2006년 후반, 뉴욕의 15번가Fifth Avenue에 위치한 오스트리아 박물관 Neue Galerie에서는 구스타프 클림트Gustav Klimt의 작품들을 위한 특별전시회가 열렸다. 전시품목에는 페르디난드 Ferdinand와 아델레Adele의 개인소장 컬렉션이었던 - 일명 '황금여인Signora in oro'으로도 불리는 - '아델레 블러흐-바우어 1세Adele Bloch-Bauer Ⅰ의 초상'이 포함되어 있었다. 이 전시회가 특별했던 이유는 전시작품들이, 완전히 합법적으로, 오스트리아의 공공재산에서 개인들에게 소유권이 이전되었으며 새로운 주인들의 자발적인 의지에 따라 경매에 나왔기 때문이다. 지난 1998년에 시작된 오랜 법정투쟁 끝에 이들은 1838~1839년에 나치에게 강탈당했던 페르디난드 블러흐 - 바우어Ferdinand Bloch-Bauer의 후손에게 반환되었다. 오스트리아 공화국과 후손 간의 기나긴 법정투쟁은 오스트리아의 여러 국립기록물보존소에서 발견된 문서들 덕분에 해결될 수 있었다. 특히 연방 유적관리사무소Agenzia federale per i monumenti는 전쟁 당시 오스트리아의 여러 박물관에 전시된 많은 작품들이 유대인 시민들로부터 강탈되었다는 사실을 증명하는 여러 문서들을 가지고 있었다.

지난 20세기 말과 21세기 초반, 빼앗긴 기억을 유대인들에게 되돌려주고 그동안 얼마나 많은 경제적 권리를 몰수당했는지를 확인하기 위한 위원회가 활동을 시작하였다.[261] 2001년의 한 최종보고서에 의하면, 공권력과 개인들이 유대인 재산을 구입했던 모든 과정을 재구성하기 위한 '이탈리아 위원회'는 은행, 보험회사, 자치도시, 도, 중앙 부처는 물론 국립기록물보존소와 다른 행정기관들의

---

261) 유대인의 명예와 권리를 회복시키기 위한 목적에 따라 이탈리아를 포함한 21개 국가에서 모두 24개의 위원회가 열렸다. Linda Giuva, Stefano Vitali, Isabella Zanni Rosiello, *Il potere degli archivi, Usi del passato e difesa dei diritti nella società contemporanea*, Milano Bruno Mondadori, 2007, p. 136.

역사기록물로부터 많은 관련문건을 찾아냈다. 진실을 되찾기 위한 노력은 문서들의 일부만이 잔존하는 현실, 폐기, 무질서, 기록물 보존에 관한 규정이 없었던 당시의 현실, 이관의무의 불이행 등으로 인해 적지 않은 어려움을 겪었지만, 그럼에도 유대인 탄압의 피해를 증명하기에는 충분하였으며 그 결과 영원히 어둠 속에 묻힐 수 있었던 '전대미문의 소박한 진실'이 세상에 알려지게 되었다.[262]

> 그 누구도 예외가 아니었다. 부자, 가난한 사람, 상인, 산업가, 주식가, 그리고 서민 등도 박해를 피해가지 못하였다. 몰수를 위한 법적 근거에는 필요한 모든 상세한 내용이 기술되어 있었다. 그리고 은제품, 부동산, 토지, 예술작품과 고가의 양탄자, 살림도구, 심지어는 낡은 개인용품에 이르기까지 불법적으로 몰수된 물품들이 목록에 기록되어 있었다.

개인의 권리 회복과 이에 대한 사회의 긍정적인 인식은 영구기록물관리기관의 문서들 덕분에 가능하였다. 기록물이 개인과 민중을 위한 결정적인 요인으로 활용된 순간이었다. 그럼에도 다른 한편 기록물은 이제는 그 기억이 희미해진 독재 권력의 이미지와도 지속적으로 연결되어 있었다. 이러한 이미지는 적절한 역사적 순간에 하나의 상징으로 그 구체적인 모습을 드러냈으며, 사회·정치적인 투쟁과 혁명 그리고 정권교체가 반복될 때마다 화염에 휩싸이기를 반복하였다.[263] 토지대장과 세금장부를 파괴하면 빈곤과 경제적 탄압을 피할 수 있다는 어리석은 확신은 때로는 지난 20세기의 몇몇

---

262) F. Sanvitale, *L'ultima casa prima del bosco*, Torino, Einaudi, 2003, p. 23.

263) F. Cavazzana Romanelli, "Storia degli archivi e modelli: protagonisti e dibattiti dall'Ottocento venenziano", *Archivi e storia nell'Europa del XIX secolo. Alle radici dell'identità culturale europea*, Firenze, Archivio di Stato, 2002년 12월 4~7일.

사회운동에 동반되기도 하였으며(제2차 세계대전 이후의 영토 점령과 반환), 정치적 열정은 역사적 분쟁이 발생할 때마다 해방의 탈출구를 위한 파괴의 열정에 매달렸다.

과거 파시즘이 몰락하였을 당시, 이탈리아에서는 동상과 기념비의 파괴와 더불어 국민파시스트당의 많은 기록물이 화염 속에 던져졌다. 희생자에 대한 기록이 담겨 있는 문서들뿐만 아니라 책임과 범죄, 그리고 정권에 참여했던 사람들에 관한 문서들이 한 줌의 재로 변해버린 것이다.

기록물은 권리의 수단이며 권력의 장소이다. 이 모든 것은 상호 반목적인 것처럼 보이지만, 기록물이 개인과 조직의 실제적인 활동을 기록으로 남겨야 할 필요성에 직결된 것으로써 한 곳에서 집중적으로 관리된다는 사실을 고려한다면, 결코 대립의 관계에 있지 않으며 다른 무엇보다 '기억 - 자동적인 문서화'에 해당한다.[264]

문서들은 실질적이거나 현용적인 목적을 위해 생산되고 공중과 공리적인 성격을 가지는 만큼, 생산주체의 그것과는 다른 의도나 목적에 활용되기도 한다. 생산의 사회·역사적인 배경은 기록물이 - 이들의 사용가치를 변화시키거나 또는 본래와는 다른 용도로 대체되어 - 전혀 예상치 못한 새로운 목적에 활용되는 결과를 가져오기도 한다. 그 결과 비밀의 성격을 가지고 생산되었다가 공개문건으로 전환하기도 하며, 행정수단으로 생산되었다가 역사·문화적인 가치의 중심에 서기도 한다. 같은 맥락에서 탄압의 음모를 부추겼던 문서들도 때로는 권리를 옹호하기 위한 수단으로 바뀌기도 하

---

264) 기억 - 자동적인 문서화에 대해서는 다음의 논문 참조: Zanni Rosiello, *Archivi e memoria storica*, Bologna, il Mulino 1987.

며, 사회적 통제의 수단에서 민주적 참여로 그 용도가 전환되기도 한다. 이들은 진실을 때로는 감추기도, 때로는 드러내기도 하면서 승리자의 역사는 물론 패배자의 그것까지도 영원한 기억으로 남긴다.

이처럼 의미와 용도의 탈바꿈은 결코 우연하게 일어나는 것이 아니라, 사회적 요구와 필요를 결정하는 정치·문화적인 환경의 영향을 받는데, 기록물은 바로 이러한 가변적인 현실 속에서 스스로의 다양한 기능을 유감없이 발휘한다.

또한 이러한 환경에서 기록물은 결코 수동적인 방관자의 역할에 머물지 않는다. 기억의 전승(傳承)은 결코 중립적인 입장을 취하지 않는다. 정보학의 용어를 빌리자면, 기록물은 일종의 인터페이스 Interface, 고유하고 특별한 기능으로 질서·무질서, open-closs, 보존과 폐기를 위한 통로로서[265], 정보의 흐름과 인식의 수위에 영향을 미친다. 바로 이 때문에 기록물은 과거와 현재의 정부들 모두가 관련된 복합적인 게임에 비유될 수 있는 '분쟁과 화합의 여지'인 것이다.

(2) 권리보호를 위한 '무기고'

법의 영역은 그 다양한 형태와 중요성을 배경으로 기록물의 오랜 역사를 조명하는 지속적인 요인들 중의 하나이다. 이러한 특징은 로마법이 서구사회에 끼친 지대한 영향, 특히 공사(公私)영역의 문서들에 문화적 가치를 부여하였기에 비로소 가능하였다.[266] 로마시

---

265) M. Hedstrom, "Archives, Memory and Interfaces with the Past", in *Archival Science. International Journal on Recorded Information*, Ⅱ(2002), 1-2, pp. 21-43.

266) Cfr. V. Crescenzi, *La rappresentazione dell' evento giuridico. Origini e struttura della funzione documentaria*, Roma, Carocci, 2005.

대의 베르질리우스Virgilius는 동시대 삶의 법적 활동 및 기능과 관련하여, "기록물보존소에 한 번도 발을 들여놓지 않는 사람이 부러울 따름이다"라고 하였다. 이것은 분쟁이나 법적 소송에 휘말리지 않았기에 법원에 제시할 문서증거들을 찾기 위해 기록물보존소에 출입하지 않아도 되는 사람이 부럽다는 의미로서, 당시 로마사회에서는 이상적인 시민상의 한 조건이었다.

이처럼 기록물은 권리보호를 위한 무기고나 다름없었다. 독일의 기록물관리전문가 아돌프 브렌네커Adolf Brenneke가 지적한 '무기고'의 비유는 중세의 자치도시들이 기록물을 도구적인 가치로 인식하고 있었음을 보여주는 것이었다. 하지만 이러한 비유의 한계는 단순히 권리보호에만 국한된 것이 아니라, 법적인 비중과 중요성까지도 동반하는 새로운 상황으로 확대되었다. 철저하게 관리된 문서들은 제국과 교황청의 관계에 있어 법적 지위를 강화하고 그리고 관련 있는 권력들과의 접점을 방어하기 위한 중요한 무기들 중의 하나였다. 또한 근대국가의 성립시기, 즉 기록물이 법적인 측면보다는 정치적인 측면에서 권위의 출처로 작용하였던 당시에 문서들은 영토의 확장과 방어를 위한 외교전쟁의 수단으로 평가되었다.

하지만 수정주의적인 역사연구에도 불구하고, 기록물의 역사에 있어 분수령에 해당하는 프랑스 혁명을 계기로, 기록물의 관련영역은 확대되었으며 기록물보존소는 자신들의 권리를 확인하기 위해 문서들을 찾거나 이용하려는 시민들에게 공개되었다. 권리의 대상영역은 재산권에서 한층 복합적인 차원으로, 개인에서 집단으로, 그리고 시민의 권리에서 인류의 존엄성 차원으로 점차 확대되면서 한

층 보편적인 역사변천의 궤적을 추구하였다.[267]

하지만 역사변천의 궤적은 직선적인 발전이나 권리영역의 단순 확대가 아니라, 다양한 계층이 관계된 복합적인 구조로 그 대상을 넓혀간다. 형식 민주주의에서 근본적인 민주주의로의 이동, 평등 보편주의와 차이들의 상호보완적인 관계, 그리고 극히 반목적인 권리들 간의 힘든 균형이 그것이다. 기록물도 이러한 일련의 문제들과 병행하여 마찬가지의 다양한 변화를 경험한다. 왜냐하면 기록물은 개인과 국가의 다양한 관계들에서 나타나는 변화를 반영하는데, 이때 국가에 대한 개인의 우월함을 입증하는 성향이 지배적으로 드러나기 때문이다. 권리 확인은 공식적인 절차와 긍정적인 규정들의 체계를 따르며, 시민의 권리에 대한 소급은 기록물의 사회적 기능을 사회구성원의 요청을 지지하는 방향으로 이동시킨다.

3) 기록물과 (가시적인) 권력

(1) 법적 공인과 공적 인식

기록물관리전문가는 기록물이 국가 민주주의의 기능적 메커니즘을 실현하고 개인과 집단의 권리를 구현하기 위해 수행하는 역할에 대해 잘 알고 있다. 미국 국립기록청NARA: National Archives and Records Administration은 기록물이 가지는 이러한 권력의 측면에 대해 다음과 같이 설명하였다.

---

267) L. Ferrajoli, "Garanzie", in *Parolechiave*, 1999, 19, p. 15.

국가의 기록물은 오래전의 역사를 위한 증거들의 쓸모없는 더미가 아니다. 이들은 공적인 신뢰의 자산이며, 우리의 민주정치는 그 위에 기초한다. 또한 기록물은 시민에게 정부의 활동을 감시하도록 해주며, 공공기관과 그 관리들에게는 기록물에 반영된 업무들을 알 수 있게 해준다. 또한 시민을 도와 관리들과 이들이 근무하는 기관의 투명성을 통제할 수 있게 해준다. 그 외에도 기록물은 미국시민의 권리와 연방관리들의 정책을 증거하는 문서들에 지속적으로 접근할 수 있게 해준다. 미국기록관리청 NARA은 시민, 공공관리, 미합중국 대통령, 의회 등이 업무수행에 필요한 증거를 신속하게 확보할 수 있도록 해준다.[268]

이것은 기록물의 정치적 차원이 무엇인가를 명확하게 보여준다. 역사가는 물론 시민, 행정가 등 일반적으로 시민사회와 정치집단 모두의 구성원은 기록물의 수혜자이며 동시에 중재자이다. 그리고 이들이 활용할 수 있는 대상에는 역사기록물뿐만 아니라 업무의 진행과정에서 생산되어 활용되고 있는- 현용과 준현용 단계의- 문서들도 포함된다. 그러므로 기록물은 문화와 국가를 위한 봉사에서 투명성을 위한 조건으로, 그리고 효율적인 행정을 위한 수단으로 작용해야 한다. 또한 같은 맥락에서 기록물은 권리의 보호와 구체적인 실현을 위한 보장으로, 그리고 통치자가 충분한 정보에 근거하여 책임 있는 결정을 내리고 요청받은 업무를 수행하는 데 필요한 자원의 의미를 획득해야 한다.

이러한 사실들에 근거할 때, 비밀의 논리와 국가이성의 우월함은 합리성의 한계를 초월할 경우, 여론 조작과 속임수로 전락할 뿐만

---

268) J. Carlin, *Ready Access to Essential Evidence: The Strategic Plan of the National Archives and Records Admonistration 1997~2007*(http://www.archi-ves.gov/about/plans-reports/strategic- plan/2000/index.htm/)에 게재.

아니라 통치자 자신에게도 피해를 줄 수 있다. 감추어진 실제사실과 이를 공식적으로 대변하는 기록물의 거리감은 스스로를 속일 수 있으며 잘못된 정책결정의 원인이 될 수 있다.

　지난 1971년 6월, 뉴욕 타임스New York Times에 베트남전쟁에 관한 미국정부의 기밀문건들이 펜타곤 보고서Pentagon Papers의 제목으로 보도되었다. 미국언론은 이 기사에서 몇 가지의 중요한 사실을 주목하였다. 극비의 보고서에 실린 내용은 실제로는 신문의 논설이나 평론 등을 주의 깊게 읽었거나 또는 텔레비전이나 라디오를 경청하였다면 충분히 알 수 있었을 것들이었다. 그 외에도 정보기관들이 작성한 여러 보고서에는 미국에게 전쟁의 결과가 어떻게 될 것인지를 예상할 수 있는 모든 정보가 기술되어 있었다. 고의적으로 언급하지 않으려고 했던 것은 아니지만 미국정부의 결정은 실제의 사실들을 무시한 채 내려진 것이었다. 관료사회는 현실적인 입장을 완벽하게 고수하였다. 그 결과 심각하거나 적대적인 사실은 모두 배제하였다. 이러한 사실을 분석한 초기의 인물들 중의 한 사람인 라 아렌트La Arendt는 거짓과 비밀의 관계 그리고 속임수와 스스로 속는 것 간의 상호관계를 주목하였으며, 또한 미국의 정책과 군사개입의 참담한 실패의 원인이 함정 때문이 아니라, 25년 이상의 기간 동안 모든 역사적이고 정치적이며 지리적인 사실들을 전적으로 무시한 것에서 비롯되었다는 사실을 지적하였다.

　이 모든 실패는 기밀에 대한 의존도가 지나치게 높았기에 발생한 심각한 결과이며, 시민과 그 대표들이 의견을 모으고 결정을 내리는 데 필요한 정보들에 접근할 수 없었던 것이 가장 큰 원인이었다.

뿐만 아니라 주요 정치인들 스스로도 중요한 정보들에 자유롭게 접근할 권한을 가지고 있었음에도 이를 애써 외면하였다.[269]

　기록물을 한 국가의 민주정치를 위한 수단으로 간주하는 것(미주와 앵글로색슨 전통의 기록물관리에서 보다 분명하게 드러난다)은 입법과 기술(技術)적인 규정들을 통해 확인되었다. 그 결과 특히 행정기록물관리와 정보통신기술ICT: Information and Communication Technology의 도입에 관한 문제들이 투명성 문제, 정보에 대한 권리, 그리고 알권리와 함께 제기되었다.

　유럽의 경우 지난 세기 70년대 후반에 제기된 행정의 투명성에 관한 논쟁은 관련입법과 더불어 유럽 민주주의의 발전과정에서 정보, 사생활, 배경, 자주성, 알권리와 관련하여 본격화되었다. ICT는 사회발전을 위한 정보자원의 역할을 강조하면서 막대한 정보의 축적, 신속한 접근능력, 통합적 활용, 교환과 비교, 상호작용과 같은 현상들에 대한 관심을 고조시켰다.

　하지만 국가에 따라 기록물에 대한 접근 방식은 다양하다. 기록물-정보에 대한 권리의 이항식은 관습법 전통의 국가들에서 일찍부터 각별한 주목을 받았는데, 그 이유는 - 기원 당시부터 권리를 공권력의 장애물로 간주하였던 - 미국 입헌주의와 법실증주의 이론의 영

---

269) H. Arendt, "La menzogna in politica. Riflessioni sui Pentagon Papers", Ead., *Politica e menzogna*, Milano, Sugarco 1985, pp. 108 - 109. Pentagon Papers 에 대해서는 3개의 사본이 존재한다: United States-Vietnam Relations 1945~1967: A Study Preparated by the Department of Defence, US Government Printing Office, Washington, 1971: The Pentagon Papers: as Publisched by "The New York Times", Bantam Books, New York, 1971: *The Pentagon Papers: The Defence Department History of United States Decision making in Vietnam*, Beacon Press, Boston, 1971.

향이 미약하였기 때문이다. 이탈리아와 같은 로마법 전통의 국가들에서 법질서는 유스티니아누스법의 전통과 기록된 문서들의 효력 그리고 법실증주의를 강하게 표방한다. 그리고 이러한 국가들에서 기록물의 역할은 권리의 확립과 공식절차의 정확성에 근거한다.[270]

법 전통의 다양성은 공공행정의 기록물을 조직하고 보존하는 것과 관련하여 이탈리아와 영국의 법규정을 비교할 때, 명백하게 드러난다. 다양성의 첫 번째는 이탈리아의 경우, 공공행정의 기록물 관리 및 보존이 법률과 다양한 의무규정에 의해 통제된 반면, 앵글로색슨 전통에서는 이것이 전문가 협회 또는 표준화를 위한 제도들에 폭넓게 위임되었다는 것이다.

이러한 표준들은 몇 가지의 흥미로운 측면을 보여준다. 이들은 한편으로는 민간경제의 생산성에 관련된 용어와 주제들을 반영하고 (품질, 관리통제, 효율성, 그리고 생산성), 다른 한편으로는 기관의 법적 필요성과 설명책임성Accountability 원칙의 이름으로 투명성과 정확성의 필요에 부응한다. 이러한 과정에 있어 중요한 것은 - 문서관리와 부실관리Mismanagement에 관한 에피소드들 간의 긴밀한 관계를 보여주는 - 스캔들로 인해 여러 문제점이 발생한다는 사실이다. 행정기록물관리의 영역에서 호주의 표준(현용 - 준현용 문서들의 관리를 위한 ISO 표준의 근거로 채택되었다)이 - 지난 1996년 관련문서들의 파괴로 인해 더 이상 진행되지 못한 - 하이너Heiner청문

---

270) G. Barrera, "La nuova legge sul diritto di accesso ai documenti amministrativi", *Rassegna degli Archivi di Stato*, L I (1991), 2 - 3, pp. 342 - 372; O. Bucci, *La gestione dei documenti: un fattore del rendimento amministrativo*, S. Pogliapoco 의 서문, *La gestione dei docuemti nelle pubbliche amministrazioni. Un modello informatizzato*, Maggioli, Rimini, 1996, pp. 15 - 28.

회를 계기로 제정된 것은 결코 우연이 아니다.

두 번째는 특히 공공기관 기록물관리조직의 법규정에서 찾아볼 수 있다. 이탈리아에서 문서관리규정은 지난 2000년 행정문서에 관한 단일텍스트로 마련되었으며 그 내용에는 전자문서의 활용과 단순화를 위한 규칙들이 포함되었다. 그 과정에서 입법가는 투명성과 정확성에 대한 요구와 개혁 추진의 필요성이271) − 사실은 구체적인 문서관리를 통해서도 실현될 수 있는− 올바른 균형을 이룰 수 있는 시스템을 마련하려고 노력하였다.272) 반면 영국의 기록물관리법은 정보자유헌장Freedom of Information Act, 2000으로 실현되었다. 특히 제46조는 공권력이 정보의 필요성과 문서들에 대한 시민의 접근에 대처하기 위해 자신들의 기록물을 조직하는 데 개입할 것을 규정하고 있다. 이와 관련하여 정보자유헌장은 "정보의 자유에 관한 입법의 수위는 규정에 의거하여 접근이 보장된 문서들의 수위와의 관계 속에서 결정된다. 이러한 권리는 문서들을 신뢰할 수 없는 경우, 필요할 때 찾을 수 없는 경우, 또는 문서들의 보존과 폐기에 관한 규정들이 적절하지 않은 경우, 결코 행사될 수 없다"고 규정하였다.273)

권리의 확립 이외에 정보에 대한 권리도 국가의 다양한 개념뿐만

---

271) A. Arena, Certezze pubbliche e semplificazione amministrativa. Certezze, semplificazione e informatizzazione nel d.p.r. 28 dicembre 2000, n. 445, Maggioli, Romini, 2001.

272) L. Giuva, "Il testo unico delle disposizioni legislative e regolamenti in materia di documentazione amministrativa", in Rassegna degli Archivi di Stato, LX (2000), 3, pp. 620 − 631.

273) Code of Practice on the Management of Records under Section 46 of the Freedom of Information Act 2000(2002년 제정되어 2005년 1월 1일부터 효력발생): 〈http://www.dca.gov.uk/foi/reference/ imprep/codemanrec.htm〉(2009년 8월 31일) 참조.

아니라 국가와 시민의 관계에 대한 다양한 개념과 밀접한 관계에 있다. 첫째로 국가에 대한 다양한 개념은 내용적으로 이해관계와 이에 상충되는 권리들의 조화를 추구하는 맥락에서 권리를 재정하고 실현하며 존중을 보장하는 군주권, 즉 시민의 권리를 보장하는 국가의 존재를 말한다. 반면 둘째는 개인중심의 개념과 더불어 모든 침해를 방지하고 시민과 개인의 권리 그리고 자유 보장에 필요한 최소한의 국가를 추구하는 앵글로색슨 전통의 개념을 동반한다.

실제로 오늘날 이러한 다양한 접근이 경직된 것처럼 보이는 것은 초국가적인 통합의 현상에 따른 결과지만 그 정도는 급속하게 완화되고 있는데, 여기에는 기술발전도 한 몫 하였다. 법과 기록물 문화의 영역에서 드러나는 이 같은 차이에도 불구하고, 두 전통의 비교를 통해서는 기록물이 한 국가의 민주정치에서 차지하는 근본적인 역할이 공통적이라는 사실을 알 수 있다.

이상의 지적은 적어도 입법의 범위 내에서 유효하다. 왜냐하면 여론은 이러한 논지의 주장과 항상 일치하는 방향으로 형성되지는 않기 때문이다. 시민들 사이에서 그리고 매스미디어에서 역사와 사회기억에 대한 요구가 증가하는 긍정적인 상황, 기록물관리전문가가 문서생산의 과정에 적극적으로 참여하는 것, 그리고 기록물의 용어에 부여된 상징적인 의미들이 더욱 확대되고 있다는 긍정적인 현상들에도 불구하고, 기록물에 대한 전통적인 이미지는 상주한다. 지난 2001년 가을, 프랑스 일간지 르 몽드Le Monde는 기록물의 역할이 국가가 수행하는 민주주의 기능의 투명성을 보장하는 것인가에 대한 조사를 실시하였다. 결과에 따르면, 단지 응답자의 1/3가량이 이러한 질문에 긍정적으로 답하였다. 같은 맥락에서 기록물은 권력에 대한 아래로부터의 통제라는 차원에서 고려된 것이 아니라, 책임자 처벌과 범법자 색출과 관련한 경우에만 문서들이 유용하다는 탄압의 의미로 이해되었다.[274] 이것은 기록물의 사회적 기능에 대한 이해가 지극히 제한적이라는 것을 확인시켜 주는 결과이며, 이후 미국에서 실시된 두 번의 조사(2002년 11월, 2005년 11월)에서도 재확인되었다. 조사는 행정기록물관리의 특별하고 전문적인 이용자들을 대상으로 실시되었다. 응답자들에게는 자신들의 경험에 비추어볼 때 관리와 일반이용자가 기록물에 어떤 가치를 부여하는지를 물어보았다. 답변에서 응답자들은 "문서들의 가장 중요한 사회적 가치로 문화·역사적 가치와 가계학 연구를 위한 가치를 지적하였으며, 그 다음으로는 정보와 연구의 내용을, 그리고 세 번째 가치로는 전문가들이 시민사회를 위해 특별하고 중요하다고 믿는 가치, 즉 인권보호, 행정의 적법성 원칙에 있어 정부 관료를 공적으로 신뢰하고 이를 유지하기 위한 근거, 관료들의 공적인 책임설명성을 통한 민주주의의 증진을 지적하였다."[275] 이탈리아에서는 이와 같은 조사가 추진된 적이 없었다. 하지만 종종 신문에서 볼 수 있는 기사와 사진을 참조할 때, 공공행정이 지금까지 기록물에 별로 긍정적이지 못한 역할을 조장하였다는 사실을 미루어 짐작할 수 있다. 사실 긍정적이지 못하다는 표현은 방치, 무관심, 망각, 미결 상

---

274) A. Prost, "Les Français et les archives: le sondage du journal 'Le Monde'", *Actes de la XXXVI ème Conférence internazionale de la Table ronde des Archives(CITRA)*, Marseille, France, 12-15 novembre 2002, in "Comma", 2003, 2-3, pp. 51-56.

275) R. Barry, *Report on the Survey on Society and Archives*, gennaio, 2003.

태와 같은 현상을 기술하는 데 동원되는 단골메뉴이다. 한 가지 대표적인 사례를 살펴보자. 2007년 1월 11일, 일간지 마니페스토 Manifesto는 고등법원Corte di cassazione의 최종판결문을 전하면서, 81명이 희생된 우스티카Ustica 사건에서 피고들이 모두 무죄 판결을 받았다는 사실을 대서특필하였다.[276] 제1면에는 이타비아Itavia 항공 소속 DC9 여객기의 잔해에 대한 사진이 '국립기록물보존소'의 타이틀과 함께 실렸다. 이 제목은 독자들에게 상당한 의미로 이해되었다. 수많은 문서들이 잠자고 있는 채, 결코 현실의 세계로 환원되지 않음을 지적하였고, 진실 규명과 책임자 색출을 독촉하는 또 한 번의 외침으로 이해되었다. 이것은 스테파노 비탈리Stefano Vitali가 말하는 '기록물−무덤'의 현실에 대한 저항이었다.

(2) (기록물에 대한) 접근, 프라이버시, 그리고 비밀: 적절함과 한계

문서들에 대한 접근, 진본문서와 신뢰성을 갖춘 정보의 생산, 그리고 안전한 기록물관리시스템의 운영은 정보학의 관점에서 볼 때에도, 형식적인 권리를 실질적인 권리로 만들기 위한 중요한 조건이다.

알권리를 행사하는 데 특별히 중요한 것은 문서들에 접근할 수 있는 자유이다. 이러한 원리는 영구기록물관리기관의−주로 역사

---

276) 우스티카 사건은 지난 1980년 6월 27일 금요일 우스티카 섬과 폰차Ponza의 중간지점 상공에서 81명의 승객을 태운 비행기가 폭파된 참사였다. 당시 이탈리아 이탈비아 Itavia 항공 소속의 DC−9항공기는 아무런 이상 징후도 보이지 않은 상태에서 급작스럽게 바다로 사라졌다. 이 사건의 진실은 20여 년의 조사에도 불구하고 밝혀지지 않았는데, 누군가는 이탈리아 공군의 증거조작 및 훼손이 있었다고 주장하였다. http://it.wikipedia.org/wiki/Strage_di_Ustica 참조.

연구자들이 열람하는-역사기록물 경우에도 그리고 행정기관의 현용기록물 경우에도 마찬가지로 유효하다. 대표적인 사례는 과거 독재를 경험한 국가들이 정치경찰과 정보기관의 기록물을 공개한 것을 통해 알 수 있다. 지난 2005년 12월 브라질의 룰라Lula 대통령은 1964~1985년의 독재 치하에서 활동했던 정치조직의 문서들에 대한 열람을 허용하는 조치를 단행하였다. 사회주의 국가들의 경우, 즉 독일(1991), 루마니아(1999), 세르비아-크로아티아(2001), 체코 공화국과 헝가리(2003), 슬로바키아(2004), 폴란드와 불가리아(2006)에서는 많은 비밀기록물이 재분류되었다.[277] 이후 러시아의 경우, 우리는 최근 수십 년 동안 기록물관리를 위한 정책 차원에서 이 나라가 민주화를 향한 지나긴 여정에서 보여준 여러 차례의 자성(自省)을 정확하게 기록한 것을 알고 있다. 1992년 러시아는 공산주의 정권에 관련된 역사기록물의 활용과 공개를 결정하였다. 이탈리아 학자인 안드레아 그라치오지Andrea Graziosi는 다음과 같이 기술하였다.

처음 보면 놀라운 느낌을 받는다. 기록물의 엄청난 양에 놀라게 되는데, 이들은 소비에트 체제의 방대함과 수많은 관련 분야를 반영한다. 이것뿐만이 아니다. 정부의 범죄도 방대한 양의 문서에 기록되어 있다. 하지만 이들에 대한 높은 수준의 관리체계 그리고 이곳에 근무하는 관리들의 높은 전문성에 더욱 놀라게 된다. 끝으로 비밀의 수많은 등급, 기록물관리에 종사하는 자들조차 처음에는 잘 알 수 없을 정도로 방대한 공공기록물이 존재하는 것에 가장 큰 충격을 받는다.[278]

---

277) 소비에트 붕괴 이후의 정치기록물에 대해서는 BBC 방송의 〈http://www.news.bbc.-co.uk/2.hi/ europe/6243765〉(2013년 3월 20일) 참조.

278) A. Graziosi, "Rivoluzione archivistica e storiografia sovietica", in *Cintemporanea*, VII(2005), 1, pp. 60-61.

러시아와 과거 소비에트 시대에 대한 역사연구를 촉진하고 수준을 높이는 데 크게 기여한 기록물 공개결정 이후, 초기에는 역사연구를 비롯한 활용의 다양한 현상들 이외에도 국제시장에서의 은밀한 밀거래와 같은 부작용도 발생하였다. 결국 90년대 후반부터는 비밀문서 해제가 주춤해지면서, 이미 열람 가능했던 기록물에 대한 자유로운 접근마저도 금지하는 조치들이 단행되었다. 기록물을 둘러싼 이와 같은 변화의 분위기는 특별히 국제관계의 기록물에 대한 연구를 어렵게 만들면서[279] 다원주의의 축소, 여론과 정보에 대한 통제, 역사교과서에 대한 개입을 유발하였는데, 이는 푸틴시대의 대표적인 현상이었다.[280]

기록물에 대한 접근의 폭, 열람을 위한 평등과 무차별 원칙 보장, 열람의 정확하고 투명한 절차 그리고 열람제한의 철폐는 한 국가가 유지하는 민주주의의 수준을 가늠하는 데 필수적인 요인들이다. 역사가와 시민단체는 행정의 투명성과 역사기록물의 열람에 관한 규정에 입각하여 접근자유의 원칙을 지속적으로 요구하였지만 완전하게 허용된 적은 없었다. 예외와 제한, 그늘의 구석은 언제나 존재하였으며 비밀은 결코 제거되지 않았다. 이에 대해 노르베르토 봅비오Norberto Bobbio는 자신을 숨기거나 비밀과 가면으로 위장한 채 피통치자들의 시선에서 벗어나려는 지배의 모든 형태는 결코 사라지지 않을 것이라고 말한 바 있다.[281] 국가의 권력을 비롯한 다양

---

279) S. Pons, "Gli archivi dell'Est e la storia della guerra fredda", in A Giocvagnoli e G. Del Zanna(a c. di), *Il mondo visto dall'Italia*, Guerini, Milano, 2004, pp. 365 – 371.

280) M Ferrati, "L'identità ritrovata. La nuova storia ufficiale della Russia di Putin", in *Passato e presente*, XXⅡ(2004), 63, pp. 49 – 62.

한 형태의 권력은 비밀을 권력의 수단으로 활용하였으며 이를 위한 비밀의 항목도 결코 적지 않았다. 즉, 국가이성을 떠올리게 하는 국가와 정치비밀, 부서의 은밀한 활동을 암시하는 관료정치나 금융기관의 비밀이 그것이다. 막스 베버도 공권력의 문서들에 접근하는 것은 아직도 요원하다고 말한 바 있다.[282] 그 이외에도 기술(技術)적인 지식의 비밀과 기술정치(技術政治 또는 기술만능주의)로 대변되는 기술의 권력화가 출현하고 있다. 기술정치는 시민의 대부분을 배제하면서, 이미 봅비오가 경고하였듯이, 민주주의에 대한 새로운 위험의 형태로 전환되고 있다. 기술정치는 민주정치의 실패보다는 아이러니로 이해되는데, 그 이유는 이 권력이 대중이 접근할 수 없는 지식의 축적에 근거하기 때문이다.

기록물의 공개를 제한하는 것에는 두 가지의 유형이 존재한다.

첫째는 비밀정보의 공개로 인해 위험에 노출될 수 있는 국가의 안전을 보호해야 할 필요성이다.

둘째는 시민의 사생활을 보장해야 할 필요성이다.

이 두 가지는 근본적으로, "국가가 자신의 기록물에 대한 충분하고 자유로운 열람의 원칙을 지속적으로 유지할 수 없게 만든다."[283]

두 요인은 매우 유동적이다. 때문에 - 규칙과, 독단적인 해석과

---

281) N. Bobbio, *Il futuro della democrazia*, cit., p. 104.

282) M. Weber, *Economia e società*, Edizioni di Comunità, Milano 1961, vol. II, p. 296.

283) C. Pavone, "Stato e istituzioni nella formazione degli archivi", Il mondo contemporaneo, X, Gli strumenti della ricerca, II, Questioni di metodo, La Nuova Italia, Firenze 1983; I. Zanni Rosiello(감수), *Intorno agli archivi e alle istituzioni. Scritti di Claudio Pavone*, Ministero per i Beni e le Attività culturali, Diplartimento per i Beni Archivistici e Librari, Direzione generale per gli archivi, Roma, 2004, p. 190.

임의적인 행동에 여지를 제공하는 - 예외적인 규정을 통해 그 한계를 설정하는 것이 항상 쉬운 것만은 아니다. 노력은 반목관계에 있는 권리들의 균형을 모색하는 것이기에 매우 복합적이어야 한다. 다시 말해 한편에는 정보와 연구의 자유에 대한 권리, 공공분야의 행정문서들에 대한 접근의 권리, 그리고 인물과 그 이미지 보호에 대한 권리가 있고, 다른 한편에는 구체적인 행위와 조치를 취하는 국가의 권리가 위치한다. 이 모두는, 비록 국가의 법 전통에 따라 그 형태는 다양하지만, 모두 헌법에 의해 보장된 것들이다.

사생활 보호는 - 현용기록물과 준현용기록물과 같은 - 비교적 최근의 문서들에 대한 접근을 통제하는 정책에 있어 중요한 명분에 해당한다. 역사기록물에 대한 자유열람의 예외는 모든 국가의 기록물관리법에 항상 존재하였던 것이 사실이다. 하지만 신세대의 권리에 관한 많은 문제들과 공사관계의 복잡하고 반목적인 절차들로 인해 비밀의 개념은 새로운 의미를 추가로 획득하였으며 한층 복합적이고 초국가적인 통제와 규정의 필요성을 제기하였다. 보호되어야 할 분야(영역)와 사생활 보호의 한계를 구체적으로 지적하는 것은, 국가와 공사기관들이 개인의 삶에 과도하게 개입하는 경우, 민주주의를 위한 필요한 조치에 해당한다. 국가의 과도한 개입은 비록 그 형태는 다양하지만, 전체주의에 대한 경험과 복지발전을 통해 표출되며 ICT가 제공한 - 문서의 폭증 또는 삶과 죽음에 관한 정보들의 급증, 삶의 문서화를 촉진하는 - 자료들의 축적, 보존, 조작 그리고 전달이 발휘하는 막강한 능력 덕분에 매우 우려할 만한 차원으로 진화하였다.[284]

개인적인 차원에서 사생활보호를 위한 비밀의 개념은, 미국에서처럼 인종과 소수문화 또는 소수운동(동성애 그룹)의 보호로까지 확대되었는데, 그 이유는 모두를 위한 자유롭고 평등한 접근이 문화적이고 성적(性的)이며 종교적인 전통과 변화 그리고 대립관계로 발전할 수 있었기 때문이다.

문서들의 비밀은 이를 '통치수단'으로 여기던 전통과는 다른 성격을 가질 수 있다. 군주의 행위에 관련한 비밀은 그 의도가 퇴색될 경우, 군주와 다른 새로운 권력으로부터 시민을 보호한다는 명분에 따라 시민에게 이전된다. 그리고 개인의 자유를 보호하는 기능적인 가치를 획득하며 개인의 사생활을 지나치게 통제하는 사람, 상황, 제도 또는 기술의 팽창은 물론, 수집되고 보존된 정보들이 적절하지 않게, 그리고 불법적으로 사용되는 것을 막아주는 역할을 한다.

언제 그리고 어떻게 이러한 문서들을 열람할 것인가를 결정하기 위한 기준을 마련하는 데는 어려움이 따른다. 또한 열람의 주체가 복수(複數)이면 이들의 열람이 모두 합법적일지라도 상호 간의 분쟁이 야기될 수 있다. 종종 기록물의 공개와 비공개의 딜레마는 보존과 파괴의 극적인 딜레마를 동반한다. 이러한 상황에서 개인에 대한 비간섭을 보장하려는 노력은 문서의 모든 흔적을 완전무결하게 삭제해야 할 필요성까지도 제기한다.

사기록물에 있어 망각의 권리와 진실의 권리를 중재하는 것이 지극히 어렵다는 사실에 관련한 사례로는 동독의 강력한 정치경찰조

---

284) M. Ferraris, "Voglio una vita documentata", in *Il Sole 24 Ore*, 2006년 7월 9일, S. Rodatà의 저서에 대한 서평(*La vita e le regole*, Feltrinelli, MIlano 2006), 같은 주제에 대해서는 다음의 저술도 참조: Id., *Dove sei?* Ontologia del telefonino, Bompiani, Milano, 2005.

직이었던 국가안전부STASI: Ministerium für Staatssicherheit가 수십년의 활동으로 축적한 길이 180km 분량의−개인들에 대한−파일을 어떻게 처리할 것인가를 둘러싸고 벌어진 열띤 논쟁을 지적할 수 있다. 논쟁에서는 중재가 거의 불가능한 여러 입장이 제기되었는데, 이들을 살펴보면 다음과 같다. 자신에 관련된 문서들이 파괴되기를 바라는 개인의 바람, 역사연구에 대한 보편적인 이해관계, 정치적 통제를 위한 기구들에 의해 생산되었지만 새로운 국가의 재건에 활용하려는 정치적인 목적, 반목과 어려움에도 불구하고 논쟁의 말미에서 도출된 기록물관리법의 제정에 대한 합의. 당시 열람에 대한 총체적이고 폭넓은 허용을 지지하던 녹색당은 동독시민들을 의식하여 STASI의 기록물을 파괴할 것을 제안하였다.[285]

이탈리아에서도 비밀정보기관들의 불법적인 활동으로 생산된−공인(公人)과 평범한 시민에 관한−파일들이 계속적으로 발견되고 있다. 이는 문서들의 신속한 폐기를 주장한 것은 아니지만−1974년 군정보기관인 SIFAR(Servizio Informazioni Forze Armate)가 생산한 150,000개 이상의 파일들처럼−비합법적으로 생산된 기록물을 보존하는 것이 적절한 것인지에 대한 열띤 논쟁을 불러일으켰다. 1999년에는 비밀기관들이 불법적으로 작성한 대략 20,000개 이상의 파일들이 발견되었다. 또한 2006년 여름에는 텔레콤Telecom의 직원들, 국내외적으로 활동하는 비밀기관의 요원들, 그리고 이들과 공모한 한 개인단체가 불법적으로 작성하여 데이터베이스로 활용

---

285) D. Krüger, "Storiografia e diritto alla riservatezza. La legislazione archivistica tedesca dal 1987", *Rassegna degli Archivi di Stato*, LⅧ(1997), 2−3, pp. 371−398.

한 수천 장의 문서들이 발견된 사건을 통해 반복되었다. 두 경우에는 중요한 차이가 있기는 하지만, 첫 번째 사례SIFAR는 국가기관의 탈선에, 두 번째 사례의 텔레콤Telecom은 공사 영역의 기관들이 작당한 위험천만한 음모에 해당한다. 반면 두 경우 모두 다음과 같은 동일한 의문을 제기한다. 권리에도 여러 단계가 존재하는가? 사생활 보호는 문서들의 폐기를 정당화할 수 있는가? 개인들의 권리는 역사연구에 우선하는가? 문서들의 파괴가 정보의 불법적 사용과 정보의 확산에 따른 위험을 방지한다는 것을 누가 그리고 무엇이 보장하는가? 마지막 질문에 대한 해답은 리치오 젤리Licio Gelli가 언급한 우루과이 기록물보존소에 대한 에피소드에서 찾을 수 있다. 지난 1981년 우루과이 경찰은 몬테비데오Montevideo에서 군사안보정보부SISMI: Servizio per le Informazioni e la Sicurezza Militare 소속인 P2의 책임자가 소유하고 있던 여러 문건을 발견하였다. 경찰은 이들을 분석한 결과 이들의 일부가－이미 몇 년 전에 폐기되었던 SIFAR의－불법 파일들에서 유래되었다는 잠정적인 결론에 도달하였다. 하지만 문서들에 대한 형식과 내용에 근거한 경찰의 추측은 비웃음을 받았는데, 그 이유는 발견된 파일들이 모두 파괴되어 철저한 수사가 이루어지지 못하였기 때문이다.

이탈리아의 역사가들은 비밀이 역사연구를 위한－기록물의－자유로운 활용에 방해가 되는 것과 관련하여, 관련법에 사생활에 대한 규정을 포함시키는 것에 대해 열띤 논쟁을 벌였으며, 열람이 금지된 문서들이 있다고 해서 이것이 자동적으로 각 기관의 처리과에 있는 행정기록물에 대한 접근의 원칙이 약화되거나 또는 불투명해진다는 것을 의미하는 것이 아니라고 하였다. 이것은 스테파노 로다타Stefano Rodata가 정의한 '사생활의 괴변'들 중의 하나이다.

> 사생활을 기본법 차원에서 인정한 것은 개인정보가 다른 사람이 이용할 수 있는 정보들의 일부가 되었을 때에도 이를 이용할 수 있다는 점을 고려하였을 때 ─ 정보들의 정확성과 수집의 정당함을 통제하고 그리고 거짓되거나 불법적으로 수집된 자료를 제거하거나, 잘못된 자료를 정정하고, 불완전한 부분을 보완하면서 ─ '접근의 권리'와 한 사람이 다른 사람이 소유한 자신에 대한 정보들까지도 이용할 가능성에 특별한 의미를 부여하였다. [……] 사생활에 대한 개인의 권리를 강화하는 것은 다른 사람들의 차원을 더욱 투명하게 만드는 수단으로 전환된다.[286]

비밀의 원칙은 사생활 보호라는 명분에 따라, 지난 세기 말에 비로소 실질적인 이유들을 확보하면서, 자유민주주의와 법치국가에서 당위성의 근거를 확보하였다. 반면, 기록물의 자유열람을 제한하는 또 다른 이유는 국가의 안전과 보호에 직결된 비밀과 그 형태가 존재한다는 사실에서 찾을 수 있는데, 국가기관들의 기록물 생산과 보존에 관한 통제정책은 이러한 사실에 근거한다.[287] 국가의 비밀과 투명한 권력의 난해한 관계는 기록물에서 비교와 대립, 협상과 타협의 여지를 발견한다. 하지만 이러한 여지는 민감한 여론과 정치여건의 변화에 따라 달라지는 만큼, 구체적인 균형에 이르기는

---

286) S. Rodatà, *Repertorio di fine secolo*, Laterza, Roma–Bari, 1992, p. 197.

287) S. Vitali, "Abbondanza o scarsità? Le fonti per la storia contemporanea e la loro selezione", in *Istituto nazionale per la storia del movimento di liberazione in Italia*, "Storia del ventunesimo secolo. Strumenti e fonti", C. Pavone 감수, 1, Elementi strutturali, Ministero per i Beni e le Attività culturali, Dipartimento per i beni archivistici e librari, Direnzione generale per gli archivi, Roma, 2006, p. 33.

사실상 불가능하다. 비밀을 폐기하는 것보다는 필요할 때마다 비밀과 공개의 유동적인 경계를 규정하는 절차가 더 큰 설득력을 얻고 있는데, 이는 비밀이 새로운 정당성과 설득력을 다시금 확보할 수 있다는 것을 의미한다.[288)

지난 20세기에 있었던 특별한 위기 상황들 때문에 - 국가들 간의 관계와 사회통제에 있어 단골메뉴였던 - 비상(非常)상황과 예외의 개념들이 정치적으로 그리고 심리적으로 확산된 것은 이러한 균형의 성격을 결정하는 데 중요한 역할을 하였다. 냉전과 - 탈식민지의 기간에 몇몇의 유럽 국가들이 경험한 - 그 극적인 과정은 비밀문화와 비밀정치가 살아남아 민주주의의 정상적인 기능을 위협했던 순간을 말해준다.

지난 9·11사태 직후, 개인과 집단의 권리(사생활과 문서에 대한 접근의 자유)에는 상당한 변화가 나타났다. 테러리즘은 전쟁을 만성적인 것으로 만들면서 시민의 일상생활에도 많은 변화를 강요하였고 이들의 재산과 노동 그리고 평범한 삶에 심각한 피해를 주었다. 또한 테러리즘은 모든 사람에게 의심의 확산을 가져왔으며 모두를 사악한 테러리스트로 의심받게 만들었다. 안전의 개념은 지난 19세기 이후 정치·군사적 그리고 경제적인 삶의 여러 측면에서 비밀을 정당한 것으로 보이게 만들었으며, 우리의 관심을 아득하고 추상적인 실체로써 오직 위기의 순간에만 인식될 수 있었던 국가로부터, 한편에서는 권리와 자유의 수호를 다른 한편에서는 안전보장의 전통적인 딜레마를 극적으로 부활시키면서, 시민 각자의 삶으로

---

288) A. Dewerpe, Espion. *Une antropologie historique du secret d'État contemporain*, Gallimard, Paris, 1994, p. 90.

옮겨가게 하였다.

　테러리즘의 현실과 공포가 지배하는 최근에는 비밀과 이를 강조하려는 성향이 노골화되었는데, 이것은 더 이상 국가의 안전을 명분으로 내세우는 것이 아니라, 시민생활과 가정 그리고 여행의 안전을 확보한다는 명분을 우선적으로 강조하였다. 서구사회의 시민은 비밀을 자신의 권리로 간주하였다. 그러므로 여론은 국가와 시민의 — 초기에는 동의에 근거한 — 합의를 바탕으로 (좁은 의미에서의) 투명성과 비밀의 균형을 요구하였다. 9·11 사태가 일어난 지 4개월이 지난 후 뉴욕 타임스는 한 사설에서 테러리스트들이 생화학무기를 제조하는 데 유익한 정보들이 포함된 많은 문서들이 잘 분류된 상태로 자유롭게 열람할 수 있는 상태에 놓여 있다는 사실을 꼬집었다. 이러한 지적은 강압정책을 부활시키는 계기가 되었으며 그 최고의 정점은 Card Memorandum이 공포된 2002년 3월이었다. 이 조치로 인해 연방기관과 비밀조직들은 무기에 관련된 문서들의 분류기준을 재검토할 수 있었다.

　결과적으로 개인의 자유와 권리의 영역은 급속하게 축소되었다. 수백만 미국 시민에 대한 전화도청과 e-mail을 통제한 사실이 드러났으며, 민주주의의 확산을 위해 파괴적인 전쟁을 벌인 미국이 이라크와 콴타나모 포로수용소에서 고문을 자행한 것이 사실로 드러났다. 언론은 이러한 소식에 대해 크게 우려하면서, '회색지역', 즉 법치국가의 규정을 파괴한다는 우려에 대해서는 아랑곳없이 합법성과 비합법성의 경계를 어디까지 확대할 것인지에 대해 심각하게 생각하였다. 연방기관들의 기록물에 대한 접근을 제한한 것은 미국

민주주의 기능의 총체적인 장애로 간주되었다. 역사가와 기록물관리전문가들은 미국정부가 아무런 규정이나 모니터링 없이 비밀의 영역을 확대한다고 비난하였다. 이러한 정부정책에 대한 단서는 - 민감한 사안임에도 불구하고 - 분류되지 않은 대량의 문서들이 공공기관의 기록물보존소에 적지 않게 존재한다는 것이었다. 이들은 보존되어 있기는 하지만 국가안전 분류시스템National Security Classification System, Executive Order 13292, 2003의 대상에는 포함되거나 분류되지 않았기 때문에 비밀기록물의 목록에서 배제시킬 대상도 아니었으며 따라서 보호기간의 제한이 없고 정보자유헌장Freedom of Information Act: FOIA의 규정에도 위배되지 않았다. 워싱턴 대학교Washington Univ.의 한 사설 연구소인 국가안보 아카이브National Security Archive가 위에서 언급된 정보들(즉, 문서들)이 대량으로 존재하는 것과 관련하여 실시한 조사에 따르면, 정책의 차이, 불완전하거나 애매모호한 규정, 모니터링의 부족 그리고 느슨해진 통제로 인해 사실상 블랙홀이 형성되었으며 이로 인해 민주주의와 안전이 위협받고 있다는 우려가 제기되었다. 이 조사에서 드러난 가장 심각한 내용은 분류되지는 않았지만 민감한 정보를 담고 있는 문서들이 영원히 열람되지 않는 상태로 남아 있다는 것이었다.

이미 비밀이 해제된 상태로 워싱턴 국립기록물보존소National Archives di Washington에 소장되었으며 학자들에 의해 자유롭게 열람되고 있던 문서들을 재분류하려는 조치도 열람을 더욱 어렵게 만든 요인들 중의 하나였다. 1995년 클린턴 대통령은 집행명령서Executive Order에 따라 생산된 지 25년이 지난 모든 문서들을 비밀에서 제외하려고 하였다. 하지만 이러한 조치는 이미 1999년부터 기준을 재조정하고 문서들을 재분류하기 시작한 공공행정의 반대에 직면하였으며 결국에는 이미 열람되고 있던 25,000장의 문서들이 오히려 자유열람의 대상에서 제외되었다.[289]

이 기간에 노출된 위험은, 한편으로는 통제의 메커니즘을 통해 시민들의 사적인 영역을 침해하였고, 다른 한편으로는 국가와 제도의 행위를 반영하는 데 있어 공적이어야 함에도 불구하고 비밀로 치장되었으며 이로 인해 법규정과 행위들을 이끌어야 할 원리가 크게 훼손되었다는 것이다.[290]

시민과 국가의 안전과 같은 숭고한 동기의 이면에 불법적인 행위, 의도된 보호의 명분, 책임성 회피, 진실은폐, 조작과 거짓, 과거청산을 회피하려는 경향이 도사리고 있다는 의심은 매우 강하다. 프랑스에서도 상당한 논란을 불러일으킨 *Archives interdites*의 저자 콤브S. Combe는 1979년 프랑스 기록물관리법의 열람제한 규정으로 인해 나치의 점령과 비씨Vichy 괴뢰정부, 유대인에 대한 태도, 알제리 식민정책과 같이 국가양심에 특별히 민감한 주제들에 대한 연구가 얼마나 큰 타격을 받았는지를 명확하게 지적하였다.[291] 이

---

289) 결국 이 조치 덕분에 2007년 1월부터는 냉전과 공산주의에 가담했을 것으로 의심받은 미국 시민들에 대한 조사에 관련된 수많은 비밀문서들이 연구자들에게 제공되었다. A. Weinstein, "Strictly Unclassified. Some Thoughts on Secrexy and Openness", in *Prologue*, 2006년 여름, vol. 38, 3. 바인스타인은 문서들의 대부분이 재분류를 정당화하는 정보들을 포함하고 있지 않았다고 지적하였다.

290) 여기에서 원리는 다음과 같다. "민주정치의 기구는 규정상 투명해야 하며 비밀은 예외적인 것이어야 한다. 헌법으로 개인에게 오장된 권리는, 규정상 프라이버시를 제외한다면, 공공성을 의미한다." P. Barile, "Democrazia e segreto", *Quaderni costituzionali*, Ⅶ(1987), 1, p. 29.

291) Cfr. S. Combe, *Archives interdites. Les paurs françaises face à l'histoire*

경우에 문서열람을 제한한 것은－프랑스의 지식인과 지도계층이 프랑스 공화국의 통일과 근본을 위한 기준이라고 지적하였던－프랑스 역사의 중요한 순간들과 그 여정에 대한 조사를 불가능하게 만들었다. 이탈리아의 경우에도 군대경찰과 재무경찰Guardia di Finanza 의 기록물보존소에 어떤 문서들이 보관되어 있는지는 역사가도, 기록물관리전문가도 출입을 금지당하였기 때문에 결코 알 수 없었다. 게다가 위에서 인용된 두 기관의 기록물은 국립기록물보존소로 이관되지도 않았다. 이곳의 기록물은 정치적인 관점보다는 경제적인 관점에서 상당히 중요하였다(재정관련 스캔들, 큰 규모의 파산사건들, 기업 통폐합, 귀중품과 예술품 도난 등 20세기 범죄사 관련 문서들).

(3) 투명성의 아이러니

투명성의 실현과 정보 및 연구의 자유를 구현하는 데 있어 장애는 문서들의 생산에서 보존에 이르는 긴 여정의 곳곳에서 발생될 뿐만 아니라, 역사적이고 증거적인 목적을 위한 신빙성 있는 자료를 확보하는 데 상당히 부정적인 영향을 미친다. 이러한 장애들 중의 하나는 문서들에 포함된 정보의 빈곤이다.

문서들의 양적인 폭증은 현대기록물의 대표적인 특징이지만, 그렇다고 이것이 정보의 질적이고 양적인 풍부함을 필연적으로 의미하는 것은 아니다. 관료기구가 확대되고 행정의 차원에서 관습과 기록물 문화가 확산되는 상황에서도, 문서들에 포함된 정보가 빈약해지는 현상이 발생하였다. 이러한 현상은 다양한 통신수단의 도입

---

contemporaine, Albin Michel, Paris, 1994.

으로 더욱 촉진되었다. 예를 들어 전화의 경우 신속하게 전달할 수 있다는 장점 때문에 가장 중요한 정보전달수단으로 애용되었는데, 이로 인해 역사 연구자와 시민 모두에게 결정과정을 재구성하고 행위의 책임을 규명하는 일은 더욱 어려운 과제로 남게 되었다.

도청(盜聽)의 관행은 항상 합법적인 것이 아니었음에도 통화내용을 가장 안정적으로 기억시킬 수 있는 계기를 제공하였다. 반면 사생활 보호를 위한 규정과 행정문서들의 투명성 그리고 접근(또는 열람)을 위한 규정은 행정의 경우, 기록물의 정보적이고 증거적인 가치를 약화시킬 수 있는 자기방어적인 태도를 강화시키는 계기로 작용하였다. 개인정보의 경우, 공공기관과 사기관은 - 도주나 불법 확산의 위험이 있다고 판단되는 상황에서는 - 법규정에 명시된 몇 가지 경우에 국한하여, 이러한 파괴적인 관행에 더욱 의존할 수 있다. 접근과 투명성에 관한 법률은 "파일들을 조작까지는 아닐지라도 내부에 포함된 정보를 정상적인 경우보다 덜 솔직하고 빈곤한 상태로 전락시킬 수 있다."[292] 행정은 물론 시민들도 - 특히 행정절차에 있어 - 생략, 거짓말, 최소화, 부분적인 진실로만 일관할 수 있다. 인구조사에서는 후손에게 자신의 삶의 여러 측면을 너무 일찍 알게 하지 않으려는 심리로 인해 일부내용을 거짓으로 진술하는 경우가 있는데, 이때 응답자의 태도는 조사결과의 신빙성에 보다 직접적이고 부정적인 영향을 준다.

---

292) C. Vivoli, "L'accesso agli archivi: a proposito di un recente convegno internazionale", M. Borgioli e F. Klein(감수), *Democrazia in rete o 'Grande fratello?*, cit., p. 37.

인구조사의 조작된 문서들이 - 역사기록물의 대대적인 공개를 주장하는 -
역사가, 가계학 연구자에게 그 가치가 극히 적을 수 있다는 사실은 아이
러니가 아닐 수 없다. 공개를 더욱 확대하는 조치가 궁극적으로는 - 정부
가 자신의 발전정책을 위해 좀 더 세밀한 자료를 필요로 할 순간부터 -
정부의 투명성과 역사기록물에 대한 신뢰성을 궁극적으로 약화시킬 수
있다고 생각하는 것은 아이러니하다.[293]

　행정비밀, 부서의 비밀, 그리고 국가의 비밀을 축소하고 접근을
아무런 제한 없이 폭넓게 허용하는 조치는 기록물이 축적되는 형태
와 기록물 자체의 성격에 변화를 줄 수 있다. 자발적이고 비의도적
인 성격의 변화는 '다른 사람의 기억을 위해서가 아니라, 자신의 기
억을 위해', 그리고 '후대의 사람들이 아니라, 동시대의 사람들을
위해', 그리고 '교육을 위한다거나 즐기기 위해서가 아니라, 업무의
결과로' 생산되고 보존된 기록물의 구체적인 성격을 대변한다. 이
러한 특징적인 관행의 덕분으로 기록물은 다른 사람과 미래의 활용
을 위한 정보의 무의식적인 축적과 비의도적인 흔적으로 규정된다.
　기록물이 자연스럽게 생산된다는 특징(저자 주/Naturalness: 지난
19세기의 모델로서 생산주체의 공적이고 국가적인 차원의 문서생
산과 관련되어 있다)은 얼마 전부터 해체주의적인 경향의 비판을
받고 있다.[294] 하지만 기록물과 기억의 순환적인 결합관계도, 미래

---

293) J. M. Dirks, "Accountability, History, and Archives: Conflicting Priorities or
　　Synthesized Stands?", *Archivaria*, XXX(2004), 57, p. 46.
294) 푸코Foucault와 데리다Derrida는 해체주의 이론의 주요 인물들이다. 기록물과 기록물
　　보존소에 대한 비평의 주요 쟁점들에 대해서는 다음의 논문 참조: M. Foucault,
　　L'archeologia del sapere. Una metodologia per la storia della cultura, Rizzoli,
　　Milano, 1971; Derrida, *Mal d'archivio. Un'impressione freudiana*, Filema,
　　Napoli, 1996.

를 위한 유적(遺跡)으로 인식된 개인기록물도 스테파노 비탈리Stefano Vitali의 말처럼, 의도성과 주관성이 도입되는 계기가 될 것이며 아울러 기록물의 비의도적인 측면을 약화시킨다. 이미 오래전에 정보의 자유를 위한 법률을 제정한 국가들에서도 알 수 있듯이, 이러한 변화의 조짐은 지속적으로 나타나고 있다. 정보접근을 위한 헌장 Access to Information Act이 1983년부터 실행되고 있는 캐나다에서, 제이 질버트Jay Gilbert의 분석에 따르면, 행정은 기록물의 과도한 공개로 인해 빚어질 수 있는 결과를 제한하기 위한 전략들을 개발하는 데 노력하였다. 고전적인 파괴의 관행과 답변을 늦추거나 기록물관리법이 적용되지 않는 기관들의 수를 확대하는 것과 같은 고전적인 관료정치의 전략들 이외에도, - 관료정치를 옹호하는 것으로 인해 "기록물의 생산과정에 상당한 정도의 의도성이 도입된" 순간부터 - 생산자가 기록물을 인간의 무의식적인 생산품으로 간주하는 것이 아직도 가능한지에 대한 의문을 제기할 정도로 동일한 문서의 형식과 내용을 수정하려는 움직임이 포착되었다.295)

문서의 생산과정에서 비밀의 영역을 축소하는 것은 기밀문서들의 중요성을 누구보다 잘 알고 있는 역사가에게 기록물의 중요성을 감소시키는 결과를 가져다줄 것이다.296) 물론 이러한 논리는 역사가에게만 해당되는 것은 아니다. 이 점에 있어, 미국의 사법부와 여론은 지난 세기 80년대 중반에 일어난 이란 게이트Iran-Contras 스캔들에 대해 미 국민이 어떤 반응을 보였는지를 잘 보여준다. 당시

---

295) J. Gilbert, "Access Denied: The Access to Information Act and its Effects in Public Records Creators", *Archivaria*, XXⅥ(2000), 49, p. 113.

296) C. Pavone, *Stato e istituzioni nella formazione degli archivi*, cit., p. 190.

CIA와 백악관이 관련되었다는 소식이 흘러나오고 있을 때, 이 사건과 관련이 있는 기관들 - National Security Council(NSC)과 National Security Adviser Poindexder - 은 문서들의 흔적을 남기지 않기 위한 방법을 동원하였으며 그 덕분에 Private blank check에서 확인되지 않은 개인통신은 - e-mail 관리, 즉 Professional Office System(PROFS)을 운영하는 - NSC의 기록물관리시스템에 의해 통제되거나 등록되지도 않았다. 두 명의 관련자는 전자우편을 상당히 애용함으로써, 물리적인 접촉과 전화통화를 최소한으로 줄이고 민감한 정보가 담겨있는 문서들의 양을 최소화할 수 있었다. 그 이외에도 모든 위계질서적인 통제와 문서상의 통제에서 벗어남으로써 얻어지는 '안전에 대한 확고한 인식'은 커뮤니케이션에 있어 솔직함과 명료함, 그리고 많은 세밀한 특징들의 유지를 가능하게 해준다. 삭제에 대한 지시가 없었음에도 그리고 조사위원회가 파괴작업이 진행되기 이전에 시스템에 의해 자동으로 백업된 것들을 통해 상황을 파악하였다는 사실을 무시한 채, 약 6,000개의 e-mail Private blank check을 모두 파괴한 자들은 이러한 비공식 문서들의 증언적 가치에 대해 잘 알고 있었다. 전자 메일의 내용들은 이후 진행된 청문회에서 North and Poindexer에 대한 핵심적인 증거로 사용되었다.297)

---

297) D. A. Wallace, "Implausibile Denialbility: The Politics of Documents in the Iran - Contras Affair and its Investigations", in R. J., Cox and D. A. Wallace 감수, *Archives and the Public Good, Accountability and Records in Modern Society*, Quorum Books, Westport, CT, 2002, pp. 91 - 114, 특히 pp. 104 - 106. 이 에 피소드는 e-mail이 기록물로서 가지는 성격을 설정하고 기록물관리시스템의 내부에 등록시킬 필요성을 확인하는 데 있어 매우 중요한 계기가 되었다. Iran-Contas와 관련하여 재분류된 문서들은 National Security Archive(http://www.nsarchive.org)에서 열람할 수 있다.

기록물관리전문가는－기록물에 대한－접근을 억제하려는 조치가 이해관계가 큰 비밀의 필요성을 보장하고 이러한 필요성이 속임수, 파괴 또는 은폐에 의해 희생되는 것을 방지하기 위한 조건에 해당한다는 사실을 누구보다 잘 알고 있다. 이와 관련하여 파올라 카루치Paola Carucci는 다음과 같이 기술하였다.

> 국가안전과 개인의 권리를 보호한다는 명분에 따라－비밀에 관한 법률의 차원에서－마련된 보호조치는 기록물의 보호를 위한 기본적인 보장책들 중의 하나이다. 기록물에 대한 접근에 제한이 존재하지 않는 곳에서는 문서들에 대한 정당하고 정당하지 않은－즉, 역사연구를 위한 접근에 몇 년이 걸리는 것보다 훨씬 부정적인－파괴행위가 불가피할 것이다. [……] 따라서 문서들의 정당한 생산과 보존, 기록물에 대한 접근과 활용을 보장하기 위한 균형점을 모색하는 것은－민주주의에 대한 열망에 따라, 개인들의 권리와 연구에 대한 권리와 관련하여 행정행위의 투명성을 추구하는－모든 국가들의 경우 민감한 문제이다.298)

인용문을 통해 알 수 있는 것은 접근에 대한 무제한적인 자유가 아니라, 공권력의 문서들에 포함된 비밀을 예외적이고 일시적인 수단으로 간주하는 법규정을 마련하는 것이 중요하다는 사실이다. 이러한 주장은 어쩌면 아이러니하게 들릴 수 있겠지만, 비밀이 투명성을 담보해야 한다는 것을 의미한다. 같은 맥락에서 프랑스 역사가로서 드레푸스Dreyfus 사건을 연구하였던 Vincent Duclert는 국가의 비밀과－접근이 거부된－기록물에 대해 다음과 같은 학문적 소신을 말한 바 있다.

---

298) P. Carucci, "La salvaguardia delle fonti e il diritto di accesso", in SISSCO, *Segreti personali e segreto di Stato. Privacy, archivi e ricerca storica*, cit.

민주주의에 대한 위협은 정부의 비밀스런 정책에서 기원하는 것이 아니라, 정치권력을 불신하게 만드는—비밀스런 조치들을 통해 그리고 민주주의의 정치적 책임성과 권위의 기본을 무시하고 다른 사람들이 알지 못하게 하면서—이러한 정책을 은폐하는 것에서 유래한다. 비밀정치는 비밀의 영역이 더 이상 비밀이 아닌 조건 하에서는 민주주의의 기능을 위협하지 않는다.[299]

정치인들의 관심은 문서 열람의 자유를 얼마나 확대할 것인가에 집중되는 반면, 현용기록물의 비효율적인 관리로 인한 부정적인 결과에는 큰 관심을 보이지 않았던 것이 사실이었다. 기록물관리전문가는 오래전부터 기록물관리를 소홀히 할 경우, 민주주의에 위기가 초래될 수 있다는 사실을 지적해왔다. 이와 관련하여 파올라 카루치Paola Carucci는 다음과 같이 기술하였다.

공공기관의 현용기록물 관리를 경험한 사람이라면 기록물 관리를 위한 조직의 열악함이 관료적, 사법적 그리고 정치적인 통제를 받지 않는 권력(기관)에 의해 운영된 결과라는 사실을 알게 된다. 현용기록물의 조직은 기술적인 문제에 앞서, 정치적이고 행정문화적인 성격의 사안이다.[300]

지난 세기 말 기술(技術)과 제도의 혁신은, 유럽이 정보사회로 발전하는 데 많은 재원과 법적 근거가 필요하다는 주장을 배경으로, 문서시스템의 근대화 계획을 입법가들의 구상에 포함시키는 데 동

---

299) V. Duclert, "Le secret en politique au risque des archives? Les archives au risque du secret en politique. Une histoire archivistique française", *Matériaux pour l'histoire de notre temps*, 2000, 58, pp. 10 – 11.

300) P. Carucci, "Le norme sulla trasparenza del procedimento amministrativo nel quadro dell'archivistica contemporanea", O. Bucci(감수), *Gestione dei documenti e trasparanza amministrativa*, cit., pp. 66 – 67.

기를 부여하였다. 역사적으로 기록물 관리의 효율화와 공공시스템의 긴밀한 관계는 과거 정치와 행정의 분야에서 이미 여러 차례 제기된 바 있으며(행정개혁의 차원에서 기록물관리에 개입하였던 인물로는 황제 칼 5세, 교황 시스토 5세, 오스트리아의 마리아 테레사 그리고 나폴레옹을 지적할 수 있다) 20세기에 들어서도 민주정권과 독재정권 모두의 공통된 관심사에 머물고 있다. 이 주제와 관련하여 에르네스트 포스너Ernest Posner는 다음과 같은 주장을 전개하였다. 그는 독일이 "훌륭한 기록물관리시스템을 갖춘 상태에서 전쟁을 시작하였다"는 사실을 지적하면서, 이를 나치 정권의 '끔찍한 성공'의 원인으로 지적하였다.[301]

이탈리아의 경우에도 행정의 효율성을 전제한 기록물의 중요성은 여러 분야의 개혁이나 이를 위한 노력을 통해 확인할 수 있다. 행정의 반복성과 획일성, (행정)절차들에 대한 공식적인 존중, (행정)행위들의 내적인 일관성과 지속성에 기초하여 내려진 결정들의 합법성 등은 좋은 행정의 모범이었으며 이를 바라는 시대의 문화를 대변하였다.[302] 이것은 국가적 차원에서 기록물관리제도의 합리성과 일관성을 강화시킬 충분한 이유였으며, 아울러 확대일로에 있는 공공행정의 기능을 지원하고 재조직하며 사회에 적극적으로 개입하는 데 필요한 기능성 정보를 확보할 수 있는 기회를 의미하였다. 문서 생산과 기록물 보존을 위한 방식을 모색하는 데 있어 중요한

---

301) K. Munden(a c. di), Archives and the Public Interenst. Selected Essays by Ernest Posner, Public Affairs Press, Washington, 1967, p. 87.

302) Regolamento approvato con regio decreto 23 ottobre 1853, n. 1611, per l'applicazione della legge 23 marzo, 1853, n. 1483.

변화는 제2차 세계대전 직후, 즉 미국의 테일러즘Taylorismo della
scrivania[303]을 지지하는 이론가들의 참여와 1928년 베니토 무솔리
니의 정부에서 재정경제부Il Ministro dell'Economia e Finanze 장관
을 지낸 알베르토 데 스테파니Alberto De Stefani가 주도한 '국가행
정 통제 및 근무방식의 개선을 위한 위원회'의 활동을 통해 실현되
었다. 그리고 이를 계기로 문서생산방식의 현대화는 그 중요성을
획득하였다.[304] 파시즘 정권의 통치기간 동안 공공행정의 현용기록
물관리는 적어도 1939년의 기록물관리법을 시작으로 더 이상 언급
되지 않았다. 사회와 시민에 대한 국가와 경찰의 강력한 개입 및 통
제의 결과로 생산된 막대한 양의 문서들을 효율적으로 관리할 수
있는 합리적이고 일관된 기록물관리는 기록물을 정권의 탄압정책
을 실현하기 위한 효과적인 수단으로 간주하는 결과를 가져왔으
며[305] 이후 이러한 정책은 모든 전체주의 국가들의 공통된 경향으
로 발전하였다.

제2차 세계 대전 당시에 제기된 개혁의 대상에는 공공행정의 문
제도 포함되었다. 영국이 제시한 행정의 과학적 원리에 입각해서
행정활동을 합리화하고 근대화하려는 목표가 재설정되었다. 즉, 기

---

303) F. Soddu, "Taylorismi della scrivania dalla Rivista delle Comunicazioni all'-
Organizzazione scientifica del lavoro" A. Varni e G. Melis(감수), *Le fatiche di
Monssù Travet. Per una storia del lavoro pubblico in Italia*, Rosenberg &
Sellier, Torino, 1997, p. 155.

304) Comitato per il perfezionamento dei metodi di lavoro e di controllo nelle
amministrazioni dello Stato, Proposte per una riforma generale dei metodi di
lavoro e di controllo, Provveditorato generale dello Stato, Roma, 1929.

305) G. Tosatti, "L'organizzazione della polizia. La pressione del dissenso politico
tra l'eta' liberale e il fascismo", *Studi storici*, XXXVIII(1997), 1, pp. 217-237,
특히 p. 238 참조.

록물은 행정활동의 생산성, 효율성 등과 같은 개념들에 대한 주요 관심의 중심에 위치하였다.[306]

지난 세기의 90년대는 새로운 변화의 시기였다. 이탈리아의 경우에도 몇 가지 사례를 볼 수 있는데, 무엇보다 입법과 법규정에 대한 빈번한 개입이 그것이었다. 입법가의 활동을 격려하는 데는 유럽 차원의 재정적 지원과-새로운 문제를 야기하면서도 다른 문제들의 해결을 가능하게 해준-정보학의 발전이 큰 역할을 하였다. 문화적인 측면에서도 변화가 나타났다. 즉, 이 기간에 단행된 개혁에 근거하여 관료정치의 기구에 한층 높아진 생산성과 경제성을 보장하고 비대한 조직의 군살을 제거하며 시민의 구체적인 요구에 부응하는 행정을 구축하려는 노력이 그것이었다. 이탈리아의 행정은 일상의 권리들에 대한 전략에 대처해야만 하였다.[307] 기록물과 문서 시스템의 개혁은 이러한 맥락에서 다루어졌다. 그 결과 1990년의 법규정이 폐지되고, 행정조직의 기능들 중에서 문서관리를 목적으로 '행정문서들을 위한 단일규정Testo unico'이 새로이 마련되었다. 기록물에 대한 전통적 해석, 즉 기록물을 권리의 확인을 위한 수단으로 바라보는 것 외에도, 이 시기에는 기록물을 개인과 사회의 구체적인 권리행사에 필요한 정보자원으로 간주하는 새로운 경향이 등장하였다.

---

306) *Lo stato dei lavori per la riforma della pubblica amministrazione(1948~1953)*, Istituto poligrafico e libreria dello Stato, Roma, 1953, 3, all. 679.

307) P. Barrera(감수), "Una strategia dei diritti quotidiani. Riforme e autoriforme nelle amministrazioni pubbliche", *Supplamento a Democrazia e diritto*, XXX(1990), 1.

(4) 법규정에서 윤리규정으로

최근 2007년을 전후한 기간에 기록물관리법에서는 권력의 투명성을 위해 기록물에 주목하려는 성향이 강화되었다. 정보에 대한 사회의 의존도는 한층 높아졌으며 정보 및 전신의 기술이 발전하는 것에 비례하여 더욱 커진 위험성에 대한 경고는 신뢰성과 진본성을 갖춘 문서들의 생산과 디지털 메모리의 장기보존과 관련하여, 기록물의 영역에 관련된 주제와 문제들에 관심의 집중을 가져왔으며 이 주제에 관심 있는 인력의 수를 확대하는 데 기여하였다.

하지만 좋은 입법은 필수불가결한 조건이기는 하지만, 그 자체만으로는 기록물의 권위 있는 사회적 역할을 보장하는 데 충분하지 않으며, 여전히 허약한 주장에 불과하기에 정치적인 선택과 변화에 따라 그 효과가 상실될 가능성은 여전하다. 관점들을 재조정하거나 평가절하하거나 또는 제외시키는 것 등은 - 미국과 같이 개인의 권리, 책임설명성, 투명성의 문제에 민감한 국가들에서는 - 현실적이고 지속적인 위험을 수반한다. 미국의 기록물관리전문가들은 9 · 11사태 직후 경제위기와 군사비용의 확대를 위한 명분에 눌려 기록물관리를 위한 연방예산이 삭감되었을 때 이러한 요인들을 기꺼이 포기하였다. 사실 좋은 기록물관리법을 확보하는 데는 어려움이 따르고, 좋은 원칙들이 있음에도 불구하고 - 전문가의 직업윤리를 위한 규정을 국제기록물관리조직의 활동을 통해 마련하는 데 있어서는 - 아직도 불투명성과 자유재량의 여지가 과도하게 남아 있는 것은 사실이다.

우리의 민주주의 체제는 정부가 공적인 차원의 모든 조사를 허용한다는 사실에 근거한다. 국가기록물관리프로그램은 — 정부의 모든 행위가 기록된 — 필수적인 증거들을 열람할 수 있도록 해준다. 정부의 기록물이 없으면, 국가의 관료들은 자신들의 행동에 대해 알 수 없게 된다. 또한 이러한 문서들이 없다면 시민들은 자신들의 권리를 행사할 수 없다. 이들을 유지하지 않고 약화시키는 결정은 공신력의 균열을 초래한다. 국가기록물관리프로그램을 위한 예산을 과도하게 삭감하는 것은 민주주의의 기능을 약화시킬 수 있다.308)

기록물관리전문가 국제윤리헌장은 1996년 북경에서 열린 ICA 회의에서 승인되었다. 이전의 사례로는 1955년 미국의 윤리규정이 유일하였지만 당시에는 전문 활동의 중심적인 역할이 배제되어 있었다. 기록물관리전문가의 직업윤리를 위한 법규정의 근거는 1992년 몬트리올 ICA 회의에서 이미 승인된 바 있었다.

지난 세기 90년대의 변화는 기록물관리전문가의 역할 수행에 따른 마찰과 어려움 그리고 책임성에 관한 사항들과 연계되어 있었다. 소련연방의 몰락, 사회주의 국가들의 연속적인 해체, 남아프리카 독재정권과 남미 독재정권들의 종말은 한편으로는 증오스런 독재에 의해 탄압받고 감시받던 수백만의 시민을 해방시켰지만, 다른한편으로는 기록물을 피해회복과정의 확립, 그리고 죽은 자와 생존자의 고통을 기억하는 데 필수불가결한 요인으로 간주할 수 있는 가능성을 제공해주었다. 기억, 역사, 그리고 민주정치에 대한 의식은 처음으로 분명하고 확실하게 확대되었으며 시민의식을 고취시

---

308) Statement on the Importance of Supporting State Archival Programs, approvato dal Consiglio della Society of American Archivists nell'aprile 2003, on line, 〈http://www.archivist.org/statements/ statearchives.asp〉.

키는 데 큰 역할을 하였다.

국제윤리헌장의 제정은 기록물에 대한 정치적 관심이 형성되어
있었기에 비로소 가능하였다. 하지만 과거의 정치적 관심은 전통적
인 규정들이 충분하지 못했던 근본적인 이유이기도 하였으며, 국가
별 특성과 차이가 무시되는 결과를 초래한 바 있었다. 이러한 현실
과 관련하여, 기록물관리전문가의 의무는 적은 조항 수에 비해 결
코 실현이 쉽지 않은 것이 사실이다.

> 기록물관리전문가의 첫 번째 의무는 자신의 감독과 보호 하에 맡겨진 기
> 록물을 '문서들 전체'(즉, '유기적 관계의 전체')로 유지하는 것이다. 이
> 를 위해서 기록물관리전문가는 과거와 현재 그리고 미래에 있어 일자리
> 제공자, 문서들의 소유권자, 문서에 언급된 인물, 이용자의 권리와 합법
> 적인 이해관계에 주목해야 한다. 기록물관리전문가의 객관성과 공정성은
> 스스로 갖추어야 할 전문성의 정도를 결정한다. 기록물관리전문가는 증언
> 을 은폐하고 왜곡하려는 모든 압력에 저항해야 할 것이다.[309]

윤리헌장의 조항들은 단지 직업윤리를 위한 가이드로서, 특히 공
공기관에 종사하는 기록물관리전문가의 의무 중에는 여러 법 규정
들 간의 불협화음과 마찰의 가능성이 존재하는 국내법을 준수하는
데 따른 어려움이 포함된다. 이것은 윤리규정과 실정법 간의 괴리
가 극히 적다고 하는 민주주의 체제에서도 마찬가지인데, 그 이유
는 두 관련법 모두가 권력의 투명성과 권리행사로 대변되는 공통된
가치 체계를 추구하기 때문이다.

---

309) 기록물관리전문가 국제윤리규정 제1항. 〈http://www.anai.org/politica/deontologia.htm〉
참조.

불협화음과 마찰의 대표적인 사례는 북경의 기록물관리전문가 국제윤리헌장과 기록물 관리의 독자성 확립에 있어 말 그대로 '엄격한 시험'이었다고 할 수 있는 '에이나우디－파퐁의 사건'에서 찾을 수 있다. 1998년 5월, 역사가 장－루 에이나우디Jean－Luc Einaudi는 일간지 르 몽드Le Monde에 기사를 게재하였는데, 그 내용은 파리에서 알제리 독립을 위한 데모가 있었을 때, 공권력이 도지사인 파퐁의 지시 하에 학살을 자행하였다는 것이었다. 이 기사로 인해 에이나우디는 명예훼손죄로 고발되었다. 1999년 2월에 열린 재판에서 역사가 에이나우디는 자신의 주장을 뒷받침하는 문서증거를 제시하지 못하였다. 그는 1979년의 프랑스 기록물관리법에 근거하여 파리의 국립기록물보존소들에 있는 경찰 및 사법부 관련 기록물을 열람하기 위해 청원서를 제출하였지만 받아들여지지 않았다. 그럼에도 관련 문서들은 분명히 존재하였다. 이 사실은 당시 관련기록물을 이관하고 정리하였던 기록물관리전문가인 필립 강드Philippe Grand와 브리지 라인Brigitte Lainé이 누구보다 잘 알고 있었다. 그럼에도 불구하고 검찰청의 문서들은 열람할 수 없었는데, 그 이유는 이들에게 접근이 거부되었기 때문이었다.

지난 25년 전부터 파리의 국립기록물보존소들의 사법부 기록물에 대한 관리책임을 맞고 있는 우리는 장－루 에이나우디가 모리스 파퐁Maurice Papon의 고발로부터 자신을 방어하는 데 필요한 문서들에 접근하는 것을 실질적으로 허용하지 않았다. 왜냐하면 학자인 그는 문서열람허가서를 발급받지 못했기 때문이다. 윤리규정에 대한 존중과 우리의 시민의식을 조율할 수 있는 유일한 방안은 법원에서 증언을 하는 것이다. 우리는 이러한 문서들이, 파퐁의 거짓된 주장에 맞서, 지난 1961년 10월 17일부터 그 다음 주까지 공권력이 파리에서 자행한 학살의 확실한 증거가 될 수 있다는 사실을 잘 알고 있으면서, 우리 자신이 이관하고 정리하고 그리고 문서고에 배치하였던 문서들의 존재에 대해 침묵할 수 없다. 우리의 침묵은 기록물에 대한 국제규정과 대치될 것이다. 우리는 항상 기록물유산의 관리에 관한 우리의 임무가 기술적이고 정치적이라는 사실을 인식해왔다.310)

증언을 하기로 결정하는 것은 기록물관리전문가에게 업무상의 비밀을 지키지 않는 것과 권력남용 그리고 직업적 중립성을 지키지 못한 것으로 인해 문화통신부의 행정청문회에 회부되는 것을 의미하였다. 1999년 5월 두 명의 기록물관리전문가는 모든 직위에서 해제되었고 열람실 출입을 금지당하였다.311)

윤리규정과 국가입법의 반목적인 관계는 이 상황에서 빚어지는 수많은 단면들 중의 하나에 불과하다. 가장 열띤 논쟁의 주제는 강드와 라인에 대한 기록물관리전문가협회와 국가기록물관리위원회Direzione nazionale degli archivi의 지지가 없었다는 사실이었다. 기록물관리전문가협회는 공식지를 통해, "공공기록물에 대한 접근이 공공기관에 대한 자유로운 평가나 근무자들의 사적인 신념에 관계된 문제는 아니다", 하지만 "한편으로는 공적인 자유와 사생활을, 다른 한편으로는 공공기관의 이해관계를 최대한 세심하게 보호하는 법률에 의해 조율되었다"는 공식입장을 피력하였다. 이것은 단지 연대책임의 문제만은 아니었다. 강드와 라인의 입장과 기록물관

---

310) 피고와 원고의 증언 등 외의 재판에 관한 다른 사실들은 〈http://www.perso.orange.-fr./felina/doc/arch/〉에서 볼 수 있다.

311) 두 기록물관리전문가는 이후 파리행정법원이 두 번에 걸쳐 판결문을 내린 후에 비로소 복직되었는데, 최종판결문은 2004년 3월에 있었다.

리전문가 협회의 입장 모두는 윤리규정의 필요성을 지적하는 것이었지만, 그 원칙에 대한 해석에 있어서는 지극히 상반되었다. 기록물관리전문가협회는 제7항("기록물관리전문가는 현행입법의 차원에서 정보에 대한 권리와 비밀존중의 균형감에 노력해야 할 것이다"라는 사실을 지적하였던 반면, 두 기록물관리전문가는 자신들의 의견을 제8항("기록물관리전문가는 자신의 직업적 중립과 그리고 형평성을 해칠 수 있는 활동을 멀리해야 한다")에 근거하였다. 파리의 기록물관리전문가들에 따르면, 에이나우디가 증거로 사용하려고 했던 문서들의 존재를 생략한 채 윤리규정을 지적하는 것은 아무런 의미가 없는 것이었다.

이러한 반목상태는 어쩌면 텍스트를 지나치게 일반화시킨 결과였을지 모른다. 하지만 이것이 직업의 독립성과 자치적인 운영을 확보해가는 과정에서 발생된 어려움과 반목이었다는 사실은 분명하였다.

이와 유사한 어려움은 기록물을 생산하는 행정조직과의 관계에 있어 (기록물) 보존기관의 자치성을 확립하는 것에서도 찾을 수 있다. 보존기관은 단지 충분한 권한을 가질 때 비로소 기록물의 올바른 생산과 자유롭고 민주적인 활용을 조율하고 보장할 수 있다. 기록물의 생산주체와 보존기관의 차별화에 대한 인식은 분명히 프랑스혁명을 계기로 형성되었다. 혁명은 생산, 활용, 보존으로 이어지는 메커니즘의 파괴를 가져왔다.[312] 즉, 혁명 이전에 생산기관은 메커니즘의 연속성에 근거하는 기록물관리(생산에서 영구보존에 이

---

312) I. Zanni Rosiello, *Archivi e memoria storica*, Milano, il Mulino, 1987, cit., p. 24.

르는 전 과정)의 유일한 관리주체였다. 연속성의 폐지에 따른 결과는 많았다. 새로운 조직모델, 문서들의 행정적 활용 이외에 문화적 활용가치의 확립, 새롭고 달라진 요구에 대처하는 기록물관리전문가. 지난 두 세기 동안 유럽의 기록물관리기관들의 특징을 결정지었던 이러한 상황에서 기록물관리를 위한 행정과 기록물 생산주체의 관계는 결코 쉽지 않았다. 어느 부처에 속하든지(이탈리아의 경우 국가기록물관리는 1975년 이후 내무부에, 이후에는 문화환경유산부에 속한다), 보존기관(직접적인 보존뿐만 아니라, 다른 기록물에 대한 감찰)은 문서생산주체인 행정이 '기록물의 법적기능과 문화적 기능의 (어려운) 균형'을 모색하는 과정에서 제기하였던 때로는 객관적이었고 때로는 의도적이었던 수많은 방해에 지속적으로 직면해야만 하였다.[313] 하지만 최근 수십 년 동안 기록물관리의 자치성을 강화하려는 경향은, 국내외적으로 혁신적인 역할을 수행하는 새로운 (기록물관리)조직들의 등장과 더불어, 중요한 차원으로 부상하였다. 오늘날에는 행정기록물의 형성과 역사기록물 관리에 밀접하게 연관된 여러 사안들이 추진 중에 있다. 예를 들면 문서시스템의 정보화, 역사기록물관리를 위한 공사기관들의 수적 증가, 자치적으로 운영되는 기록물보존소의 증가(필립 벨라발Philippe Bélaval에 의해 기록물관리의 발칸화로 정의되었다),[314] 현대의 문서화에 관련된 - 접근(열람)이나 선별과 같은 - 주제들의 출현이 그것이다. 물론 이것이 전부는 아니다. 좋지 못한 기록물관리의 여러 현상들

---

313) C. Pavone, *Stato e istituzioni nella formazione degli archivi*, cit., p. 185.
314) P. Bélaval, *Archives et République*, Le débet, 2001, 115, pp. 101 - 117.

또는 스캔들은 – 예를 들어 기록물관리전문가가 정부의 요청에 따라 그리고 현행규정에 근거하여 여러 민감한 사안에 관련된 문서들의 폐기를 허용하였던 호주의 하이너 사건The Case of Heiner처럼 – 정치권력으로부터 상당히 자유로운 행정조직의 필요성을 심각하게 고려하게 한다.315)

물론 윤리헌장의 그것과 마찬가지로, 기록물관리기관들의 지위와 역할의 경우에도 국내법 규정과의 관계라는 문제가 여전히 존재한다. 기록물관리기관들을 민주주의 체제의 가장 중요한 부분으로 만들 수 있는가는 정치권이 이들에 부여한 권력의 정도에 따라 달라질 수 있다는 지적은 아이러니하지 않을 수 없다. 다시 말하면 기록물관리기관의 역할과 상징성이 이를 자신들의 통제하에 두기를 바라는 – 의회나 국회를 통해 드러나는 – 통치자들의 의지에 따라 달라질 수 있다는 것이다. 한편 입법이 정치권력으로부터의 독립을 가능하게 해주고 행정기관들과의 관계를 설정하는 과정을 통해 기록물의 권력을 강화하기 위한 근본적인 수단이라면, 이는 새로운 관계를 부과하는 것보다는, 정부의 통치체제 내에서 기록물이 행사하는 영향력을 반영하는 것이다. 이러한 의미에서, 리 맥도날드Lee McDonald의 말처럼, "기록물관리법은 통치의 중심에서 기록물이 차지하는 지위를 개선하기 위한 최고의 전략"일 것이다.316) 또한 유

---

315) K. Lindeberg, "The Rule of Law: Model Archival Legislation in the Wake of the Heiner Affair", *Archives and manuscripts*, 31(2003), 2, pp. 91 – 105.

316) L. McDonald, "Legal Matters", in International Council on Archives, Interdependence of Archives. Proceedings of the Twenty Ninth, Thirtieth and Thirty First International Conference of the Round table on Archives. XXIX Mexico, 1993, XXX Thesalonici, 1994, XXXI Washington, 1995, Dordrecht, 1998, p. 23.

리한 법규정이 제정된 경우에도 이것만으로는 충분하지 않으며 다른 필수적인 조건들도 충족되어야 한다. 다시 말해 재정지원과 기록물관리전문가 그리고 적절한 제도와 같은 실질적인 요건들이 뒷받침되지 않는다면 기록물관리의 행정이 현실에 정착할 가능성은 기대하기 힘들 것이다.

4) 맺음말

문서의 생산은 반드시 그 목적에 해당하는 구체적인 업무의 사안을 전제한다. 이러한 기록물의 활용범위는 행정적인 차원을 넘어 영구보존을 위해 선별된 후에는 역사·문화적인 가치를 획득한다. 이때에도 생산목적에 근거하는 가치의 구조는 결코 변하지 않는다. 정치·사회적인 측면의 활동에 있어서도 기록물이 보유한 가치의 영역은 결코 생산동기에서 벗어나지 않는다. 하지만 활용의 영역, 즉 가능성은 생산목적의 범주에 머물지 않고 때로는 정반대의 현실을 기준으로, 언급된 내용에 대한 증거로 활용된다. 이처럼 기록물은 생산의 사회·역사적인 환경에 따라 사용가치와 용도가 연출하는 다양한 변화의 중심에 위치한다.

기록물 활용의 가능성은 가변적인 환경, 즉 역사발전의 복합적인 궤적과 그 흔적의 양태에 따라 결정된다. 기록물은 개인에서 공동체에 이르는 삶의 전 영역에 대한 기록된 증거인만큼, 직·간접적으로 관련된 모든 것의 다양한 변화를 반영한다는 차원에서 때로는 '개인들의 권리를 위한 무기고'로, 때로는 '국가이성을 위한 무기고'로서의 역할을 수행한다. 기록물은 개인과 국가의 관계에서 두 실체의 견제와 균형을 모색하기 위한 민주주의의 중요한 수단이다. 따라서 이들 모두의 역할, 즉 수혜와 중재의 역할과 결실은 올바른 기록물 관리를 통해서도 확보되어야 한다. 역사적으로 견제와 균형의 민주주의를 지키기 위한 기록물의 역할은 객관적인 효력과 가치를 유지하기 위한 관련법으로 보장되었다. 참고로 이탈리아를 비롯한 유럽국가들은 유스티니아누스의 법정신을 계승한 법실증주의에 근거하여, 그리고 앵글로색슨 전통의 영국은 전문가협회와 표준화 방안에 기초하는 기록물관리전통을 확립하였다.

그러나 역사적으로, 민주주의의 두 요인에 해당하는 국가와 시민을 위한 기록물의 역할이 항상 지켜져 온 것만은 아니었다. 지난 1980년 이탈리아에서 발생한 항공기 공중폭발사건(우스티카Ustica 참사)의 경우 기록물은 결코 진실규명과 책임자 처벌이라는 '견제의 역할'을 수행하지 못한 채 '비밀의 무덤' 속에 머물렀다.

기록물에 대한 접근(열람과 활용)을 제한하는 것은 크게 국가의 안전과 시민의 사생활 보호로 나누어진다. 두 요인은 모두 헌법에 의해 보장된 명분들이지만, 독단과 임의적인 행동 그리고 불법적인 예외로 인해 불균형의 가능성이 언제든 발생할 수 있으며, 따라서 둘 사이의 관계는 매우 유동적이다. 두 사례의 복잡한 실타래를 풀기 위한 핵심적인 키워드는 '비밀'이다. 비밀은 사생활보호를 위한 경우, 대중사회의 모든 구성원에서 소수인종 그리고 심지어 동성애 그룹에 이르기까지 이른바 보편의 영역에서 가장 멀리 위치한 세세한 부분에 까지 보호의 명분, 즉 망각과 진실의 균형점에 위치한다.

자유민주주의와 법치국가의 개념이 사생활보호를 위한 터전이라면 국가의 안전을 위한－기록물에 언급된－비밀의 합법성은 국민의 관점에서 볼 때 권력의 투명성에 대한 문제로 인식된다. 투명성의 논리는 지난 시대의 냉전이나 9·11사태 또는 테러리즘에 대한 공포에서 보듯이, 여론과 정치 상황에 따라 그 모습이 쉽게 변형되는 만큼, 비밀과 공개의 경계를 설정한다는 차원에서 많은 것을 생각하게 한다. 균형을 위한 노력에서 '의심의 블랙홀'이 발생하는 근본적인 원인은 국가와 국민 모두를 위한 것이라는 명분의 그늘 속에서 불법적이고 의도적인 행위(진실은폐, 조작, 과거에 대한 책임회피 등)가 자행될 수 있다는 불신이다.

현대의 기록물관리가 당면한 가장 심각한 문제는 문서들의 수적인 폭증이 항상 정보의 수와 질의 증가에 비례하는 것이 아니라, 적지 않은 경우에 있어 '정보의 빈곤화 현상'을 동반한다는 사실이다 더구나 최근에는 이러한 현상이 줄어들기보다는 오히려 특히 전화와 e-mail과 같은 통신수단의 발전을 계기로 더욱 증가하고 있다. 또한 행정기록물(현용 및 준현용기록물)의 경우 정보공개청구법에 따른 정보요구가 급증하고 있는 실정이다. 그러나 이러한 현상은 역시 같은 논리의 차원에서 볼 때, 파괴와 은폐 그리고 답변을 고의적으로 늦추는 전통적인 전략 이외에도 기록물의 생산과정에 개입하여 정보의 질을 떨어뜨리거나 축소하려는 고의성으로 이어지고 있으며 그 결과 문화적 활용의 가능성을 크게 제약하고 있다.

결론적으로 기록물의 공개는 시민의 권리를 보장하지만 반대로 문서들에 대한 합법적이거나 또는 불법적인 개입을 증가시킨다. 이것은 기록물관리가 비밀의 투명성을 담보하고 과거 정치인들이 소홀히 하였던 현용기록물에 대한 관리에도 많은 관심이 집중되어야 할 당위성의 명분에 해당한다. 그렇지 않다면 파올라 카루치의 말처럼, 합법적인 권력의 불법적인 활동에 여지를 제공하게 될 것이다. 이미 몇 세기 전에 유럽은 행정활동의 자연스런 과정에서 생산되는 문서들 전체인 현용기록물에 대한 구체적인 관심을 행정개혁의 주요 대상에 포함하였다.

최근 기록물관리법의 영역에서는 사회의 정보에 대한 의존도가 한층 높아진 사회적 현실을 반영하는 차원에서 권력의 투명성을 견지하려는 조항들의 수가 증가하고 있다. 뿐만 아니라 정보, 통신의 발전이 문서의 생산과 디지털 메모리의 장기보존에 관한 사항들도 적극적으로 반영되고 있다. 하지만 입법의 문제는 그 자체만으로는 충분한 보장이 될 수 없으며－9·11 사태 이후 기록물관리를 위한 연방예산이 삭감된 것에서도 알 수 있듯이－ 정치적인 선택에 따라 쉽게 변질될 가능성을 가지고 있으며 무엇보다 불투명한 기록물경영과 자유재량에 따른 피해가 증가할 것이 확실하다. 이러한 관점에서 불충분의 논리를 극복하기 위한 수단으로는 기록물관리전문가를 위한 윤리규정, 그것도 국가들 간의 특성과 다양성을 충분히 반영하고 단순한 직업윤리 가이드의 수준에서 벗어나며 또한 각국의 국내법과 상충되지 않는 국제적인 차원의 윤리헌장의 마련이 시급하다.

보편적이면서도 가능한 각국의 고유한 사정을 충분히 반영하는 윤리헌장의 제정과 더불어, 영구기록물관리기관의 자치적인 운영도 시민의 권리와 권력 간의 균형을 위한 기록물관리에 필수적이다.

하지만 이러한 균형을 전제로 기록물관리가 '균형의 아이러니'로 인한 심각성을 최소화하면서 안정된 현실에 안착하기 위해서는 다음의 몇 가지 조건이 충족되어야 할 것이다.

첫째, 생산의 주체(기록물 경영)와 보존의 주체(기록물관리)가 분리되어야 한다. 18세기(프랑스 혁명)를 계기로 생산 – 활용 – 보존의 전통적인 메커니즘은 이미 파괴되었다. 이러한 변화된 현실에서 기록물관리전문가는 지난 두 세기 간의 유럽기록물관리전통이 말해주듯이, 기록물의 법적인 기능과 문화적인 기능의 균형관계에서 전자의 월권행위에 대처하면서 후자 영역의 축을 담당하는 전문가의 입지를 확보하였다.

둘째, 국가권력, 특히 생산기관의 간섭에서 가능한 충분히 자유로워야 한다. 이러한 주장과 관련하여 지난 1996년 호주의 하이너 사건은 충분한 설득력을 제공한다.

셋째, 기록물관리기관은 입법(즉, 재정, 인력의 수와 전문성, 적절한 제도를 보장하는 기록물관리법)과 행정(활동)의 차원에서, 이를 자신의 영향 하에 두려는 통치자들의 간섭으로부터 자유로워야 한다. 권력의 중심으로서 통치자는 자신의 활동에 대한 기록된 증거들이 자신의 운명을 결정하는 결정적인 요인이라는 사실을 알고 있었다. 따라서 시민의 권리와의 균형을 위해서 기록물은 정치권은 물론 생산기관(행정기관)으로부터 자유로워야 한다.

제 5 장

기업의 역사기록물관리

1. 배경

오늘날 기업기록물에 대한 특별한 정의는 존재하지 않는다. 기록물에 대한 전통적인 정의가 여전히 유효하기 때문이다. 기업기록물의 경우에도 기록물을 기록재료에 상관없이(종이류, 전자/디지털, 사진, 시청각 등) 개인이나 법인(개인, 가문, 회사, 국가의 조직이나 행정기관, 공공기관 등)이 자신의 활동을 수행하는 과정에서 생산 또는 획득한 문서들 전체로 기술하는 정의는 그대로 적용된다. 기록물은 실질적이고, 행정적이며 법적인 활동이 기록되고 축적된 문서들로서 자발적으로 생산되며, 로돌리니Lodolini와 카루치Carucci의 정의에서 알 수 있듯이, 독창적이고 필요하며 구체적인 관계로 상호 연관된 문서들 전체이다.

최근 들어 기업기록물의 개념이 이전에 비해 크게 확대되고 있다. 그 결과 많은 기록물이 '경제기록물'의 명칭으로 정의되고 있다. 기업기록물은 기업으로 정의되는 사적인 성격의 주체에 의해 생산된 문서들을 가리키는 용어로 간주되지만, 반면 경제기록물은 생산의 목적 이외에도 생산 활동의 유지, 방향과 통제의 임무를 수행하는 공적이고 사적인 성격의 모든 주체들이 생산한 문서들을 가리키는 용어로 새롭게 등장하고 있다. 거의 대부분의 기업은 민법의 주체에 해당하며, 이러한 이유로 사기록물의 관리와 법적인 사안들에 대한 모든 업무를 독자적인 차원에서 운영한다.

이러한 맥락에서 기업은 그 대상이 농업에서 무역에 이르는 방대한 영역에서 상당히 다양한 기록물을 생산하는 주체로 인식되고 있다. 또한 대부분의 국가에서 적어도 초기에 산업분야의 기록물, 즉 국가의 경제정책에 영향을 미치는 거대산업들의 역사기록물은 역사가를 비롯한 많은 연구자들의 관심을 독점하였다. 그 외에도 학자들은 산업이나 기업의 총수들이 편찬한 자서전과 ‑ 오랜 전통을 이유로 자신의 역사기록물에 대한 관리에 관심을 가지는 ‑ 금융기관들의 기록물로 관심을 확대하였다. 그리고 오늘날에는 중소기업, 지방산업, 공기업과 국영기업 등의 역사기록물에도 학문적 관심을 집중하고 있다. 하지만 오늘날 기업은 기업사 편찬이나 학문연구를 위해서만 자신의 역사기록물을 관리하지 않는다. 오히려 최근에는 역사기록물에 담긴 자신의 정체성을 새로운 동력으로 활용하기 위한 노력을 모색하고 있다.

이탈리아 기업의 역사기록물에 대한 구체적인 관심은 지난 세기 70년대로 거슬러 올라간다. 이러한 짧은 경력은 다른 국가들의 경우에도 대체적으로 비슷할 뿐만 아니라 아직도 많은 기업들이 역사기록물관리를 외면하고 있다. 이것은 기업이 자신의 기록된 과거를 미래전략을 위한 자원으로 신중하게 고려한 것이 불과 얼마 전의 일이라는 사실을 말해준다. 이탈리아의 대표적인 식품기업인 바릴라Baülla는 이탈리아의 전력산업을 대표하는 안살도Ansaldo와 더불어 기업의 역사기록물관리를 선도한다. 뿐만 아니라 바릴라는 그룹 전체의 차원에서 역사기록물관리를 조직하여 운영함으로써 이를 행정적인 업무가 아니라 그룹 전체의 정체성과 동일시하고 나아가 자신의 활동이 미치는 모든 지역과 분야로 문화적인 기능, 즉 커뮤니케이션 기능을 확대하고 있다. 이것은 생산주체로서의 기업과 생산활동의 모든 흔적을 결합시켜 소비자와 자신의 기업문화를 연결하고 있음을 말해준다. 이제 역사기록물에 대한 관리는 더 이상 기술(技術)로만 해결될 문제가 아니다. 따라서 바릴라의 역사기록물이 어떻게 그리고 어떤 기준에 따라 관리되고 있는지를 살펴보는 것은 이 분야가 아직도 미개척의 영역으로 남아 있는 국가들에 큰 의미가 있다고 할 것이다.

2. 이탈리아의 기업기록물관리

기록된 기억을 수집하고 보존하며, 그 가치를 평가하고 역사를 의사소통하며 문화를 확산시키는 것은 기업의 역사기록물관리에서도 여전히 중요하다.

기업의 역사기록물에 대한 초기의 관심은 자신들의 역사·문서 유산의 보호와 가치구현을 위한 이니시어티브에 적극성을 보였던 오랜 전통의 금융기관들에게는 공통된 현상이었다. 그리고 이러한 현상은 경제사를 연구하는 학자와 소수의 기업인 그리고 국가 기록물관리전문가의 노력 덕분에 가능하였으며 국가경제의 발전사 연구에 이바지하였다.

그럼에도 당시에는 기업의 역사기록물을 국가기록물유산의 가장 중요한 일부로서 보호해야 한다는 의식이나 구체적인 활동은 극히 드물었던 것이 사실이었다. 당시의 보편적인 기록물관리는 주로 현용과 준현용 단계의 문서들, 즉 사실상 업무의 효율화를 위한 사무관리규정의 수준에서 벗어나지 않았다.

이탈리아의 경우 기업의 역사기록물에 대한 관심이 구체화된 것은 산업분야 기업들의 기록물관리를 위한 원탁회의가 개최된 지난 1970년대로 거슬러 올라간다. 이후 10년이 지난 1980년에는 국가전력산업의 대표적인 기업인 안살도Ansaldo가 최초로 안살도 역사기록물보존소Archivio Storico Ansaldo를 설립하였고, 1984년에는 이 분야에 대한 학문적 관심을 반영하는 『국립기록물보존소 평론*Rassegna degli Archivi di Stato*』이 발간되면서 학자들의 연구가 본격화되었다.

기업이 자신의 기록물, 특히 역사적 가치가 지배적인 단계의 기록물에 본격적인 관심을 가지게 된 계기는 크게 두 가지로 생각해 볼 수 있다. 첫째는 빈번한 합병의 과정에서 이들의 중요성이 새로이 부각된 것이었고, 둘째는 국가가 오랜 역사를 가진 기업들의 기록물이 역사적으로 높은 가치를 가지고 있다는 사실을 공개적으로 선언한 것이었다.

이처럼 지난 세기 80~90년대는 이탈리아 기업의 역사기록물관리에 있어 의미 있는 기간이었는데, 그 중심에는 1998년에 출간된 기업기록물관리를 위한 지침서가 있었다.[317] 이 연구서는 대중이 열람할 수 있는 역사기록물에 대한 전반적인 파노라마를 제공하였다. 뿐만 아니라 세미나를 포함한 다양한 교육적 성격의 활동이 활발하게 추진되면서,[318] 기업의 역사기록물에 대한 이탈리아 국가기록물관리협회ANAI: Associazione Nazionale Archivistica Italiana의 관심이 그 어느 때보다 고조되었다.[319] 최근에 ANAI는 국가의 지원 하에 특별연구팀을 구성하여 기업 기록물관리전문가의 역할과 역사기록물 수집에 관심을 집중하였다.[320] 이러한 경험은 실제 만족할 만한 성과로 이어지지는 못하였지만 시스템을 구축하고 - 지리적인 여건이나 조직의 차이에도 불구하고 - 공통의 제도와 전문성

---

317) Cfr. P. Carucci, M. Messina, *Manuale di archivistica per l'impresa*, Roma, Carocci, 1998. 최근자료에 대해서는 G. Bonfiglio-Dosio, *Archivi d'impresa. Studi e proposte*, Padova, Cleup, 2003.

318) 특히 금융기관과 보험기관 그리고 수공업과 금속 분야에서 기록물보존소가 설립되거나 재조직되었다. 체계화를 위한 첫 번째 시도에 대해서는 F. Del Giudice, "Business Archives in Italy: an Overview", *Overview of Business Archives in Werstern Europe*, L. Richmond 감수, ICA/SBL(International Council on Archives/Section on Business and Labour Archives), Glasgow University Archives & Business Record Centre, Glasgow, 1996, pp. 17 - 23. 중요한 학회들에서 발표된 후에 출간된 논문은 다음과 같다. Ministero per i Beni Culturali e Ambientali - Ufficio centrale per i beni archivistici, "Gli archivi degli istituti e delle aziende di credito e le fonti d'archivio per la storia delle banche. Tutela, gestione, valorizzazione", *Atti del Convegno*, Roma, 1989년 12월 14~17일, Roma 1995.

319) Associazione Nazionale Archivistica Italiana - Sezione Friuli Venezia Giulia, *Le carte operose. Gli archivi d'impresa nella realtà nazionale e locale: le fonti, la ricerca, la gestione e le nuove tecnologie*, Trieste 2004.

320) Giai, "Manuale di archivistica d'impresa a confronto", Milano, 2001년 11월 27일, in *Imprese e Storia*, 2002, 1, pp. 145 - 184. 협회의 활동에 대해서는 다음의 온라인 사이트 참조: http://www.anai.org/ attivita/N_gruppi/gdl_impresa.htm- (2005년 1월 21일).

을 구현하려는 최초의 시도였던 만큼 의미는 충분하였다.

21세기에도 역사기록물의 문화와 문서들에 대한 기업의 관심이 더욱 증가하고 있는데, 이에 대한 증거로는 다음의 두 가지 이니시어티브를 지적할 수 있다.

첫 번째는 기업의 '박물관－기록물보존소 협회'의 성립으로(2001),[321] 초창기 기업들의 박물관에 제도적이고 양질의 권위를 제공하려는 일단의 그룹들에 의해 시작되었지만 이제는 기업을 위해 박물로서의 가치를 가지는 역사유산을 보존하고 그 가치를 평가하는 일에 매진하고 있다. 이러한 맥락에서 기업 활동의 산물인 역사기록물은 관심의 중심에 위치하며 전반적인 홍보의 맥락에서 중요하고 폭넓은 역할을 수행한다.[322]

두 번째는 『기업과 문화*Premio imprea e cultura*』이다.[323] 이 잡지는 기업과 문화의 관계 활성화에 대한 구체적인 증거이다. 지난 세기 말부터 문화에 대한 투자의 성향은 전통적인 메세나 운동 Mecenatismo과 스폰서로부터 진정한 문화적 파트너의 관계로 진화하고 있다. 기업은 문화프로젝트에 대한 아이디어를 직접 구상하고 이를 추진하면서 어떻게 문화가 유연한 가치를 대변하는지를 몸소

---

321) Cfr. http://www.museimpresa.com(2005년 1월 21일). 그 외에도 M. Amari, *I musei delle aziende. La cultura della tecnica tra arte e storia*, Milano, Franco Angeli, 2001. 최근 이러한 현상의 중요성에 대한 증거는 밀라노 문화센터Centro per la cultura di Milano에 의해 출판됨. 기업박물관학Museologia aziendale에 대한 첫 번째 저술은 다음과 같다. M. Negri, *Manuale di museologia per i musei aziendali*, Soverria Mannelli, Rubbettino Editore, 2003.

322) 이러한 현상에 대한 주요증거에 대해서는 다음의 논문 참조: Touring Club Italiano, *Turismo industriale in Italia. Arte, scienza, industria: musei a archivid'impresa*, A. Calabrò의 서론, Milano, Touring Club Italiano, 2003.

323) http://www.impresacultura.it/(2005년 1월 24일).

실천하고 있는 것이다. 기업의 박물관-기록물보존소는 이러한 변화에 대한 고전적인 사례이며, 이를 배경으로 역사·기록물유산과 시청각유산의 보호와 가치구현을 위한 문화적인 투자자원이 빠르게 증가하고 있다.

최근 30년 동안 사적인 경제활동의 주체와 노동자들이 생산한 문서들의 상당부분이 체계적으로 관리되면서 이용자의 열람도 함께 증가하고 있다. 기업의 역사기록물보존소에 출입하는 사람들은 더 이상 전문연구자만이 아니다. 이미 얼마 전부터 다양한 계층의 많은 시민들이 이곳을 방문하고 있다. 그리고 이에 편승하여 기업 역사기록물보존소들의 네트워크를 형성하려는 노력도 함께 진화를 거듭하고 있으며 인터넷 관련 사이트도 꾸준히 증가하고 있다. 웹페이지는 목록집Inventarium과-자유로운 접근과 원거리 접속을 허용하는-데이터베이스를 구축하고 과거의 정적이던 차원에서 벗어나 활력적인 정보콘텐츠로 변모하고 있다.[324]

또한 불과 얼마 전부터는 역사기록물관리에 있어 새로운 현상의 등장과 더불어 조직과 운영에 있어 과거와는 다른 해결방안들이 모색되고 있는데, 재단의 설립이 그 대표적인 사례이다.[325] 재단은 역사기록물의 관리와 가치구현을 포함하는 일련의 문화적인 활동을

---

324) http://www.unesco.org/webworld/portal_archives/pages/Archives/Business_-Labour_Archives/Europe/ Italy/index.shtml(2004년 1월 22일).

325) 금융기관의 역사기록물보존소 경우 가장 잘 알려진 유형은 재단이며, 예를 들어 나폴리 은행Banco di Napoli과 토리노의 산 파올로 금융연구소Istituto Bancario San Paolo di Torino의 경우, 역사기록물관리는 재단에 의해 수행되고 있다. 또한 기업의 경우에는 제노바의 안살도 재단la Fondazione Ansaldo di Genova, 달미네 재단la Fondazione Dalmine, 그리고 피아지오 디 폰테데라 재단la Fondazione Piaggio di Pontedera을 대표적인 사례로 지적할 수 있다.

수행한다. 또한 재단에는 지역행정과 기업들이 참여하는데, 이때 기록물보존소는 기업이 자신의 경제·사회적인 근거에 해당하는 지역 및 공동체와 직접적으로 접촉한다. 이러한 선택은 기록물보존소의 정책수행에 있어 가장 효과적인 방법들 중의 하나로 간주된다.

오늘날 기록물관리의 아웃소싱Outsourcing[326]과 외주화Esternalizzazione는 좀 더 넓은 시장을 확보해가고 있다. 준현용 단계의 문서들과 종이문서들의 관리뿐만 아니라, 과거 전문가 집단이나 자유전문직의 기록물관리전문가들에게 맡겨졌던 역사기록물보존소의 내적인 활동으로까지 그 영역을 확대하고 있다. 이러한 경향은 견고한 전통의 기업은 물론 공사의 영역 모두에 걸쳐 일반화되고 있는 예산축소에 따른 결과이다. 그 결과 기업에 근무하는 기록물관리전문가의 전통적인 이미지인 기업기억의 관리자Custode가 궁극적으로 사라지고 있으며 기능의 박물화라는 위험성이 제기되고 있다.[327]

최근에는 독일의 경험과 유사한 경우로서, 일정한 경제구역(또는 지역)을 단위로 다양한 출처의 역사기록물을 집중적으로 관리하는 기록물보존소를 설립하려는 실험이 긍정적으로 검토되고 있다.[328]

---

326) Associazione Nazionale Archivistica Italiana-Sezione Lazio, "L'outsouring nei servizi archivistici", Atti della giornata di studio di Roma del 26 marzo 1999, F. Del Giudice 감수, Roma, Tip. L'Economica, 2000.

327) 기록된 기억이 없으면 기업의 정체성도 존재하지 않으며, 기록물보존소가 없다면 기업의 역사기록물도 존재하지 않는다. 또한 "기록물보존소에 가장 큰 위험은 역사기록물이 무질서한 상황에 있는 것이지만 이보다 더 심각한 것은 정리된 상태로 단순히 모아진 후에 보물처럼 관리되는 것"이다. 게다가 "선별과 부족한 부분을 보완하는 노력이 필요하다. 하지만 무차별적인 수집으로 종이문서들의 인플레이션이 발생하거나 기관의 정체성과 무관한 이질적인 사기록물을 수용하는 것은 더욱 심각한 문제를 야기할 수 있다." cfr. M. Giannetto, "Per una riflessione sulla ⟨questione degli archivi⟩", in Le Carte e la Storia, 2004, ·1, pp. 201-206.

328) Fondazione Ansaldo di Genova, www.fondazioneandaldo.it; http://www.culturadim-

이것은 문서들의 분실을 초래할 수 있는 일상적인 위험에 대처하기 위한 가장 효과적인 해결방안으로 이미 여러 차례 언급된 바 있다. 이탈리아의 경우, 대표적인 실험은 밀라노 기업문화연구센터, 롬바르디아 주립정부, 밀라노 공과대학Politecnico, 그리고 '문화재 및 문화활동부Ministero per i Beni e le attivita' culturali'의 협력으로 아직은 시작단계에 불과하다. 오늘날 기업들은 본부의 이전, 명칭과 규모, 그리고 소유권 이전에 따른 역동적인 변화의 영향을 크게 받는다. 때문에 이들의 역사기록물은 즉각적인 이용가치가 없거나 전무하다고 판단되는 역사기록물유산이기에, 침체나 경제적 재원의 축소와 같은 위기의 순간에는 분실이나 파괴의 심각한 위험에 쉽게 노출될 수 있다.

오늘날 대기업의 경우, 역사기록물보존소는 이미 언급한 합병이나 인수 등으로 또 다른 현상, 즉 단일 기업의 규모를 벗어나 여러 기업들로 구성된 그룹 전체의 역사기록물을 관리하는 전문기관으로 거듭나고 있다. 이것은 상당한 변화이며 이를 통해 향후 기록물보존소의 기능이 완전히 재검토될 것이다.

이것은 분명 긍정적인 변화에 해당한다. 하지만 일부, 특히 역사적인 유형의 감수성과 전문성이 공존하는 오랜 역사의 기업들을 중심으로 이러한 확대와 집중의 현상에 역행하는 현상들이 출현하고 있다. 이미 폐지된 기관이나 다른 기관에 흡수된 기관의 역사기록물이 생산의 근원(또는 출처)에서 분리된 채 전혀 새로운(또는 관계가 없는) 곳으로 이전되는 것이 그것이다. 이것은 분명, 기록물보존

---

presa.org/ attivita/arch_terr.htm; http://www.culturadimpresa.org/attivita/arch_terr_-elenco.htm(2005년 1월 22일).

소 문서들의 진본성을 보장하는 '지속적 관리'(Unbroken Custody)의
기록물관리 원칙과는 대치된다.

3. 기업의 역사적 가치 구현

먼지가 쌓인 채 습기 가득한 골방이나 지하창고, 또는 비가 새고 쥐
가 드나드는 다락방에 뒹구는 문서더미들. 역사적으로 살펴볼 때
의도적 또는 비의도적인 관리부재(또는 방치)의 현실은 더 이상 쓸
모없다는 성급한 판단이나 공간부족의 이유와 더불어, 기록된 수많
은 과거가 영원히 사라지게 된 가장 궁극적인 원인이었다. 이러한
역사기록물의 부정적인 이미지는, 이들이 삶의 모든 단면에 대한
기록된 증거들이라는 엄연한 진실에도 불구하고, 결국에는 자신의
이미지를 보존하고 개인과 집단의 정체성을 지극히 불완전하고 불
투명한 상태로 미래의 후손에게 전승하는 악순환을 가져왔다. 우리
모두는 우리의 현재를 위한 근본에 해당하는 전통에서 분리될 수
없다.[329] 다시 말해 역사기록물에 무관심하거나 무시할 경우 인간
은 자신을 거부하고 자신의 역사적인 이미지마저도 부정하는 어리
석음을 피할 수 없다.

21세기에 들어서도 의외로 많은 역사기록물이 '전혀 알려지지 않
은 채'로 남아 있는 현실은 여전하다. 주된 원인은 크게 세 가지로

---

329) 권위와 전통에 대한 올바른 재활용에 대해서는 다음의 논문을 참조: H. G. Gadamer,
Verità e metodo, trad it. Milano, 1972, cap Ⅱ, 특히 pp. 325 – 334 참조.

생각해볼 수 있다.

첫째, '역사기록물보존소의 문서들을 활용한 학문연구'는 - 이미 이러한 연구전통이 보편화된 서유럽의 경우에도 - 아직은 연구대상으로서의 역사기록물 자체에는 미미한 관심만을 보이고 있을 뿐이다.

둘째, 역사기록물의 물리적인 보존은 아직도 열악한 상태에 머물고 있으며 그 사례는 우리의 주변 도처에서 쉽게 목격할 수 있다.330)

셋째, 지방의 공공기관과 민간영역에 속하는 대부분의 역사기록물보존소의 경우, 역사기록물의 열람을 쉽고 체계화할 수 있는 구조적인 노력이 여전히 부족한 형편이다. 이러한 사실은 실질적인 차원에서 볼 때 앞선 두 원인에 비해 보다 근본적이며 우선적으로 해결해야 할 과제이다.

이상의 원인들에 대한 우려 차원에서 마크 블로흐M. Bloch는 이들로 인해 사회가 자신의 기억과 의식을 합리적으로 조직할 수 없게 될 수 있다는 사실을 다음과 같이 지적한 바 있다. "문서들의 분실을 야기하는 게으름과 비밀에 대한 최악의 열정은 [……] 기록물을 숨기고 파괴하는 결과를 (필연적으로) 동반한다."331)

블로흐가 지적한 비밀에 대한 최악의 열정은 사실상 자신의 문서들을 다른 사람들과 공유하지 않고 독점하려는 질투심 또는 '접근

---

330) 역사기록물관리를 역사연구에 대한 이해관계의 발전과 관련한 것으로 인식하는 방법론의 적절함에 대해서는 다음의 논문을 참조: cfr. A. d'Addario, *Lezioni di archivistica*, 제2부, Bari, 1973, pp. 62 sgg.; P. d'Angiolini-C. Pavone, "Gli archivi", *Storia d'Italia*, vol. V, t. II, Torino, Einaudi, 1973, pp. 1671 sgg.; G. Galasso, Fonti storiche, "Enciclopedia del Novecento", *Istituto della Enciclopedia Italiana*, vol. VII, Milano, 1984, pp. 198-212.

331) M. Bloch, *Apologia della storia o mestiere di storico*, 이탈리아어판, Torino, 1969, pp. 77-78.

이 금지된 박물'의 의미를 내포한다. 그리고 정리(또는 재정리)되지 않은 상태로 방치된 문서들, 보존공간의 부재, 그리고 자신의 전문성을 발휘하여 이들의 보존과 열람을 인도할 기록물관리전문가의 부족은 이러한 상황에 대한 변(辨)을 정당화한다. 반면 이러한 현실에서는 지난 과거가 말해주듯이, 역사기록물 소유자의 예외적인 '호의'가 관련규정에 따른 열람과 연구에 대한 욕구를 채워줄 뿐이다.

뒤집어 생각할 때 이러한 난제는 역사기록물의 가치를 구현하는 과정을 통해 개선될 수 있으며 거시적으로는 역사기록물보존소를 '문서들의 무덤'에서 새로운 가능성을 위한 '실험실'로 전환시킴으로써 문화정책의 질적인 차원을 한층 높일 수 있는 기회이기도 하다.[332]

이러한 지적은 기업의 경우에도 예외가 아니다. 기업이 자신의 문서들을 (재)정리하고 목록집 작성에 지속적으로 노력하지 않는다면, (기업)활동의 모든 과정과 흔적은 과거의 유물로 남게 될 것이며 문화적인 가치는 외면된 채 또다시 행정적인 의미만을 확인하게 된다. 역사기록물을 (재)정리할 필요성은 결코 실질적이고 업무적인 목적을 위한 것이 아니라, 기록물의 가치를 역사연구의 원천으로 인식하는 것에 기원한다.[333]

역사기록물의 특별하고 고유한 가치를 발굴하고,[334] 이들의 가치

---

332) G. Savino, "La Società pratese di storia patria: sessant' anni di presenza negli studi di storia toscana", Archivio storico pratese, L Ⅱ (1976), p. 17.

333) A. D'Addabio, "Archivi ed archivistica in Toscana negli ultimi cento anni", Rassegna storica toscana, Ⅰ (1955), p. 64.

334) 기록물보존소의 개념을 도서관과 박물관의 그것과 다르게 인식하는 것에 대해서는 다음의 논문들이 여전히 유효하다: G. Cencetti, "Il fondamento teorico della dottrina archivistica", Archivi, Ⅵ (1939), pp. 7 - 13, 재출판됨: ID., Scritti archivistici, Roma, 1970, pp. 38 - 46; "Sull'archivio come "universitas rerum"", Archivi, Ⅳ (1937), pp. 7 - 13. 또한 ibid., pp. 47 - 55; 'Inventario bibliografico e inventario

를 구체적으로 구현하기 위해서는 무엇보다 기록물의 중요성을 그 속의-유명세를 자랑하는-문서들 몇 장이 포함되어 있다는 것과 혼동하지 말아야 한다. 이것은 기록물의 고유한 가치 또는 특징을 외면하는 것으로 '(기록물)가치의 빈곤화'를 초래할 뿐만 아니라 몇몇 중요한 문서들에 관심을 집중시켜 계층적 구조의 유기적인 성격과 동질적인 문서들의 전체라는 개념을 희석시키는 역효과를 초래한다.[335]

같은 맥락에서 볼 때, 역사관련 학문들이 오래전부터 자신들의 연구방법론을 매개로, 역사기록물을 단순히 역사연구의 이론들에 유익한 장식으로 간주하는 실증주의적인 개념에 대한 전면적인 수정과 더불어,[336] 역사기록물의 정의에 내포된 개념들을 재평가하는 데 공헌했다는 사실은 주목할 가치가 있다. 미셸 푸코Michel Foucault는 "역사는 문서와의 관계에 있어 입장을 바꾸었다"고 하였다. 즉, 중요한 것은 문서를 해석하거나 진실을 언급하는지를 파악하거나 또는 드러난 가치가 무엇인지를 아는 것이 아니라, 내적으로 문서와 함께 작업하고 노력하는 것, 다시 말해 문서들을 조직, 선별, 분배, 정리하고 계층적으로 구분하며 시리즈 단위를 설정하고

---

archivistico', *L'Archiginnasio*, XXXIV(1939), pp. 106-117; ibid., pp. 56-69. A. d'Addario, "Archivi e biblioteche. Affinità e differenze", *Rassegna degli Archivi di Stato*, XXXVII(1977), pp. 9-20. 기록물과 기록물생산기관의 단순한 상호 관계에 대한 첸체티(Cencetti)의 논문들과 다른 주장에 대해서는 발렌티(F. Valenti)와 파보네(C. Pavone)의 다음과 같은 논문을 참조: Cfr. C. Pavone, "Ma e poi tanto pacifico che l'archivio rispecchi l'istituto?", ivi, XXX(1970), pp. 145-149.

335) 다다리오D'Addario의 말처럼, "이러한 개념은 19세기 후반의 이론으로, 보나이니F. Bonaini와 구아스티Guasti의 토스카나 전통에 기인한다. 역사기록물은 단지 귀중한 광석으로만 인식되어서는 안 되며, 역사적으로 진행된 길고 복합적인 과정의 결과로 그리고 문서들의 유기적인 전체로 간주되어야 하며 그 성격과 구조 그리고 형성과정은 근본적인 연구의 대상이다"(D'Addario, *Lezioni di archivistica*, cit., I, pp. 41-42).

336) 다음의 논문 참조: H-I. Marrou, *La conoscenza storica*, trad.it, Bologna, 1969.

정의하면서 관계들을 기술하는 것이다.337)

역사가는 역사기록물이 가지는 많은 기능들(가격, 봉급, 인구, 경제주기 등)에 집중하면서, 이들이 얼마나 지속되었고 비교적 오랜 기간에 걸쳐 얼마나 변화되었는지를 알기 위한 방법론을 활용하여 다양한 성격의 각 문서보다는 이들로 구성된 계층적 구조에 더 큰 관심을 가질 수 있었다.338)

오늘날처럼 산업이 고도로 발달한 사회에서는 생존의 문제보다는 의미와 가치에 관한 문제들이 보다 극적으로 제기된다. 이러한 현실적인 문제들에 대한 인식은 집단기억을 복구하고 과거의 진정한 가치를 회복해야 할 필요성을 제기한다. 게다가 국가와 공공기관들은 다양한 사고방식이 교차하고 과거와의 연속성을 더욱 필요로 하는 새로운 세대를 위한 문화서비스의 향상에 노력해야 한다. 역사기록물관리와 대중의 접근을 보장하는 것은 과거에 대한 증언들을 되살리는 것이며 이때 문서들은 의미 획득의 단순한 한계를 넘어 공동체의 역사·문화적인 삶의 새로운 측면들을 제시하는 상징으로 재평가된다. 이것은 지나간 시대의 골동품을 수집하여 보존하려는 정신과는 분명히 다르다. 과거를 항상 새롭게 이해하려는 것은, 에른스트 카시러Ernst Cassirer의 말처럼,339) 이를 미래의 지적이고 사회적인 삶을 위한 자극으로 활용하는 것이다.

---

337) M. Foucault, *L'archeologia del sapere*, trad. it. Milano, 1971, p. 13; cfr. T. Stoianovich, La scuola storica francese, Il paradigma delle "Annales", trad. it. Milano, 1978, pp. 183-187.

338) 이러한 성향은 프랑스에서 특히 발전하였다. cfr. il capitolo Serie e funzioni di Stoianovich, La scuola storica, cit., pp. 162-180.

339) E. Cassier, *Saggio sull'uomo e lo strutturalismo nella linguistica moderna*, trad. it. Roma, 1983, p. 301.

4. 바릴라 그룹의 역사기록물관리

1) 바릴라 역사기록물보존소의 설립과 운영

바릴라의 역사는 지난 1877년 피에트로 바릴라Pietro Barilla가 파르마Parma 근교의 비토리오 에마누엘레Vittorio Emanuele 거리에 작은 화덕을 갖춘 빵가게를 열었을 때로 거슬러 올라간다. 이로부터 30여 년이 지난 1910년에는 파르마의 바리에라 비토리오 에마누엘레Barriera Vittorio Emanuele에 빵의 제조를 위한 설비를 갖추고 소매에서 벗어났으며 제2차 세계대전을 겪은 후에는 베네토 거리에 마련한 새로운 설비와 더불어 본격적인 발전을 준비하였다. 1971년 바릴라는 미국의 다국적 기업인 그레이스Grace에게 넘어가는 위기를 겪었지만 1979년 피에트로가 과반의 주식을 매입하는 데 성공함으로써 기업의 경영권을 되찾을 수 있었다. 이후 바릴라는 가족중심의 경영체제를 도입하고 근본적인 조직개편을 단행하여 국제시장으로의 진출가능성을 확보하였다.

새로운 천년의 초입에서 바릴라는 파스타 부문의 세계적인 명성을 얻고 있으며 유럽시장에서는 물리노 비앙코Mulino Bianco(1975년부터), 바사Wasa(1999년부터), 켐스Camps(2002년부터), 브라이반티Braibanti(1987년부터), 보이엘로Voiello(1975년부터), 그리고 파베지Pavesi(1992)를 흡수하면서 이 부문 최고의 기업으로 성장하고 있다.

당시까지만 해도 바릴라는 100년이 넘는 전통에도 불구하고, 기억과 구술을 제외할 경우 과거를 말해주는 아무런 기록도 가지고 있지 않았다. 더구나 100주년 기념행사를 계기로 드러난 '빈곤한 과거'는 지난 1971년 미국의 다국적 기업에 넘어간 이후, 그리고 특히 그 와중에서 피에트로가 초창기부터 1970년까지 과거 경영진이 생산한 거의 대부분의 기록물을 가져갔으며 이후 그가 다시 경영에 참가하게 되었을 때는 불과 일부만이 회수되었을 뿐, 대부분이 파괴되거나 분실되었다는 사실을 통해 충분히 짐작할 수 있다.[340] 이러한 현실은 기업의 발전에 있어 큰 장애는 아니었지만 확고한 미래를 개척하기 위해서는 반드시 극복되어야 할 과제였다.

기업의 잃어버린 과거와 이로 인한 정체성 상실에 대한 근본적인 대책은 지난 1980년대 후반, 100주년 행사를 계기로 기업의 기록된 역사를 되찾아야 한다는 필요성을 절감한 바릴라의 회장에 의해 추진되었으며 그 중심에는 '역사기록물보존소 설립을 위한 프로젝트 Progetto Archivio Storico'(1987년 4월)가 있었다. 당시는 존재하지 않는 역사기록물을 조직해야 하는 아이러니한 상황이었다. 이러한 현실에서 출범한 프로젝트는 그나마 잔존하는 모든 기록물유산을 한곳에 모아 통합적으로 관리하기 위해, 기업의 여러 부서들에 분산되어 있는 문서들을 확보하거나 - 거래처, 홍보기관, 공·사영역의 기록물보존소 등과 같은 - 제3의 기록물보존소들에 소장된 역사기록물의 사본을 확보하는 데 노력을 집중하였다.

지난 1997년에는 바릴라 역사기록물보존소의 기록물이 국가기록물관리감독위원회로부터 역사적 가치가 높은 기록물로 선포되었다.

---

340) 그 외에도 비빌라의 역사기록물, 특히 가장 오래된 기록물은 바릴라의 본부가 파르마(Parma)에서 페드리냐노(Pedrignano)로 이전하는 과정에서 폐기되었다.

그리고 지금도 계속되고 있는 '기록물 되찾기 운동'을 통해, 홍보기록물(일간지와 주간지 등의 인쇄홍보물, 광고게시물, 텔레비전 홍보물, 라디오 홍보물 등)과 같은 주요 시리즈를 재구성할 수 있었다(예를 들어 지난 50년간 1,000개 이상의 텔레비전 광고물과 지난 한 세기 동안 15,000개 이상의 각종 매체에 실린 글이 수집되었다).

역사기록물보존소 설립을 위한 프로젝트가 출범한 이후 오늘날에 이르는 동안 바릴라 역사기록물보존소는 두 번에 걸쳐 근본적인 변화를 경험하였다. 첫 번째 기간, 즉 1994년 이전까지 역사기록물보존소는 기업의 역사를 재구성하는 데 필요한 요인들을 확보할 목적으로 설립, 운영되었다고 해도 과언이 아니다. 반면 두 번째 기간에는 바릴라 이외에 ─ 초창기부터 바릴라와 함께하였던 ─ 물리노 비앙코Mulino Bianco, 이탈리아 남부의 역사적인 파스타 제조사인 보이엘로Voiello, 신선한 빵을 생산하는 파넴Panem, 트레 마리에Tre Marie, 파베세Pavesi, 북유럽에서 마른 빵 생산의 리더인 바싸Wasa가 추가되면서 바릴라 그룹의 '바릴라 중앙기록물보존소Archivio Centrale di Barilla'가 설립되었다.

이러한 노력은 때로는 대대적으로, 때로는 소박하게 진행되었다. 골동품 시장에서 카탈로그와 전시회 포스터 등의 구입이 그 대표적인 성과였다. 이처럼 노력의 궁극적인 목적은 초기의 기록물 분실을 만회하려는 것으로서 구체적인 기준에 따라 진행되었을 뿐만 아니라 미래에 다시는 기록물의 분실이 반복되지 않도록 하기 위한 사전조치적인 성격과 오늘날 생산되고 있는 문서들도 시간이 흐름에 따라 그 일부가 역사기록물로 전환된다는 원칙에 충실하려는 것이었다. 이에 따라, 예를 들면 홍보기록물의 경우 사본 3부를 제작한 후에 제공자의 서명을 추가하여 보내도록 하는 원칙이 마련되었다.

오늘날 바릴라 그룹의 모든 기업과 부서는 활동의 일상을 남기기 위한 목적으로, 자신들이 생산한 모든 문서의 사본을 역사기록물보존소로 보낸다. 이러한 조치는 모든 부서의 문서관리에 종사하는 직원들에게 관련업무가 종결된 직후 문서들을 역사기록물보존소로 보내도록 함으로써 기록물 관리의 중요성을 일깨우는 효과를 제공한다. 또한 바릴라는 – 우리나라의 기록관에 해당하는 – 중앙집중식 재정아카이브를 운영하고 있는데, 이 기관은 이탈리아 기록물관리법에 따라 10년 동안 기업이 보관해야 하는 문서들을 관리한다. 또한 문서센터를 운영하면서, 부서들의 업무에 즉각적으로 활용될 수 있는 주제들에 대한 깊이 있는 연구를 지원한다. 기업이 생산한 문서들을 수신하고, 정리하고 보존하는 역사기록물보존소의 경우, 회장기록물 또는 집행부 기록물은 선별 없이 그리고 부서들의 기록물은 간단한 선별을 거친 후에 보관된다. 모든 기록물이 역사기록물보존소에 이관되면, 회장기록물과 집행부 기록물을 제외하고는 도착 시기에 따라 일반에 공개된다.

각 부서가 현용기록물을 관리한다면, 준현용기록물은 그룹의 역사기록물보존소로 이관된다. 이 경우 유일한 예외는 인사 관련 부서들인데, 이들은 역사기록물보존소로 이관되기에 앞서 적어도 60년 또는 70년간 인사에 관한 모든 문서들을 직접 관리한다. 따라서 오늘날 전쟁 전부터 지난 50년대까지의 모든 문서들은 모두 바릴라 역사기록물보존소에 소장되어 있다.[341]

2) 역사기록물의 조직

기업의 성장은 그 과정에 있어 역사기록물보존소에도 직접적인
영향을 주었다. 기록물은 그룹의 각 기업별로 정리되었으며 오늘날
바릴라 그룹에 속하는 다른 여러 회사들의 옛 본부로부터도 분실된
기록물을 수집하고 정리(또는 재정리)하는 작업이 병행되었으며 그
결과 중앙기록물보존소는 역사기록물의 조직에 있어 지난 1970년
대부터는 다음과 같은 구조를 유지하고 있다.

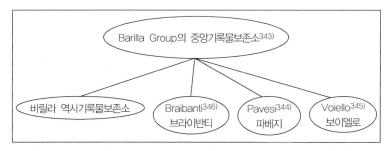

[그림 8] 바릴라 그룹을 대표하는 중앙기록물보존소의 기록물 조직

바릴라 그룹은 과거 기록물의 분실과 최초의 기록물관리조직이
상실된 상황을 고려하여, 차선책으로 Class 또는 serie를 기준으로 하

---

341) http://www.cultureimpresa.it/01-2004/italian/pdf/int_gonizzi.pdf(2009년 10월 11일)
참조.
342) 이 표는 바릴라 그룹 역사기록물보존소에 보존되어 있는 각 기록물군을 표시한 것이다.
343) 마리오 파베지Mario Pavesi의 뜻에 따라 1937년에 노바라Novara에서 설립된 기업이다.
344) 테오도로 보이엘로Teodoro Voiello의 노력으로 1879년 토레 아눈치아타Torre Annun-
ciata에 설립된 기업이다.
345) 엔니오 브라이반티Ennio Braibanti 박사가 1870년에 설립한 기업이다.

는 정리시스템을 선택하였다. 이러한 결정은 분명, 원질서를 기준으로 하는 정리시스템보다는 비효율적이지만 그럼에도 기업의 특성상 생산되는 다양한 유형의 기록물을 보존하는 데 상대적인 이점을 가진다. 예를 들어 바릴라 역사기록물보존소의 기록물은 유형을 기준으로 다음과 같이 분류되어 있다.

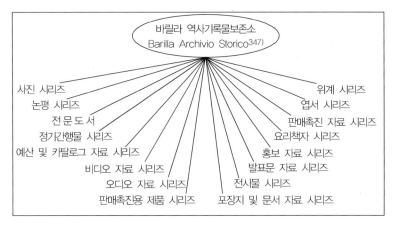

[그림 9] 바릴라 역사기록물보존소의 기록물 그룹

[그림 9]에서 보듯이, 역사기록물 그룹에는 사진기록물 시리즈 Fototeca가 포함되어 있는데, 이들은 기업의 삶을 기록하고 증명하는 사진자료들(사진원판, 네거티브 필름, 환등판, 감광판)이다. 이 시리즈의 내부에서 주목할 부분은 제2차 세계대전 말까지 생산된 것들로서 비유기적인(조직되지 못한) 상태이지만 역사적인 가치가

346) 이 표는 계층적 구조에서 그룹, 즉 기록물군에 해당하는-바릴라 역사기록물보존소 Barilla Archivio Storico의 각 시리즈 단위를 표시한 것이다(http://biblioteche.comune.parma.it/BibParma/iperloc/ barilla.htm)(2009년 10월 11일; http://www.icsim.it/lettera/lettera5/lettera_5pag47.htm(2009년 10월 11일) 참조.

지배적인 사진들과 1948년 이후에 생산되어 연대별로 정리된 비교적 근대의 사진들이다.

이 모든 역사기록물에 대해서는 열람용 또는 보존용 사본이 존재한다. 이는 귀중한 사진자료의 원본들이 빈번한 열람으로 훼손되는 것을 방지하고 원본의 사용을 최소한으로 줄이기 위한 조치이다. 그 외에도 사진기록물 시리즈에는 예를 들면 에르베르토 카르보니Erberto Carboni에서 일한 밀라노 출신 사진작가 발로Ballo의 이름으로 수집된 사진들Ballo di Milano 시리즈, 바릴라가 새로이 옮겨간 페드리냐노Pedrignano의 설비가 어떻게 건설되었는지를 증명하는 - 파르마 출신 사진전문가인 - 바기Vaghi의 사진들, 그리고 전쟁 전에 활동한 사진전문가 몬테키니Montacchini의 작품들로 지난 2000년에 수집된 사진들이 존재한다. 같은 맥락에서 2000년 여름에는 노바라Novara의 한 사진사로부터 500롤 이상의 사진자료와 파베지Pavesi의 40년 역사를 한눈에 볼 수 있는 사진들이 다수 수집되었다. 이들은 다른 기록물과는 달리 고유한 방식으로 정리되어 있다.

그 외에도 정기간행물Rassegna Stampa 시리즈에는 바릴라 그룹 내 모든 기업들에 대한 기사로서 신문, 주간지 등에서 수집된 간행물 자료가 포함된다. 간단한 인용이라도 바릴라 홍보에 관련된 내용은 모두 수집하는 것을 원칙으로 한다. 그리고 직접적인 인용은 없더라도 - 예외적으로 - 파스타Pasta에 대한 기사들로 바릴라를 간접적으로 연상시키거나 기업의 이름을 암시하는 것은 수집대상에 포함되었는데 그 결과 현재까지 8,000개 이상의 관련기사가 수집되었다.

정기간행물 시리즈의 경우 수집은 지난 세기 80년대 초반부터 원본을 대상으로 추진되었으며 이후 80년대 말부터는 전자형태의 관리를 원칙으로 하고 있다. 그리고 오늘날 역사기록물의 방대한 양을 고려하여 모든 기록물을 디지털화하고 키워드를 이용하여 쉽게 찾을 수 있도록 분류하는 방안이 신중히 고려되고 있다.

그 외에도 예산관련 기록물 시리즈serie dei bilanci와 – 명예와 훈장 등 기업이 받은 상이나 자격증 등으로 구성된 – 명예기록물 시리즈serie delle onorificenze가 있다. 출판카탈로그 시리즈(serie dei cataloghi a stampa)는 제품의 발전과정을 한눈에 알 수 있게 해준다. 파스타의 경우 정적인 특징이 지배적이라면 화덕을 이용한 제품들의 경우는 연간 변화가 매우 심한 것이 특징이다. 출판카탈로그 시리즈를 통해서는 단종제품은 물론, 신제품들이 서로 다른 시기에 출시 또는 재출시된 것을 한눈에 알 수 있다. 그 외에도 세계대전 이전에 상업광고의 수단으로 상당히 보편화되었던 – 반면 오늘날에는 그 역할이 부차적인 수준에 머물고 있는 – 카드와 같은 기록물도 존재한다. 기업의 기획 상품에 관한 기록물 시리즈도 있는데, 이를 구성하는 기록물은 각 상표를 특별히 홍보하기 위한 작은 광고품목에 해당한다. 파스타와 관련해서는 생산품목의 문화를 확산시키는 데 필수적인 요리가이드 시리즈도 존재한다. 물론 파스타는 'made in Italy'의 제품이지만 해외수출의 경우에는 제품의 문화와 생산기업의 정체성도 함께 전달되어야 하며, 이 때문에 요리가이드도 중요한 비중을 차지한다. 바릴라 역사기록물보존소에는 몇 권의 필사본이 존재하는데, 이들은 기업이 이후의 제품들에 대한 광고 문안을 작성하는 데 요긴하게 사용된다. 지난 세기 50년대부터 바릴라는 국내와 특히 해외에서 고객들을 위한 요리가이드를 무료로 제공하고 있다. 그동안 수집된 요리가이드 시리즈의 기록물은 국가별로 그리고 Serie와 카테고리로 정리되어 있다. 예를 들면 이탈리아 요리가이드, 프랑스 요리가이드, 독일 요리가이드 등이 그것이다.

바릴라 역사기록물보존소에는 전 세계를 대상으로 자사에 관련된 모든 시청각 자료가 수집되어 있다. 사실상 이들은 기업 활동에 관한 인터뷰와 같은 구전증언들로서 오디오자료 시리즈에 속하거나 또는 기업에 대한 사실이나 사건 또는 일상의 서비스에 관한 것들로서 비디오자료 시리즈에 속한다. 그 이외에도 광고 관련 문건들도 있는데, 이들은 외부 광고, 신문 광고, 라디오 광고, 텔레비전 광고, 영화 광고 등으로 모두 계열사별로(바릴라, 물리노 비앙코, 파베지, 보이엘로, 트레 마리) 그리고 상표와 연 단위로 분류되어 있고 각각에는 고유한 식별코드가 부여되어 있다.

그 외에도 판매촉진용 제품들의 시리즈가 있는데, 이들은 지난 1910년대부터 기업이 고객들을 위해 제공한 제품들과 이에 관련한 경품들이다. 이들은 주로 어린이를 위한 식품을 생산하는 물리노 비앙코Mulino Bianco의 경우 비중이 매우 높은 편이다. 현재 역사기록물보존소에 600개 이상이 보관되어 있으며 간식용 식품의 포장 속에 몰래 넣어두어 소비자를 즐겁게 하는 경품으로는 주로 부엌용 용품들인 접시, 식기, 컵 등 그 종류가 매우 다양하다. 이들은 디자인과 커뮤니케이션 그리고 시대에 따른 맛의 변천을 증언한다는 측면에서 매우 흥미로운 역사기록물에 해당한다. 이와 같은 실제의 제품들은 이들을 확산시키고 분배하며 커뮤니케이션을 촉진시키는 데 관련된 모든 서식이나 양식들과 함께 보존되어 있다. 제품의 생산과 관련해서는 생산과－기업이 제품의 품질을 보장하기 위해 실시한－테스트의 증거들도 수집대상에 포함되었다. 하지만 이러한 일련의 기록물은 지난 1996년부터는 기업이 구체적인 판매 전략에 따라, 판촉활동을 포기하고 가능한 낮은 가격에 높은 품질을 보장하는 데 주력하고 있기 때문에 더 이상은 수집되지 않는다. 또한 같은 이유로 이후로는 판촉용 상품을 대신하여, 예를 들면, 어린이용 장난감으로도 사용할 수 있는 간식용 식품의 포장용기를 제작하고 있는데, 이들은 생산을 늘리기 위한 목적이 아니라 제품의 동일한 이미지에 추가된 서비스로서 수집대상에 해당한다.

이것뿐만이 아니다. 바릴라 역사기록물보존소의 시리즈에는 바릴라 가문의 역사기록물도 포함된다. 이들은 원질서의 원칙을 기준으로 정리되어 있지 않다. 100년이 넘는 오랜 세월을 거치면서 대부분이 분실되었고 극히 소수만이 그것도 우연하게 이따금씩 재발견되기 때문이다.

식품전문기업인 바릴라의 경우에는 제품의 포장지, 파스타와 화덕을 이용해 생산한 식품들도 시리즈로 수집된다. 포장지는 넓게 편 상태로 수집되는데, 파스타는 지난 20세기 중반부터 그리고 화덕용 식품은 지난 세기 70년대부터, 즉 생산된 순간부터 유형별로 그리고 연대별로 수집되고 있다. 이들이 수집되는 주된 이유는 기업의 직원과 소비자들에게 시대에 따른 모든 변화를 보여주며 새로운 변화를 위한 동력을 확인하기 위한 요인들의 원천이기 때문이다.

바릴라 역사기록물보존소는 이탈리아 광고의 역사에서 차지하는 비중을 고려하여 비록 작지만 곡물류, 빵, 파스타, 식품 그리고 이들에 대한 광고의 주제들로 특화된 전문도서관을 운영한다.[347] 또한 같은 논리에서 박물관도 운영하고 있는데,[348] 이곳에는 파스타에 관련한 모든 것이 전시되어 있다. 바릴라는 파스타에 있어서는 이탈리아와 유럽은 물론 세계적으로 최고의 명성을 가지고 있기 때문에 자신의 제품들에 대한 모든 문의와 궁금증에 답을 제공할 일종의 의무감을 가진다. 따라서 이러한 물품들을 수집하는 것은 파스타의 생산과 그 역사를 설명하기 위한 효율적인 조치이며 동시에 궁극적으로는 제품의 판매를 넘어 제품의 문화를 확산시키는 데 긴요하다. 19세기의 압착기, 파스타 반죽용 기계, 면을 뽑는 가정용 기계, 작은 크기의 물레방아, 기타 파스타에 관련한 작은 용품들, 집에서 파스타 반죽용 밀대와 톱니박차, 전시용 장비 등이 주된 수집대상이다. 그 외에 이곳에는 기업의 역사 또는 기업광고의 역사에 관련한 다른 물품들도 함께 전시되어 있는데, 예를 들면 신디 크로포드Cindy Crowford가 사용하던 포크, 백설공주의 주전자, 흰색 토끼 가면 등 과거 텔레비전 광고에 사용되었지만 어느 날 다시 전시 등의 다른 기회를 통해 우리 앞에 다시 등장할 수 있는 용품들이 그 대표적인 사례이다.

---

347) http://www.academiabarilla.it/academia/biblioteca-storica/default.aspx(2009년 10월 10일) 참조. 특히 디지털 식문화 도서관(Biblioteca Gastronomica Digitale)과 역사메뉴(menu storici)의 폴더 참조.
348) http://www.museimpresa.com/museimpresa/mission(2009년 10월 11일) 참조.

3) 기업 역사기록물의 적극적인 역할: 활용과 커뮤니케이션

1987년 바릴라 역사기록물보존소가 설립되었을 때 세 가지 목표가 설정되었다. 수집, 보존, 그리고 가치구현. 수집하지 않으면 보존도 없고, 보존이 전제되지 않으면 가치를 구현할 그 무엇도 존재하지 않는다. 하지만 가치가 평가되지 않는다면 수집되고 보존된 모든 것은 아무것도 아니다. 그러므로 가치 평가를 위한 규정은 바릴라 역사기록물보존소의 논리에 있어 핵심이다. 가치구현은 대내적으로는 기업의 아이디어와 인식의 순환을 자극하고 대외적으로는 효율적인 요인들의 확산을 자극한다.

내부적으로 기록물보존소는 각 상품의 매니저들을 끌어들이며 때로는 전통적인 상품과 신제품을 출시하거나, 재출시할 경우 상품의 역사적인 맥락과 상표 등이 마케팅, 위치선점, 커뮤니케이션을 할 수 있게 해준다. 물론 이러한 작업은 제품매니저가 하는 일이지만 작업에 유익하게 활용될 수 있는 문서들은 역사기록물보존소에 있다. 매니저가 상품에 대한 홍보를 구상할 경우 커뮤니케이션과 홍보를 연구하여 최고의 선택을 하기 위해서는 이곳의 기록물을 반드시 이용해야 한다. 이처럼 역사기록물은 아이디어의 보고이며 수없이 다양한 경험들의 두터운 층위를 구성한다.

또한 이곳에서는 기업의 신입사원들을 위한 교육과정도 실시한다. 이들은 바릴라를 위해 일하지만 바릴라 그룹과 철학 그리고 궁극적인 목표와 일하는 방식과 역사를 잘 모르는 경우가 대부분이다. 기록물보존소는 이들에게 그룹 조직의 전반은 물론 기업과 제품들의 역사를 소개하면서 기업의 일부인 자신의 노동이 사내는 물론 대외적으로 어떤 정체성에 속하고 새로운 변화 속에서 어떤 역할을 수행하고 있는지를 알게 해주는데, 이는 궁극적으로는 업무의 능률 향상과 기업이윤의 증가로 이어진다.

대외적인 차원에서 기록물보존소는 두 가지 기능을 가진다. 하나는 학교, 연구, 대학과의 협력을 유지하는 것인데, 이 경우 역할의 대부분은 학위논문이나 연구를 지원하는 것에 집중된다. 이미 지난 10여 년 전부터 바릴라 역사기록물보존소는 금요일을 학위논문을 준비하는 학생들을 비롯한 일반대중에게 열람실을 공개하고 있으며 열람시스템은 인터넷을 통해 상세하게 설명되어 있다. 예약을 원하는 사람은 인터넷에서 다운받을 수 있는 양식을 제출하고 연구에 필요한 문서를 찾아 필요한 도움을 받으면 된다. 물론 논문이 완성되면 1부를 기증한다는 조건이 전제된다. 현재까지 기록물보존소의 도서관에는 100여 개 이상의 논문이 축적되어 있다.

오늘날에는 연간 60~70편 정도의 논문이 바릴라 역사기록물보존소에서 작성되고 있다. 반면 과거에는 그 수가 극히 적었다. 얼마 전부터는 이곳을 방문하여 논문을 준비하는 횟수와 더불어 방문자들의 수도 줄어들고 있다. 반면 특정 문서들에 대한 관심은 상대적으로 높아지고 있는데, 이 경우 연구는 요청에 따라 발급받은 사본들을 중심으로 이루어지고 있다. 몇몇의 경우에는 연구자들과의 합의를 전제로 특정한 역사기록물을 집중적으로 연구하는 성향이 확대되고 있는데, 이러한 변화는 역사기록물보존소와 연구기관 모두에게 유익한 결과를 동반한다. 또한 이곳을 이용하는 사람들 중에는 기업과 상품에 대한 다양한 정보와 관련문서들을 필요로 하는 신문과 텔레비전의 기자들도 있는데, 이 경우 주된 목적은 상품에 대한 텔레비전 녹화, 사진전송, 광고 등이다.

바릴라 그룹의 역사기록물보존소는 새로이 발견되거나 밝혀진 과거의 문서들과 사건, 또는 기존 기록물의 일부로서 우연히 재발견된 문서들에 대한 소개의 글을 출판함으로써 적극적인 활용을 유도하는 역할을 한다. 이와 더불어 역사기록물은 기업의 광고에서도 중요한 역할을 하는데, 역사기록물보존소는 가능한 모든 문서들을 제공하여 광고의 효과를 적극적으로 지원함으로써 광고와 커뮤니케이션의 전통을 새롭게 한다.

역사기록물보존소는 기업의 대표적인 신문인 「바릴라 사람Gente Barilla」의 출판에서도 중요한 역할을 한다. 매 판본에는 역사기록물에서 뽑은 정보와 소식 그리고 기업의 역사에 관련된 소식들이 게재된다. 기업의 정신은 기록물로 살아간다고 해도 과언이 아니다. 이러한 기능은 서비스를 제공하는 출처의 상징성과 기록물관리전문가의 노력이 있기에 비로소 가능하다.

역사기록물보존소는 전시활동의 기능도 수행한다. 역사적으로 초기 바릴라의 역할은 다른 사람들(건축가, 디자이너 등)이 기획하는 전시에 역사기록물을 대여하는 수준에 머물렀지만 오늘날은 전시회를 직접 개최하고 그 의미를 주도하고 있다. 이것은 보존에만 투자하는 것이 무의미하다는 의지를 보다 직접적으로 실천하는 것이며 문서들과 이미지를 다시 순환시키는 효과를 동반한다. 또한 역사가 단지 스펀지의 역할만을 하는 것이 아니라 뜀틀의 역할도 한다는 것이다. 전통을 알지 못하면 혁신도 불가능하다.

진정한 혁신은 역사로부터 분리해서는 생각할 수 없다. 바릴라의 직원들도 이를 잘 알고 있으며 이 모든 것은 한 세기 이상의 기간이 지난 후, 제품에 대해 언급된 것보다 더 많은 것을 말해줄 것이라는 사실을 의미한다. 그러므로 혁신이 클수록 정확한 역사의 순간을 수집하고 주제를 제안하는 것이 중요하다. 역사기록물에는 신상품과 최근의 제품을 제외한 모든 것이 이미 존재하기 때문이다.

오늘날 기업의 주된 관심은 생산과 이윤추구에 있다. 물론 역사기록물보존소에 충분한 인력과 예산이 보장된다면 이보다 더 이상 좋은 조건은 없을 것이다. 그렇다고 기업이 자신의 역사기록물을 소홀하게 다루는 것을 무조건적으로 심각해하거나 불평할 필요는 없다. 이는 결코 현명한 행동이라고 할 수 없을 것이다. 오히려 기업이 역사기록물보존소를 운영하고 있으며 근무자들을 믿고 투자한다면 이미 이것만으로도 높게 평가되어야 할 것이며, 이러한 사실로부터 새로운 발전을 위한 동기를 찾아내는 것이 보다 현명한 발상일 것이다.

그럼에도 자원의 부족으로 인한 어려움은 엄연히 존재한다. 인적자원과 예산부족이 그것이다. 하지만 이들을 편견적으로 인식할 필요는 없다. 이 주제에 있어서도 우리는 서로의 발전과 성숙을 위한 임무를 인식해야 한다. 바릴라 역사기록물보존소의 경우에도 근무자의 주된 임무는 다른 사람을 성숙하고 성장하게 하는 것이다. 당연히 기업, 즉 최고결정권자들은 자신의 발전을 통해 역사기록물보존소에 대한 생각을 성숙시켰다. 이러한 관점에서 역사기록물보존소를 운영하는 기업은 그렇지 않은 수많은 기업들에 비해 높게 평가받을 자격을 충분히 가진다. 적어도 바릴라 역사기록물보존소는 이러한 문제에 직면하지 않은 것처럼 보인다. 뿐만 아니라 오늘날 바릴라 그룹은 다른 기업들과의 협력을 바탕으로, 역사기록물관리의 고유영역을 넘어 이탈리아 박물관 – 기록물보존소 협회의 탄생을 지원하는 만큼, 자신의 역사기록물관리를 통한 스스로의 정체성 발굴과 유지 그리고 이의 미래적 보장이 무엇을 의미하는지에 대한 분명한 의식을 가지고 있다고 할 것이다.

4) 바릴라 역사기록물보존소의 문화적 기능

바릴라 역사기록물보존소의 문화적 기능은 그룹이 생필품인 식품 분야에서 넓은 시장을 확보하고 있다는 사실과 밀접한 관계에 있다. 이것은 바릴라 역사기록물보존소가 활동영역과 영향력의 관계에 있어, 다른 기업들, 특히 제철산업과 같은 분야의 역사기록물보존소에 비해 한층 다양한 역할과 기능을 수행할 수 있다는 것을 의미한다. 역사기록물이 발휘하는 능력은 기업의 유형에 따라 차등적인 것이 현실이다.

이것은 비록 기업문화를 노동문화로 해석하는 경우가 없는 것은 아니지만, 경제문화를 만들어가는 것과는 결코 무관하다. 노동은 인간이 자신의 현실을 선악의 결과로 바꾸어나가는 수단이다. 이 모든 것의 기억을 상실하는 것은 인간의 기억을 그것도 최악으로 잃어버리는 것을 의미한다. 이러한 관점에서라도 기업은, 궁극적으로,

경제적 이윤의 창출로 이어지는, 역사기록물 관리와 같은수단들에 투자를 아끼지 말아야 한다.

국가는 자신의 활동을 표현하기 위해 문서들을 생산하며 이들은 역시 국가가 제공한 관리규정에 따라 역사기록물보존소에서 조직적이고 체계적으로 관리된다. 기업의 경우에도 인간은 물품생산을 위한 생산 활동에 종사한다. 그리고 이 모든 내용은 기업의 기록물 보존소 - 박물관의 개념에 해당한다.

기록물관리전문가에게도 한편으로는 국가공무원의 자격으로 임무를 수행하면서 조합의 요구에 민감하게 반응하는 부류가 있는 반면, 다른 한편으로는 최근 들어 자유전문직으로 기업의 내부에서, 조합의 영향을 거의 받지 않으면서, 문화적인 업무, 즉 문서들을 정리하고 보존하는 등의 업무에 종사하는 새로운 유형이 등장하고 있다. 그럼에도 이들은 문화수단을 별로 가지고 있지 못한데, 그 주된 이유는 준비가 되어 있지 않아서가 아니라, 새롭게 등장하였기에 전례가 없기 때문이다.

바릴라는 지금까지 자신이 태어나고 자란 파르마Parma와 세속적이면서도 유익한 관계를 지속하고 있다. 한 세기를 뛰어넘는 역사와 전통을 통해 사회적이고 문화적인 성격의 수많은 활동을 수행하고 있는 것이다. 대표적인 사례로 파르마 대학교 공학부의 본부건물 건축을 지원하였고(1987), 피에트로 카셀라Pietro Cascella의 분수 작품을 도시의 서쪽 입구에 장식하기 위해 기증하였으며(1994), 팔코네와 보르셀리노Falcone e Borsellino 공원(1997)과 아동병원Ospedale dei Bambini(2008~2010)의 건축도 지원하였다. 또한 바릴라는 바릴

라 아카데미Accademia Barilla의 식문화도서관을 통해 이탈리아 식
문화의 가치를 구현하고 있다.[349] 바릴라 역사기록물보존소는 이러
한 맥락의 일환으로 출판과 같은 적극적인 노력을 통해 파르마 시
와 기업의 역사적인 관계를 강화하는 데도 일조하고 있다.

　사실 그동안 바릴라 역사기록물보존소의 역할은 주로 연구 지원
에 집중되었다. 그럼에도 최근에는 전시회나 행사를 조직하는 데
꾸준히 참여함으로써(2002년 125회 파르마 박람회 Fiere di Parma,
2001년 미나Mina의 의상들을 위한 Verzieri di Salsomaggiore 온천의
전시회 등) 그리고 비록 효과가 단시일 내에 드러난 것은 아니지만
꾸준한 보존활동과 연구지원을 통해 지역주민은 물론 이탈리아 대
중과 전 세계의 단골들 그리고 각종 미디어 매체의 높은 관심을 지
켜나가고 있다. 이처럼 바릴라 역사기록물보존소는 기업의 역사-
문화유산을 보존하고, 조직하고, 그리고 가치를 구현하는 순간부터
이탈리아의 취향과 성향이 어떻게 발전하였는지를 보여주는 대표
성을 자랑한다.

5. 맺음말

　오늘날 기업기록물에 대한 정의는 특별히 존재하지 않으며 기록
물에 대한 전통적인 정의를 그대로 유지한다. 이것은 기록물의 단
계별 가치에 대한 이론이 여전히 유효할 뿐만 아니라, 관리체계도

---

349) http://www.academiabarilla.it/(2009년 10월 10일) 참조.

동일하게 적용될 수 있음을 의미한다.

하지만 이러한 이론에도 불구하고 현실에 있어서는 기업의 역사기록물관리가 전혀 보편화되지 못한 것이 사실이다. 특히 우리나라의 경우, 기업의 역사기록물관리는 불과 소수의 기업들을 중심으로, 그것도 업무행정의 효율화 수준에서 벗어나지 못하고 있다.

이러한 맥락에서 볼 때, 이탈리아 기업의 역사기록물관리는, 비록 그 역사가 지난 1970년대로 소급되지만, 안살도Ansaldo와 바릴라Barilla의 경우 높은 수준을 자랑한다. 특히 후자인 바릴라의 역사기록물관리는 안살도의 그것에 비해 풍부한 요인을 포함하고 있어 한층 복합적이고 유기적인 관리를 필요로 하는 만큼, 우리에게 보다 많은 것을 시사한다.

이제 기록물, 특히 역사적 가치의 기록물에 대한 관리는 더 이상 역사연구의 사료로만 인식되지 않으며, 과거와는 달리 그 자체에 대한 구체적인 관리의 메커니즘을 필요로 한다. 1987년에 설립되었을 당시 바릴라 역사기록물보존소는 수집(수집 및 이관) - 보존 - 가치구현을 목표를 삼았다. 100년이 넘는 역사에도 불구하고, 초라한 과거에 대한 자존심의 무게가 역사기록물보존소의 설립을 위한 프로젝트의 동기였다면, 역사기록물의 활용은 단순한 행정적인 활용의 한계를 넘어 기업의 정체성과 문화를 기업의 미래를 위한 투자재원으로 그리고 외부와의 의사소통을 위한 도구로 재활용하려는 의도를 반영한다.

기업의 역사기록물은 생산기관과 외부세계 모두에게 새로운 아이디어와 인식의 순환을 자극하는 수단으로 가치를 발휘할 뿐만 아니라, 양자 간의 의사소통을 매개로 새로운 수요와 관계를 창출한다. 이러한 효과는 기업의 경우 신입사원을 위한 정체성 교육에서도 기대할 수 있다. 신입사원이 자신의 일터에 대해, 역사와 문화를 이해하는 것과 그렇지 않은 것은 기업에 있어 업무의 능률과 이윤의 증감으로 그 결과를 극명하게 드러낸다. 역사기록물은 역사연구의 주된 대상이며, 학자를 비롯한 다양한 연구자들은 이들에 대한 활용의 주된 수혜자이다. 역사기록물의 대외적인 열람과 활용은 온라인과 오프라인을 통해 과거의 의미를 좀 더 심층적으로 파악할 수 있는 기회이다. 그리고 바릴라의 경우 역사기록물의 가치는 기업과 상품의 이미지에 대한 다양한 매체적 활용, 즉 일반적인 홍보 이외에도 전시와 출판 등을 통해 구현되고 있다.

혁신은 전통에 근거하며 시간이 지나면 그 결과 역시 새로운 혁신을 위한 전통으로 재활용된다. 생산주체의 정체성은 바로 이러한 가치의 연속적인 순환을 바탕으로 형성된다. 그러므로 역사기록물의 관리는 소홀히 다룰 수 있는 대상도, 예산의 낭비도 아니다. 오늘날 기업은 이윤의 극대화 못지않게 사람을 키우는 것의 실질적인 가치를 인식하고 있다. 두 요인의 밀접한 관계와 다양한 조합이 기업의 성장을 보장하기 때문이다. 기업의 역사기록물 관리는 더 이상 과거의 먼지 나는 유산이 아니라, 오히려 기업의 성공을 보장하고 생산과 소비자를 연결하는 신뢰의 관계를 획득하기 위한 필수적인 조치이다.

참고문헌

기록물관리 일반서

김정하, 『기록물관리학 개론』, 대우학술총서 n. 585, 서울: 아카넷, 2007.

Antonio Romiti, *Archivistica generale*, Civita editoriale, Lucca, 2003.

Elio Lodolini, *Archivistica, principi e problemi*, Firenze: Franco Angeli, 1998.

T. Schelleberg, *Modern archives. Principles and techniques*, Melbourrne, 1956.

Leopoldo Cassese, *Introduzione allo studio dell'Archivistica*, Roma, 1959.

A. D. Addario, *Lezioni di archivistica, Bari, Adriatica editrice*, 1972.

Paola Carucci, *Le fonti archivistiche: ordinamento e conservazione*, N.I.S., Roma, 1990.

Elio Lodolini, *Archivistica. Principi e problemi, Franco Angeli Editore*, Milano, 1985.

Elio Lodolini, *Storia dell'Archivistica italiana. Dal mondo antico alla meta' del secolo XX*, Milano, FrancoAngeli, 2006.

M. Amari, *I musei delle aziende. La cultura della tecnica tra arte e storia*, Milano, Franco Angeli, 2001.

제1장 역사기록물의 개념과 용어

김현진, 「독일 기록관리담론에서의 평가론」, 『기록학연구』, 제47회 발표문.

행정자치부 국가기록원, 국가기록원 표준 시리즈 1, 기록관리 국제표준 자료집.

Cesare Paoli, 김정하(역), 『서양 고문서학 개론Diplomatica』, 서울: 아카넷, 2004.

Report in archives in the enlarged European Union, Increased archival cooperation in Europe: action plan, European Commission, Luxembourg, 2005.

B. Bonifacio, *De Archivi liber singualris, apud Io Pinellum*, Venetiis, 1632.

G. Cencetti, "Gli archivi dell'antica Roma nell'età repubblica" *Archivi*, s. II, 1940.

"[Archivium est] locus ubi scripturae publicae ad perpetuam memoriam asservantur"(Cesare Baronio, Annales ecclesiastici, auctore Caesare Baronio, Sorano, e Congregatione Oratorii, E.R.E., Presbytero Cardinali Tit. SS. Nerei etr Achillei et Sedis Apostolicae Bibliothecario······, tomus dicimus, Lucae, Tupis Leonardi Venturini, MDCCXLI, annali 591, n. ⅩL.

Tancredi, *De ordine iudiciario*, Ⅲ, 12.

Sandri L. "Il pensiero nedievale intorno agli archivi da Pier Lombardo a San Tommaso", *Notizie degli archivi di Stato*, a. ⅩⅣ, n.1, Roma, 1954.

Heinrich August Erhard, "Ideen zur wissenschaftlichen Begründung und Gestaltung des Archvwesens", *Zeitschrift für Archivkinde, Diplomatik und Geschichte*, 1, 1834.

Antonio Panella, "Francesco Bonaini", *Rassegna degli Archivi di Stato*, a. ⅩⅦ, n. 2, Roma, maggio-agosto, 1957.

Arnaldo D'Addario, "Archivi ed archivistica in Toscana negli ultimi anni", *Rassegna storica toscana*, a. I, n. 1, 1955.

Giorgio Cencetti, "Sull'archivio come «universitas rerum»", *Archivi*, Ⅳ, 1937.

V. Giordano, *Archivistica e veni culturali*, Salvatore Sciascia Editore, Roma-Caltanissetta, 1978.

H. Jenkinson, *The English archivist*. A new profession, London, 1947.

Antonio Panella, "Gli Archivi", *Note introduttive e sussidi bibliografici*, Marzorati, Milano, 1948.

2009 International Workshop Program, The Society of Korean Historical Manuscripts, 2009. 3. 12~13.

제2장 역사기록물관리와 (중세의) 법적 공신력

F. Calasso, *Lezioni di Storia del diritto italiano. Le fonti del diritti(secc. Ⅴ-ⅩⅤ)*, Milano, Giuffrè, 1948.

Giovanni Nicolaj, *Documento privato e notariato: le origini, in Notariato público y*

documento privado: de los origenes al siglo ⅩⅣ. Actas del Ⅶ Congresso internacional de Diplomática(Valencia, 1986).

Giovanni Nicolaj, "Frature e continuità nella documentazione fra tardo antico e alto medioevo, Preliminari di diplomatica e questioni di metodo", in *Morfologie sociali e culturali in Europa fra tarda antichità e alto medioevo*, 1997.

Giorgio Cencetti, *Lo Studio di Bologna. Aspetti, momenti e problemi- (1935~1970)*, R. Ferrara, G. Orlandelli, A. Vasina 감수, Bologna, Editrice Clueb, 1989).

Giustinianus, *Corpus Juris Civilis*(D. 48, 19, "de poenis", 9).

Placentini Summae Codicis(Ⅳ, tit. 21: "De fide instrumentorum et amissione eorum").

Repertorium IuriumComunis Cremone(1350), Valeria Leoni 감수, Roma, Ministero per i Beni e le attività culturali, Ufficio centrale per i Beni archivistici, 1999.

Albericus de Rosate, Dicitionarium Iuris tam civilis quam canonici, Venezia, 1581.

Nicolai Abbatis panormitani Commentaria super secunda parte secundi lib. Decretalium⋯⋯, Augustae Taurinourm, apud gaeredes Nicolai Bevilaquae, MDLXXⅤⅡ.

Annales ecclesiastici, auctore Caesare Baronio, Sorano, e Contragatione Oratorii, S. R. E presbitero Cardinali Tit. SS. Nerei et Archillei et Sedis Apostolicae Bibliotecario⋯⋯ tomus decimus, Lucae Typis Leonardi Venturini, MDCCⅩLⅠ.

Girolamo Arnaldi, "Francescani e società urbana: la mediazione della fides notarile", *Francesco d'Assisi: Documenti e archivi. Codici e biblioteche. Miniature*, Milano, Electa, 1982.

Giorgio Costamagna, *Il notario a Genova fra prestigio e potere*, Roma, Consiglio nazionale del Notariato, 1970, *Studi storici sul Notariato italiano*.

G. Cencetti, "Camera actorum comunis Bononie", *Archivi*, s. Ⅱ, a. Ⅱ, Roma, 1935.

Giorgio Costamagna, *Introduzione al volume dell'Archivio di Stato di Genova, Cartolari notarii genovesi(1－49), Inventario*, vol. Ⅰ, part. Ⅰ, (Roma: Ministero dell'Interno, 1956)(*Publicazioni degli Archivi di Stato*, vol. XX Ⅱ).

Immacolata Del Gallo, Valentina D'Urso, Francesca Santoni, "Per un codice diplomatico dello Studium Urbis", *Roma e lo Studium Urbis, Spazio urbano e cultura dal Quattro al Seicento.* Atti del Convegno, Roma, 7 - 10 giugno 1989, Roma, Ministero per i Beni culturali e ambientali, Ufficio centrale per i Beni archivistici, 1992.

L'Archivio dell'Università di Siena. Inventario della Sezione storica, Giuliano Catoni, Alessandro Leoncini, Francesca Vannozzi 감수(Roma: Ministero per i Beni culturali e ambientali, Ufficio centrale per i Beni archivistici, 1990), G. Catoni의 서문.

Elio Lodolini, "La memoria delle 'Sapienze', Normativa e organizzazione degli archivi universitari", *La storia dell'Università italiane. Archivi, fonti, indirizzi di ricerca*, Contro per la storia dell'Università di Padova.

R. Brentano, *Due Chese. Italia e Inghilterra nel sec. X Ⅲ*, Bologna, 1972.

Elisabetta Insabato, "Le nostre chare iscritture. La trasmissione di carta di famiglia nei grandi casati toscani dal X Ⅴ al XV Ⅲ secolo", *Istituzioni e società in Toscana nell'Età moderna*(Roma: Ministero per i Beni culturali e ambientali, Ufficio centrale per i Beni archivistici, 1994), vol. Ⅱ.

L'Archivio di Francesco di Marco Datini. Fondaco di Avignone Inventario, Elena Cecchi Aste 감수(Roma: Ministero per i Beni e le attività culturali, Direzione generale per gli Archivi, 2004).

제3장 역사기록물의 활용

김정하, 「시에나의 9인정부와 문서정책」, 『서양중세사 연구』 제3호, 1998, pp. 149 - 166.

김정하, 「이탈리아 르네상스 시대의 기록관리전통에 대한 연구」, 『서양중세사연구』 제6호, 2000.

김정하, 「중세의 문서관리에 관한 사례연구, - 13~16세기 이탈리아 시에나 국립문서보관소를 중심으로 - 」, 『서양사론』 제59호, 1998, pp. 1 - 30.

김정하, 「역사기록물에 대한 고문서학, 고서체학 연구 및 그 보존과 활용에 대한 기록관리연구」, 『고문서연구』 16, 17호, 2006.

L. Sandri, "L'archivistica", *Rassegna degli Archivi di Stato*, XXⅦ, 1967.

C. A. Garcia Belsunce, "Uso pratico de los archivos", *Archivium*, XXⅨ, 1982.

L. Salvatori Principe, "Everyman and archives", *Archivium,* XXⅨ, 1982.

B. Croce, *La storia come pensiero e come azione*, Bari, Laterza, 1966.

L. Febvre, *Problemi di metodo storico*, Torino, Einaudi, 1976.

F. Chabod, *Lezioni di metodo storico*, Bari, Laterza, 1969.

Maffei D., *La donazione di Constantino nei giuristi medievali*, Milano: Giuffrè, 1964.

ASS., *Consiglio Generale 242*, cc. 55v – 57r.

Battaglia, S., *Grande dizionario della lingua italiana*, Torino: UTET, 1971.

A. Pratesi, *Genesi e forme del documento medievale*, Roma, Jouvence, 1987.

Giulio Battelli, *Lezioni di Paleografia*, Libreria Editrice Vaticana, Roma, 1998.

L. Schiaparelli, *Influenze straniere nella scrittura italiana dei secoli Ⅷ e Ⅸ*, Roma, 1927.

Cassiodorus, *De institutione divinarum litterarum, s. Ⅷ. Cap. Ⅷ – Ⅸ: Ordo lectionum divini officii.* Vercelli, Bibl. Capit., cod. 183.

S. Gregorius Magnus, *Regula pastoralis*, cap. 23 – 26. Troyes, Bibl. munic. 955.

Minuta sistemata dal segretario Niccolò de Auximo. Sottoscritta da due segretari: Arnaldo de Moleriis e N. de Auximo. ASV, Reg. Vat. 244A, fol. 2r.

Luciana Duranti, *I documenti archivistici. La gestione dell'archivio da parte dell'ente produttore[RecordsL the management of archives by the creator]*, Roma Ministero per i Beni Culturali e Ambientali, 1997.

Nunzio Silvestro 감수, *Manuale di Archivistica Aggiornamento al nuovo Regolamento di organizzazione del Ministero per i Beni e le Attivita' culturali(D.P.R. 1 – giugno 2004, n. 173)*, Napoli, Edizione Emone, 2004.

Carlo Ginzburg, *Spie. Radici di un paradigma indiziario, in Crisi della ragione*, Aldo Gargani 감수, Einaudi, 1979.

Eugenio Casanova, *Archivistica*, edit., Ⅱ. Stab. Siena, Arti Grafiche Lazzeri, 1928.

Carlo Ginzburg, *I formaggi e i vermi. Il cosmo di un mugnaio del '500*:

김정하 & 유제분 역, 『치즈와 구더기』, 문학과 지성사, 2001.
Blesslau, *Handbuch d. Urkundenlehre fur Deutschland und italien*(Lipsia, 1889)(제2판, vol. I, 1912).

제4장 민주주의와 역사기록물

N. Bobbio, *Il Futuro della democrazia*, Torino, 1984.

A. Dewerpe, *Espion. Une antropologie historique du secret d'État contemporain, Gallimard*, Paris, 1994.

H. Noguères, *La Vie quotidienne des résistants de l'armistice à la liberation*, Hachette, Paris, 1984.

A. Sofri, *L'ombra di Moro*, Sellerio, Palermo, 1991.

P. Pisa, "Le premesse 'sostanziali' della normativa sul segreto di Stato", M. Chiavario(감수), *Segreto di Stato e giustizia penale*, Zanichelli, Bologna, 1978.

McKinnon, "The Sports Rorts Affair: *A Case Study in Recordkeeping, Accountability and Media Reporting"*, in New Zealand Archivist, V(1994).

Camera dei deputati, Senato della Repubblica, XII legislatura, Comitato parlamentare per i servizi di informazione e sicurezza e per il segreto di Stato, Primo rapporto sul sistema di informazione e sicurezza.

G. De Lutiis, *Il lato oscuro del potere. Associazioni politiche e strutture paramilitari segrete dal 1946*, Editori Riuniti, Roma, 1996.

A. G. Theoharis(감수), *A culture of Secrecy. The Government versus the people's Right to Know*, University Press of Kansas, Lawrence, 1998.

P. Costa, *Cittadinanza, Laterza*, Roma-Bari, 2005.

R. A. Fugueras, J. R. Cruz Mundet, *Archivese! Los Dcumentos del poder. El poder de los documentos*, Alianza Editorial, Madrid, 2002.

M. Foucault, *Sorvegliare e punire. Nascita della prigione*, Einaudi Torino, 1976

G. Chigas, "Building a Case against the Khmer Rouge: Evidence from the Toul Sleng and Santebal Archives", *Harvard Asia Quarterly*, IV(2000).

B. Zelinski, A Radtke, "La Mémoire unifiée? L'héitage équivoque des archives de la RDA", Vintième siècle. *Revue d'histoire*, 1992.

A. Funder, *C'era una volta la DDR*, Feltrinelli, Milano, 2005.

A. G. Quintana, "Los archives de la represión: balance y perspectiva", *Comma*, Ⅳ(2004).

F. Sanvitale, *L'ultima casa prima del bosco*, Torino, Einaudi, 2003.

Linda Giuva, Stefano Vitali, Isabella Zanni Rosiello, *Il potere degli archivi, Usi del passato e difesa dei diritti nella socientà contemporanea*, Milano, Bruno Mondadori, 2007.

F. Cavazzana Romanelli, "Storia degli archivi e modelli: protagonisti e dibattiti dall'Ottocento venenziano", *Archivi e storia nell'Europa del XIX secolo. Alle radici dell'identità culturale europea*, Firenze, Archivio di Stato, 2002년 12월 4~7일

M. Hedstrom, "Archives, Memory and Interfaces with the Past", *Archival Science. International Journal on Recorded Information*, Ⅱ(2002).

V. Crescenzi, *La rappresentazione dell'evento giuridico. Origini e struttura della funzione documentaria*, Roma, Carocci, 2005.

G. Barrera, "La nuova legge sul diritto di accesso ai documenti amministrativi", *Rassegna degli Archivi di Stato*, LⅠ(1991).

A. Arena, *Certezze pubbliche e semplificazione amministrativa. Certezze, semplificazione e informatizzazione nel d.p.r. 28 dicembre 2000, n. 445*, Maggioli, Romini, 2001.

L. Giuva, "Il testo unico delle disposizioni legislative e regolamenti in materia di documentazione amministrativa", *Rassegna degli Archivi di Stato*, LⅩ(2000).

A. Prost, "Les Français et les archives: le sondage du journal 'Le Monde'", *Actes de la XXXⅥème Conférence internazionale de la Table ronde des Archives(CITRA)*, Marseille, France 12 – 15 novembre 2002, in "Comma", 2003, 2 – 3, pp. 51 – 56.

A. Graziosi, "Rivoluzione archivistica e storiografia sovietica", in *Contemporanea*, Ⅶ(2005).

S. Pons, "Gli archivi dell'Est e la storia della guerra fredda", in A Giocvagnoli e G. Del Zanna(a c. di), *Il mondo visto dall'Italia*, Guerini, Milano, 2004, pp. 365 – 371.

M Ferrati, "L'identità ritrovata. La nuova storia ufficiale della Russia di Putin", in *Passato e presente*, XXⅡ(2004), 63, pp. 49 - 62.

M. Weber, *Economia e società, Edizioni di Comunità*, Milano, 1961, vol. Ⅱ.

C. Pavone, "Stato e istituzioni nella formazione degli archivi", *Il mondo contemporaneo*, Ⅹ, Gli strumenti della ricerca, Ⅱ, *Questioni di metodo*, La Nuova Italia, Firenze, 1983.

I. Zanni Rosiello(감수), *Intorno agli archivi e alle istituzioni. Scritti di Claudio Pavone*, Ministero per i Beni e le Attività culturali, Diplartimento per i Beni Archivistici e Librari, Direzione generale per gli archivi, Roma, 2004.

D. Krüger, "Storiografia e diritto alla riservatezza. La legislazione archivistica tedesca dal 1987", *Rassegna degli Archivi di Stato*, LⅦ(1997).

S. Rodatà, *Repertorio di fine secolo*, Laterza, Roma-Bari, 1992.

S. Vitali, "Abbondanza o scarsità? Le fonti per la storia contemporanea e la loro selezione", in *Istituto nazionale per la storia del movimento di liberazione in Italia*, "Storia del ventunesimo secolo. Strumenti e fonti", C. Pavone 감수, 1, Elementi strutturali, Ministero per i Beni e le Attività culturali, Dipartimento per i beni archivistici e librari, Direnzione generale per gli archivi, Roma, 2006.

P. Barile, "Democrazia e segreto", *Quaderni costituzionali*, Ⅶ(1987).

J. M. Dirks, "Accountability, History, and Archives: Conflicting Priorities or Synthesized Stands?", Archivaria, XXX(2004).

J. Gilbert, "Access Denied: The Access to Information Act and its Effects in Public Records Creators", *Archivaria*, XXⅥ(2000).

D. A. Wallace, "Implausibile Denialbility: The Politics of Documents in the Iran-Contras Affair and its Investigations", in R. J., Cox and D. A. Wallace 감수, Archives and the Public Good, Accountability and Records in Modern Society, *Quorum Books*, Westport, CT, 2002, pp. 91 - 114.

V. Duclert, "Le secret en politique au risque des archives? Les archives au risque du secret en politique. Une histoire archivistique française", *Matériaux pour l'histoire de notre temps*, 2000.

G. Tosatti, "L'organizzazione della polizia. La pressione del dissenso politico tra l'eta' liberale e il fascismo", *Studi storici*, XXXⅧ(1997).

P. Barrera(감수), "Una strategia dei diritti quotidiani. Roforme e autoriforme nelle amministrazioni pubbliche", *Supplamento a Democrazia e diritto*, XXX(1990).

제5장 기업의 역사기록물관리

I. Zanni Rosiello, *Archivi e memoria storica*, Milano, il Mulino, 1987.

P. Bélaval, *Archives et République*, Le débet, 2001.

K. Lindeberg, "The Rule of Law: Model Archival Legislation in the Wake of the Heiner Affair", *Archives and manuscripts*, 31(2003).

L. McDonald, "Legal Matters", in International Council on Archives, Interdependence of Archives. *Proceedings of the Twenty Ninth, Thirtieth and Thirty First International Conference of the Round table on Archives*. XXⅨ Mexico 1993, XXX Thesalonici, 1994, XXXⅠ Washington, 1995, Dordrecht, 1998.

P. Carucci, M. Messina, *Manuale di archivistica per l'impresa*, Roma, Carocci, 1998.

Associazione Nazionale Archivistica Italiana – Sezione Friuli Venezia Giulia, Le carte operose. *Gli archivi d'impresa nella realtà nazionale e locale: le fonti, la ricerca, la gestione e le nuove tecnologie*, Trieste, 2004.

Associazione Nazionale Archivistica Italiana – Sezione Lazio, "L'out-souring nei servizi archivistici", *Atti della giornata di studio di Roma del 26 marzo 1999*, F. Del Giudice 감수, Roma, Tip. L'Economica, 2000.

G. Galasso, Fonti storiche, "Enciclopedia del Novecento", *Istituto della Enciclopedia Italiana*, vol. Ⅶ, Milano, 1984, pp. 198 - 212.

G. Savino, "La Società pratese di storia patria: sessant'anni di presenza negli studi di storia toscana", *Archivio storico pratese*, LⅡ (1976).

G. Cencetti, "Il fondamento teorico della dottrina archivistica", *Archivi*, Ⅵ (1939).

A. d'Addario, "Archivi e biblioteche. Affinità e differenze", *Rassegna degli Archivi di Stato*, XXXⅦ(1977).

T. Stoianovich, *La scuola storica francese, Il paradigma delle "Annales"*,
trad. it. Milano, 1978.

E. Cassier, *Saggio sull'uomo e lo strutturalismo nella linguistica moderna*,
trad. it. Roma, 1983.

찾아보기

김정하(金正河) ————————————————————————————————————

한국외국어대학교 이탈리아어과를 졸업하고, 이탈리아 시에나국립대학교(Università degli Studi di Siena)에서 중세문헌학 박사학위를 받았다. 현재 부산외국어대학교, 지중해지역원 HK연구교수로 재직 중이다.

저서로는『기록물관리학 개론』,『서양 사람들은 어떻게 살았을까』(공저)가 있으며, 옮긴 책으로는 인드로 몬타넬리의『로마제국사』, 마리아 아쑨타 체파리의『중세 허영의 역사』, 카를로 긴즈부르그의『치즈와 구더기』(공역)와『실과 흔적』, 크리스토퍼 듀건의『미완의 통일 이탈리아사』, 체사레 파올리의『서양고문서학 개론』, 카를로 치폴라의『즐겁게 그러나 지나치지 않게』, 움베르토 에코의『가짜 전쟁』, 줄리오 바텔리의『서양 고서체학 개론』이 있다.

남유럽의
전통기록물 관리

초 판 인 쇄 ┃ 2013년 5월 25일
초 판 발 행 ┃ 2013년 5월 25일

지 은 이 ┃ 김정하
펴 낸 이 ┃ 채종준
펴 낸 곳 ┃ 한국학술정보㈜
주   소 ┃ 경기도 파주시 문발동 파주출판문화정보산업단지 513-5
전   화 ┃ 031) 908-3181(대표)
팩   스 ┃ 031) 908-3189
홈 페 이 지 ┃ http://ebook.kstudy.com
E - m a i l ┃ 출판사업부 publish@kstudy.com
등   록 ┃ 제일산-115호(2000. 6. 19)

ISBN   978-89-268-4334-5 93920 (Paper Book)
        978-89-268-4335-2 95920 (e-Book)

이담
Books 는 한국학술정보(주)의 지식실용서 브랜드입니다.